滄海逸士 鄭瀾

창해일사 정란(滄海逸士 鄭瀾): 푸른 바다로 달아난 선비, 정란

글씨·한의사 유옥충

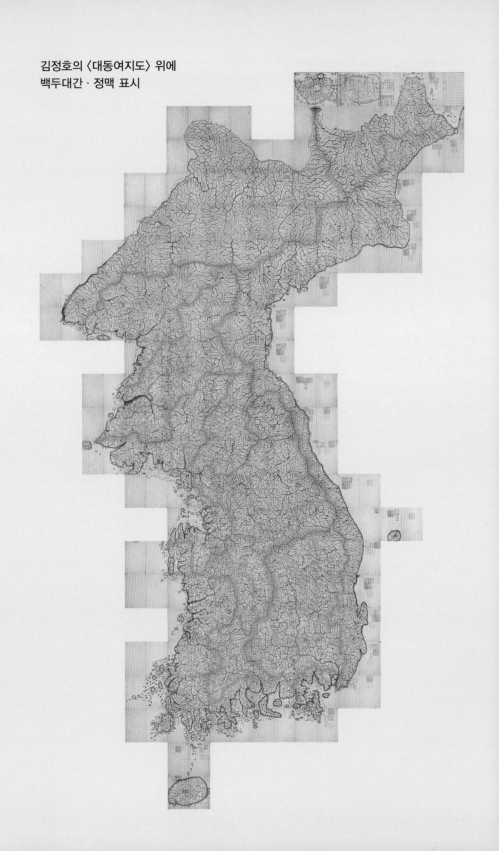

김정호의 〈대동여지도〉 위에
백두대간 · 정맥 표시

정란이 다녀간 곳(추정)을 포함한
우리나라 주요 산 지도

김홍도, 〈마상청앵도(馬上聽鶯圖)〉

최북, 〈기려행려도(騎驢行旅圖)〉

김홍도, 〈단원도(檀園圖)〉

조선 최초의 전문 산악인

창해 정란

조선의 산야를 누비다

출처 및 작품 정보

1쪽. '묘향산 용연각과 산주폭포', 한국문원편집부, 『분단 50년 북한을 가다』, 1955, 한국문원

2~3쪽. '청량산', 청량산 도립공원 제공

4~5쪽. '가야산 만물상', 국립공원공단 제공

6~7쪽. '설악산'

8~9쪽. '백두산 천지'

10~11쪽. '제주도 성산 일출봉'

12~13쪽. 김홍도, 〈평양감사향연도平安監司饗宴圖〉, 지본담채, 71.6×196.9cm, 국립중앙박물관

14쪽. 김홍도, 〈마상청앵도〉, 117×52.2cm, 간송미술관

15쪽. 최북, 〈기려행려도〉, 지본담채, 37.8×46.8cm

16쪽. 김홍도, 〈단원도〉, 지본담채, 78.5×135cm, 1784, 한국데이터베이스산업진흥원 공유마당

"천하의 모든 땅을 내 발로 밟으리라"

조선 최초의 전문 산악인

창해 정란

조선의 산야를 누비다

이재원 지음

책이라는 신화
BOOK OF LEGEND

●

조선 후기 팔도를 주유하던
창해 정란을 만나다

길 위의 스승

사람들은 왜 산티아고 순례길을 나설까? 나를 내려놓음으로 참된 진리를 찾아가는 삶의 여정이 결국 길 위에 있기 때문이다. 깨달음은 자신이 개척해나가는 인생길에서 스스로 성찰하며 얻는 것이다.

수많은 사람이 길 위에서 스승을 만난다. 이황이 이르길 "산을 유람하는 것은 독서와 같고, 산을 오르는 과정은 도道의 절정을 찾아가는 것과 같다"고 했다.

조선 선비들은 산을 어떻게 생각했을까? 지혜로운 자는 물을 좋아하고, 어진 자는 산을 좋아한다智者樂水 仁者樂山. 귀착점은 결국 산수山水였다. 번잡한 현실과 떨어져 군자君子가 머물 만한 공간으로 산을 규정하고, 산수를 찾아가는 여정은 수양 과정으로 여겼다. 그러나 한평생 자기 고향을 벗어나지 못하고 사는 사람이 열에 아홉이고, 주위 산천조차 둘러보지 못하는 경우가 태반이었다.

왜 창해 정란인가?

2016년 『조선의 아트저널리스트 김홍도』를 저술하면서 조선 여행 등반가 창해 정란滄海 鄭瀾을 알게 되었다. 그는 역사적 기록 행간에 머물러 있었다.

영·정조 시대에 조선 팔도를 주유했던 양반들이 있었다. 명문가 집안의 권섭과 양반 가문의 이중환, 신광하가 그들이다. 권섭은 가마와 식솔을 대동하고 명산을 유람하며 기록으로 남겼고, 이중환은 과거에 염증을 느껴 산하를 누비며 『택리지擇里志』를 저술했다. 신광하는 삼십 년 넘게 과거를 본 백년 서생書生이면서도 불현듯 산천 유람을 나서고 백두산까지 올랐다가 뒤늦게 벼슬길에 오른 인물이었다.

그에 비해 창해일사滄海逸士('창해'는 넓고 푸른 바다, '일사'는 세상 뒤에 숨어 사는 선비를 뜻함)란 호를 가진 정란은 관직에 뜻을 접고 조선 팔도 오악산과 명산대천에 발자국을 남기겠다며 평생 주유했다. 좌의정 채제공은 그를 "자네야말로 썩어 없어지지 않는 존재"라 평가했다. 사람들이 수군거리며 그를 조롱하고 비아냥거릴 때 "수백 년이 흐른 후 과연 누구의 이름이 남겨지는지 보자"는 이용휴의 글귀가 머릿속에서 떠나지 않았다. 궁금했다. 수백 년 전의 정란이란 인물이 숙명처럼 다가왔다. 선구자적 의지로 이뤄낸 그의 발자취가 주목받지 못하고 무가치하게 사라지는 것은 아닐까 두렵고 안타까웠다. 그런 이유로 나는 정란이 남긴 발자국과 기록들을 쫓아 다시 이백오십여 년 전으로 시간 여행을 떠났다. 더욱이 안대회 교수의 『벽광나치오』(개정 전 제목은 『조선의 프로페셔널』)를 통해 정란과 교유했던 주변 인물을 찾아낼 수 있었기에 큰 용기를 내기로 했다.

그의 진정성은 발끝에 있었다

정란은 사마천의 『사기열전史記列傳』을 통해 자유로운 세계를 동경하기 시작했고 스승 신유한의 『해유록海遊錄』을 접하면서 '천하는 마음을 얻은 자의 몫이라 했다. 잠시 부끄러움은 접고 조선 천지에 내 발자국을 남기겠노라' 선언을 한 그는 청노새 한 마리와 동자만을 대동한 채 길을 떠났다. 자신이 선택한 길이 헛되지 않다는 것을 증명하고 싶어 패기를 부릴수록, 인정은 고사하고 세간의 냉소를 받았다. 자식을 앞세우는 시련을 마주하고는 시뻘건 부지깽이로 스스로의 배꼽을 지져 산수병을 고쳐보려 했다. 겉으론 무쇠처럼 강해 보여도 속내는 이미 곤죽이었다. 하지만 그는 끝내 무너지지 않았다.

조선 팔도 명산에 오르고 역사적 현장을 찾아가는 발걸음은 보람되고 흥에 겨웠다. 턱 밑으로 떨어지는 땀방울은 산행을 통해서만 얻을 수 있는 쌀 알갱이였다. 농부는 쌀을 거두며 보람을 느끼지만 그의 쌀은 이러한 여정에서 얻어지는 땀방울이었다. 뭇 생명을 품고 있는 넉넉한 산하에서 느끼는 성취감은 세속과 차별화되어 있었고 망설임 없었다. 세상은 그가 본 만큼 자신을 축으로 반경을 그리며 돌아간다는 믿음으로 조선 땅을 응시하며 섭렵해나갔다.

감동적인 일들도 많았다. 삼십 년간 조선 팔도를 함께 유람했던 살붙이 같은 청노새와 교감하며 이별 여행을 떠났고, 설악산을 산행하다 죽을 고비를 넘겼을 때 수행 동자는 발 뻗고 울음을 터트리고 청노새는 얼굴을 비비며 껑충껑충 뛰었다. 애꾸 수탉의 예지력으로 목숨을 부지한 적도 있었다.

고집스럽게 산을 찾아 떠나는 여행을 이어갈 수 있었던 것은 교유했던 수많은 지식인과 예인의 진심 어린 격려 때문이었다. 평생 벗이자 사돈인 조술도는 응원하는 뒷배가 되어주었고, 금강산을 같이 올랐던 최북은 백두산 그림을 그려주고, 김홍도는 묵은 약속을 지키고자 〈단원도〉를 그려주었다. 아들 기동을 위해 이용휴는 묘비문을 지어주었고, 청노새가 죽었을 때 남경희는 함께 슬퍼하며 제문을 달아주었다. 이는 사나이들의 우정이자 믿음이었다. 기생 홍심은 조선 명산을 탐방한 그의 유람기를 듣고 관련된 시와 그림을 보는 것으로 대리만족하며 후원자 역할을 했다.

정란은 자신과의 약속을 지켰다. 다만 그가 만들고자 했던 『동국산수보東國山水譜』와 〈방여도方輿圖〉(지도)를 완성하지는 못했지만 유람기와 《불후첩不朽帖》을 남겨 후세에 디딤돌이 되고자 했다. 만족스러운 삶이 어디 있겠는가!

불망비 하나 저 들판에

그가 평생 바친 삶에는 무게가 있다. 내게 있어 그는 천상의 객이었다.

바람처럼 살다 간 창해를 위해 한 편의 시처럼 새겨진 불망비不忘碑 하나, 저 들판에 세워두고 싶다. 불망비 위로 구름 그림자가 지나더라도, 바람에 흩날리는 검불이 머뭇거릴지라도, 민들레 홀씨가 곁을 서성일지라도 거기 서서 그의 고단했던 일생을 다독이고 싶다. 그리고 그 옆에 설중매 한 그루 심고 싶다. 매화나무 가지에 보름달 걸리거든 그가 암향暗香에 취할 수 있도록…….

창해의 눈으로 전국 명산대천을 주유하며 무수히 많은 사람과 풍경을 보았다. 역사적 사건들을 씨줄 삼아 글로 엮어갔지만 역시 사람 중심일 수밖에 없다. 부산스럽지 않게 인물들을 만났다. 당파 싸움으로 급제를 박탈당한 조술도의 형의 사건을 접했을 때는 분통이 터지고 화가 가시질 않았지만 월록서당을 찾아가고서야 분을 삭일 수 있었다. 이황의 제자 월천月川이 글을 읽던 서당에서 나는 옛 주인을 기다리며 반나절을 보냈다.

이 책은 창해 정란이 걸어온 역사다. 전반적인 자료가 부족하다 보니 옴니버스식 전개를 피해갈 수 없었다. 저자로서도 아쉬운 부분이다. 내용 전개상 가족 간에 빚어지는 애잔한 이야기와 조선 팔도의 산을 찾아 유람하며 먹고 자는 일상이 생략되면서 조선 시대의 생활상을 고스란히 드러내지 못했다. 한계다. 다만 그의 발길이 닿았던 역사적 현장에서 느꼈던 소신과 감회를 밝히는 데 주안점을 두었다. 객관적인 역사적 사실을 중시하면서 단절된 부분은 픽션fiction에 팩션faction을 더해 사실감을 높이고자 했다. 앞서간 선각 지식인들의 노고가 아니었으면 가능이나 했겠는가! 경의를 표한다.

정란은 분명 시대를 앞서간 선각자였으나 시대적 무심에 너무 오래 묻혀 있었다. 조선 최고 등반 여행가의 긴 꿈과 함께한 나의 노력에 대한 성과가 주어지길 바란다. 정란과 함께한 여정에 많은 분의 도움을 받았다. 평생 보답해야 할 내 몫이다. 내 강토 내 강산을 아끼고 사랑하는 분들과 제2의 창해일사를 꿈꾸는 이 땅의 수많은 등반가에게 이 책을 바친다.

2022년 9월
강릉 땅에서 사자향로에 향 사르며
민천 이재원

●정란과 그의 가족

창해일사 정란滄海逸士 鄭瀾

산수에 관한 열정 하나로 평생을 여행에 바친 선비다. 경상도 군위 사람으로 양반가의 여느 자제처럼 과거를 공부하다 어느 날 다른 길을 걷기 시작했다. 금강산, 백두산, 한라산 등 명승지 곳곳을 돌아다니고 체험한 내용을 글과 그림으로 남겼다. 여행이 유행하던 시기였지만, 여행이 삶의 전부인 사람은 정란이 유일했으리라.

만취 정기동晚翠 鄭箕東

정란의 아들로, 집을 비운 정란 대신 가장 역할을 했다. 열여덟 살이라는 이른 나이에 세상을 떠나자 정란은 아버지로서 깊은 죄책감을 느끼고 등반의 뜻을 접는다. 하지만…….

●함께 울고 웃은 벗

만곡 조술도晚谷 趙述道

젊었을 때 청량산에서 만난 인연에서 시작된 정란의 평생지기. 정란의 외아들 정기동이 조술도의 조카딸과 혼인해 사돈 사이이기도 하다. 산수병을 끊지 못하는 정란 때문에 속을 많이 끓이기도 하지만 여주 마릉에 머물 거처를 소개해주는 등 그의 뜻을 응원한 인물이다.

호생관 **최북**毫生館 崔北

대단한 술꾼에, 원하지 않는 그림은 그리지 않겠다며 스스로 한쪽 눈을 찌르는 등 기행으로 유명한 화가다. 그 유별난 성격이 정란과 잘 맞아 뜻도 배짱도 통하는 막역한 사이의 친우가 되었다. 붓으로 먹고사는 사람이라 호생관이라고도 했고, 신선 은칠칠에 빗대어 칠칠이라고도 했다.

단원 **김홍도**檀園 金弘道

산수화와 풍속화, 초상화 등 여러 분야에 명작을 남긴 조선 최고의 화원. 백두산 천지를 부탁하려다 도화서 화원인 담졸 강희언과 함께 셋이서 진솔회 모임을 함께하는 사이까지 되었다. 안기찰방으로 재임할 때 정란을 위해 〈단원도〉를 그렸으며 봉명 사행길에 만나 금강산에 대해 조언했다.

● 가르침을 준 스승

청천 **신유한**青泉 申維翰

정란의 스승으로 이름난 문장가다. 정란에게 호연지기를 일깨워줬고, 일본에 통신사로 다녀온 기록 『해유록』을 통해 세상은 주유할 만한 가치가 있다는 것을 보여줬다. 정란은 스승이 선물한 두 문장을 자신의 지팡이에 새기고 앞으로 나아갔다.

혜환 **이용휴**惠寰 李用休

신분과 나이, 지위를 막론하고 사람들과 왕래한 개방적인 학자·문장가로, 정란의 산수병을 가장 잘 이해하고 용기를 북돋아준 인물이다. 백두산 등정 때는 시문으로 격려해줬고 정란의 아들 기동을 위해 묘비명을 지어준, 정란의 정신적인 지주다.

표암 강세황豹菴 姜世晃

김홍도의 스승으로 시서화와 산수화, 사군자에 뛰어난 예인이다. 그 덕분에 정란은 김홍도, 최북, 허필 같은 수많은 예인과 교유할 수 있었다. 최북의 그림에 평을 주거나 오언사를 소개하는 등 정란을 도우며 오랫동안 문예 관계를 이어간 인물이다.

여암 신경준旅菴 申景濬

조선 최고 지리학자로, 영조의 명을 받아 조선의 〈동국여지도東國輿地圖〉를 완성한 인물이다. 정란에게 백두산과 한라산 경계 지도를 보여주고 등반에 필요한 사람을 소개해주는 등 정란의 여정에 조언을 아끼지 않았다.

● 앞길을 응원해준 이들

홍심紅心

검무로 최고봉에 올랐던 기생 운심雲心의 제자다. 자유롭지 못한 자신의 처지를 정란의 유람기를 보고 들으며 달랬고, 그 보답으로 전국을 돌아다닐 수 있도록 여비를 후원했다. 그녀의 평생 소원은 정란의《불후첩》에도 살포시 발자국을 남겼을까.

김만덕金萬德

신경준의 소개로 만나게 된 제주도의 거상이다. 여자의 몸으로 기구한 과거를 이겨내고 성공한 데다 제주도에 극심한 흉년이 들었을 때 재산을 풀어 죽어가던 제주도민을 구한 일로 유명하다. 한라산 등반을 앞둔 정란을 물심양면으로 도왔다.

번암 **채제공**樊巖 蔡濟恭

좌의정, 우의정, 영의정을 모두 지냈으며 남인 정파의 수장 격인 최고의 정치가
다. 《불후첩》에 찬문을 받고자 온 정란의 열정에 두 손 들고는 "창해 자네야말로
썩어 없어지지 않는 존재"라는 찬문을 달아줬다. 조술도의 조부 조덕린의 신원
회복에도 힘을 보태준 인물이다.

치암 **남경희**癡菴 南景羲

정란의 뜻을 존중하고 지원해준 인물이다. 관직을 그만두고 경상도 경주 보문리
에 지연계당을 지어 자연 속에 은거하던 중, 정란의 여행길을 함께하다 죽은 청
노새를 위해 제문을 지어 그를 위로했다.

일러두기

1. 중요 자료인 옛 시와 문헌은 기존 번역을 존중했다. 다만 내용 전개상 본의에 벗어나지 않는 범위 내에서 의역을 가미했다.

2. 이 책이 세상에 나올 수 있었던 것은 앞서 22~24쪽에서 밝힌 귀중한 자료 덕분이었음을 밝혀두며 머리 숙여 감사드린다. 인용한 서책과 문헌 부분에 대해서는 성의를 가지고 출처를 표기하려 했으나 혹 출처가 누락된 부분이 있다면 넓은 이해를 바란다.

3. 이 책은 여러 자료를 바탕으로 창작한 것으로, 작가의 상상력이 더해진 것임을 밝힌다.

4. 등장인물 중 실존 인물이 등장하나, 팩션 속에 그려진 그들의 행적 일부는 작가가 빚어낸 상상력의 소산이다. 몇몇 인물은 가상의 인물이다.

5. 인물 소개 및 용어 해설은 국립국어원 누리집의 자료를 참고했다. 본문에 ● 표시가 된 단어는 342~352쪽에서 그 뜻을 상세히 풀이했다.

6. 이 책에서는 약물 부호를 다음과 같이 정했다.

   〈 〉=그림판 부호 　《 》=화첩이나 병풍

   「 」=간찰이나 문서 　『 』=서책이나 유고

   작품 규격＝(가로)×(세로)cm

차례

제1부

산수병에 걸릴 숙명

시절인연

─서원에 들어갈 채비는 다 되었느냐?

내일이라도 당장 떠나라는 아버지의 완고함이 평소와 달랐다.

─선대에 쌓아놓은 복들이 이제 빛을 볼 때가 되었으니 집안 걱정은
말고 너는 앞만 보고 가거라.

가문의 체통을 짊어진 아버지의 말이 내 어깨 위에 얹어졌다. 어머니
는 우선 자리를 모면하라 눈치를 보냈고, 갓 난 아들을 안고 있던 아내는
황망하게 나를 보았다. 나는 아무런 대꾸도 없이 자리에서 일어났다.

석양이 서산 산등성이에 위태롭게 걸려 있다. 곧 어둠이 찾아오겠지.
두 손바닥으로 얼굴을 감쌌다. 과거 시험은 대략 대여섯 살 때부터 준비
해서 서른다섯 살을 전후해 승부수를 띄운다. 과거 준비만 삼십 년 걸리
는 것이 예사였다. 내 나이 벌써 스물둘이다.

사서오경을 독파해도 생원과 진사시, 문과 정시에 급제하는 것은 거의
불가능했다. 시험을 보기 위한 준비 과정 역시 지난했다. 더구나 조선 땅
중에서도 변방인 경상도 군위 달산에서, 홀로 과거를 준비하기엔 턱없이
부족하고 힘들다는 사실을 아버지는 잘 알고 있었다. 그래서 하루라도 빨
리 나를 도산서원에 보내 뜻을 이루려 했다. 내 뜻이 아닌, 당신의 뜻을.

　　　　　　　　　　　　　　　　　　　산수병에 걸릴 숙명

아버지가 철석같이 믿고 있는 태몽과 다르게 나는 『사기열전』에 빠져 과거 시험과 거리가 멀어져가고 있었다. 그런 내가 미덥지 않아서인지 아버지는 이루지 못한 과거 급제의 꿈에 더 집착했다.

덜컥 문이 열리는 소리가 나 뒤돌아보니 아내였다. 아내는 아들 기동*을 안은 채 말없이 곁에 섰다. 기동은 졸린 듯 눈을 슴벅이다 그 보드라운 뺨에 서늘한 봄바람이 와 닿자 얼굴을 찡그렸다. 그제야 확 달아올랐던 몸이 식었다.

결국 도산서원에 입교하기 위해 길을 나섰다. 하지만 내 마음은 서원이 아닌 청량산에 가 있었다. 대학자들은 마음속에 산을 하나씩 품고 살았다. 퇴계는 청량산을, 조식은 두류산을, 서산대사는 묘향산을…… 수많은 고승이 산에 들어 산문을 나서지 않았다. 퇴계는 청량산에서 무엇을 얻으려 했을까? 왜 이곳을 마음 수행 장소로 정했을까? 궁금증을 안고 도산서원에서 삼십 리나 떨어져 있는 청량산으로 향했다.

낙동강을 에둘러 자태를 드러내지 않으려는 듯 운무에 몸을 감춘 청량산과 처음으로 대면했다. 이른 봄 햇살을 받고 나서야 서서히 드러난 산의 모습은 신비 그 자체였다.

입구에 들어서자 잠방잠방 청량 폭포 소리가 하얀 이를 드러내며 객을 맞이한다. 오름 산길 곳곳 붉은 소나무에 햇살을 받은 솔잎들은 더 푸르렀고 미처 떨구지 못한 갈잎을 달고 있는 게으른 나무들도 간간이 눈에 띄었다. 호젓한 걸음으로 굽이를 돌 때마다 멀리 언뜻 보이는 기암괴석들이 발걸음을 재촉하게 했다.

뾰쪽 머리만 드러낸 채 운무 속에 잠겨 있는 기암괴석들 발아래에 청량사가 오목하게 자리 잡고 있다. 마치 암팡진 암탉이 새끼를 품고 부풀어 있는 형상이다. 오므린 두 손바닥 안에서 알불을 피워내듯 조심스럽게 달궈지고 있었다. 나도 둥지에 파고드는 새끼처럼 청량사로 스며들었다.

절밥 한 끼 신세를 지고서 나는 청량산 최고 절승絶勝, 금탑봉金塔峰 아래 어풍대御風臺로 발길을 돌렸다. 숲으로 난 길을 따라 오르며 바라본 건너 편 바위 형상들이 햇빛을 따라 시시각각 변하고 있었다.

얼마나 올랐을까? 서너 명의 유생들이 건너편 바위군을 바라보며 감탄 을 쏟아내고 있었다. 의상대사가 창건했다는 유리보전琉璃寶殿 아래 퇴계 가 학문을 연구하며 거처하던 청량정사에는 도산서원 유생들이 정진하 고 있다. 그 유생들인 모양이다.

나도 한편에 자리를 잡았다. 이른 봄 변덕스러운 날씨 탓에 바람까지 불어오자 운무가 술렁이며 몰려다녔다. 바람과 운무가 만들어내는 얼마 간의 황홀경이었다. 아무도 대동하지 않고 홀로 마주한 내가 신경 쓰였는 지 한 유생이 눈길을 주었다. 눈이 마주치자 그는 싱긋 웃더니 일행과 함 께 다가왔다.

—어디서 오셨습니까?

지체 높은 유생인 듯 단정한 차림새였다. 두 사람은 상투를 틀었고 한 사람은 상투를 틀지 않은 것이 어림잡아 열다섯에서 스물 남짓 되어 보 였다.

—군위에서 온 정란이라 합니다. 그대들은 이곳에서 공부하고 있는 것 같소만…….

—잘 보았습니다. 얼마 전까지 도산서원에서 공부하다 잠시 이곳으로 옮겨 과거를 준비하고 있습니다. 어인 일로 이곳까지 홀로 오셨는지요?

—사실은 도산서원 입교를 위해 길을 나섰는데 그만 청량산으로 먼저 발길을 옮기고 말았습니다.

그들은 의아한 표정으로 서로 얼굴을 마주 보았다. 나는 괜히 머쓱한 기분이 들어 덧붙였다.

─퇴계 선생이 왜 이곳을 오가산吾家山이라 여기며 수행의 장소로 정했는지, 왜 스스로 청량산인이라 불리길 원했는지 늘 궁금하던 터라…….

─그러하셨군요. 저는 영양에서 온 조술도*라 합니다. 이분들은 제 형님들이신데 제일 큰 형님인 조운도, 그 옆에 작은 형님 조진도입니다.

학문에만 정진했을 양반 자제들답게 기품 있어 보였다.

─우리는 김생굴에 들러 폭포를 보고 갈 참입니다. 괜찮으시면 함께 가시지요.

조진도가 가볍게 제안해주어 그러기로 했다.

형제 없이 자랐어도 외롭다고 느껴본 적은 없었다. 하지만 한곳을 바라보고 서로 의지하고 격려하며 같은 길을 가는 그들이 부러웠다. 그들은 초면인 내게 스스럼없이 영양 땅에 정착하게 된 자신들의 집안 이야기를 들려주었다.

백여 년 전, 조광조와 연루되었던 사화를 피해 그들 가문은 일월산日月山 자락 영양 조실마을에 터를 잡았다. 그 후 조부 조덕순, 조덕린* 형제가 문과에 급제하면서 가문을 일으켰다. 그런데 이인좌의 난 때 의병을 모집하는 격문을 쓰고 파병에 참여한 공으로 동부승지*까지 올랐던 조덕린이 상소 사건에 휘말렸다. 노론의 탄핵을 받았고 결국 조부는 유배 길에 세상을 떴다. 이들 삼 형제는 가문의 명예를 되찾기 위해 과거를 준비하고 있었다.

이야기를 듣고 나니 나도 잠자코 있을 수 없었다.

─제 본은 동래 정씨입니다. 현종 때 대사간*과 예조참판*을 지낸 정지호鄭之虎의 손입니다. 아버지께서 그 업을 이어가길 간곡히 바라고 계시지요.

─그러셨군요. 같은 남인 계열이라 하시니 이참에 허물없이 집안 내력 얘기 좀 해야겠습니다. 저희 가문은 칼날 같은 남인 집안이라고 하여 검

남劍南으로 칭하는데 지금까지 삼불차三不借라는 가훈을 지키면서 살고 있습니다.

—삼불차라면?

—세 가지를 빌리지 않는다는 것이지요. 재물을 빌리지 않고財不借, 남의 문장이나 학문을 빌리지 않고文不借, 사람을 빌리지 않는다人不借는 뜻을 담고 있습니다. 이 중에 사람을 빌리지 않는다는 것은 양자를 들이지 않는다는 뜻입니다. 다른 종가에서는 대가 끊어지면 양자를 들이지만 저희 집안은 친자로만 대를 이어오고 있습니다. 지난 사화로 멸문지화를 겪고 나서 조상님께서 정한 불문율입니다.

가훈을 내세워 성품과 행실을 고결하게 이어온 집안이었다. 의롭게 벗하고 싶다는 말을 눌러 담고 묵묵히 오르막길을 따라 걸었다. 이윽고 뚝뚝 떼놓은 듯 깎인 바위들이 떠받드는 넓게 파인 굴이 눈앞에 펼쳐졌다.

김생굴에 얽힌 이야기는 조진도가 들려주었다.

—여기가 바로 김생 선생이 글씨를 연마한 굴입니다. 알고 계십니까? 선생이 이제 됐다 하고 하산하시려 할 때 아리따운 여인이 홀연히 나타났다고 하지요.

여인은 길쌈 재주와 글솜씨를 한번 겨뤄보자 했다. 이에 캄캄한 굴 안에서 여인은 길쌈을 짜고 김생은 글씨를 썼다. 두 사람이 불을 밝혔을 때 여인이 짠 천은 한 올 흐트러짐이 없었지만, 김생의 글씨는 고르지 못했다. 부족함을 깨달은 김생은 이 굴에서 십 년을 채운 뒤에야 명필이 되었다고 했다.

나는 코로 숨을 크게 쉬어보았다. 굴 안에 묵향이 남아 있지 않을까 싶어서였다. 조술도가 옆에서 나를 따라 했다가 허탈한 웃음을 흘렸다. 나와 마찬가지로 습한 이끼 냄새만 실컷 맡았으리라.

우리는 내려가는 길에 함께 두런두런 얘기를 주고받았다. 호감이 갔다.

산수병에 걸릴 숙명

네 살 아래인 조술도와 호형호제하기로 의를 모았다.

　—형님, 장인봉丈人峰에 오르지 않는다면 어찌 대장부라 할 수 있겠습니까?

　—내일도 저희와 함께 가시지요.

　—퇴계 선생의 뜻이 궁금하다 하시지 않으셨습니까?

　삼 형제가 권하는 청을 이기지 못하고 다음 날 청량산 정상에 오르기로 약속했다.

　어스름한 새벽, 운무가 자욱했다. 이곳 지리에 밝은 승려 한 사람을 앞세워 절 뒤편 연적봉으로 이어지는 샛길을 올랐다. 능선을 따라 햇살을 받은 연화봉, 향로봉, 자란봉 등 열두 봉우리가 청량사를 감싸며 제각기 다른 사연으로 서로를 견주었다. 초목 하나 없는 장인봉이 위태롭게 눈앞에 서 있다. 승려 말로는 청량산 전체를 조망하기에는 건너편에 있는 축융봉祝融峯이 제격이란다.

　굴곡진 마음이 봉우리를 따라 위아래로 출렁였다. 이런 승경에 물소리, 바람 소리가 더해지는데 그 어떤 시름이 배겨내겠는가? 나는 곁에 선 조술도를 돌아보았다.

　—이제 알게 되었네. 퇴계 선생이 마음의 산으로 삼고 이 방대한 자연을 완상玩賞의 대상이 될 만하다며 스스로 청량산인이라 자호自號를 삼은 이유를 말일세.

　—형님의 궁금증이 풀리신 듯합니다. 이제 어디로 가시렵니까?

　—산자수려한 자연경관 속을 마음껏 경배하고 오르내리는 발길은 복지은 자만이 누릴 수 있는 특권이 아닌가 싶네. 나는 명산대천 유람의 길을 걸어가고 싶네만 과거에 급제해 집안을 일으켜 세우길 바라시는 아버님의 뜻을 외면할 수 없어 고민일세.

—고민이 크시겠습니다. 하지만 훗날 기회가 된다면 형님과 함께 명산을 오르며 호기를 키우고 싶습니다.

—우리가 처음 만난 곳이 최고 절승인 어풍대 아닌가? 자연이 맺어준 인연이니 비껴가진 않을 걸세.

—세상 정직하고 우직한 것이 산이고 강물 같습니다. 변함없음을 은연중 가르쳐주고 있으니 말입니다.

우리는 아쉬운 마음을 뒤로하고 발걸음을 옮겼다.

—이번 산행에서 얻은 수확은 두고두고 명산을 완상한들 누가 뭐라 시비를 걸 사람이 없다는 것일세. 누린 자만이 품을 수 있고, 산에 든 자만이 안길 수 있다는 것이지.

—그 말씀 기억하고 있겠습니다, 형님.

형님이란 목소리가 묘한 여운으로 심장을 파고들었다. 이상한 일이었다. 나는 그간 아무에게도 털어놓은 적이 없는 일들을 허물없이 내보이기 시작했다. 태몽에 얽힌 암행어사, 사마천과 김시습* 그리고 무작정 금오산을 찾아갔던 일과, 그곳에서 느꼈던 희열……. 분명 나도 모르는 끌림이었다.

김생굴. 신라 명필 김생이 십 년 동안 붓글씨를 연마했다고 알려진 굴이다. ⓒ청량산 도립공원

대학자들은 마음속에 산을 하나씩 품고 살았다. 퇴계는 청량산을, 조식은 두류산을, 서산대사는 묘향산을······. 수많은 고승이 산에 들어 산문을 나서지 않았다. 퇴계는 청량산에서 무엇을 얻으려 했을까? 왜 이곳을 마음 수행 장소로 정했을까?

태몽

어머니의 몸속에서 말들이 빠져나가는 꿈을 아버지는 태몽이라 철석같이 믿었다.

─임자! 몸에서 빠져나간 말이 몇 마리였지? 잘 생각해보게.

꿈속에서 빠져나간 그놈들은 분명 암행어사 마패에 새겨질 말일 것이다. 한 마리였으면 한 마리가, 두 마리면 두 마리가, 세 마리면 세 마리가 마패에 새겨질 것이다! 아버지는 그렇게 확신했다.

─네 사주에 말이 들어 있으니 과거 급제는 따놓은 당상이다. 말의 수가 많을수록 군마를 호출할 수 있는 권한이 커지는 것인데……. 이왕지사 암행어사가 될 거라면 더도 말고 탐관오리를 한 방에 일벌백계할 수 있는 말 세 마리면 좋겠다.

수십 차례 과거에서 번번이 낙방했던 아버지는 암행어사 마패를 손에 쥔 듯 손바닥을 쓸어내렸다.

아버지는 『사기열전』 필사본을 즐겨 보았다. 암행어사에 대한 동경이자 위안의 소일거리였다. 그리고 열전列傳에 감동한 속내를 담아두지 못하고 은연중에 당신의 생각을 넋두리처럼 풀어놓곤 했다. 사서삼경은 딱딱하고 옷깃을 여미는 느낌이라면 열전을 읽을 때는 옷을 풀어 헤치는 해방감이 든다. 중국이 얼마나 큰지 어림짐작할 뿐이지만 글 속에 담긴 대륙의 역사나 인물은 무궁무진하다. 사나이로 태어났으면 반드시 가보아야 할 땅이다……. 그런 후에는 꼭 이렇게 말씀하셨다.

—나는 이미 쇠했다. 네가 과거 급제해 암행어사가 되는 모습을 보고 싶다. 조선 팔도를 두루 돌아다니며 세상에 대한 견문도 넓히고 세상을 바로잡는다면 나는 오늘 죽어도 여한이 없다.

아버지의 간절함은 오로지 암행어사였다. 자신이 못 이룬 꿈을 아들이 대신 이루어주기를 갈망했다. 과거에 대한 집착은 시간이 갈수록 더 커져만 갔다. 급제를 이처럼 맹신하는 데는 또 다른 이유가 있었다. 아버지는 내가 글을 깨우쳐가는 속도가 남다르고 또래들과 비교해도 월등하다고 여겼다.

정작 나는 『사기열전』을 서책 밑에 두고 몰래 펼쳐보곤 했다. 이 사실을 뒤늦게 눈치챈 아버지와 나 사이에 불편한 침묵이 한동안 계속되었다.

—정녕 이 아비의 뜻을 이해 못 하겠느냐?

단호해 보이는 아버지의 목소리는 떨리고 있었다. 어찌 보면 당신이 『사기열전』을 내어준 것이나 마찬가지였다.

'과거에 급제한 후 보아도 될 터인데 네가 어찌 이러느냐?'

아버지의 눈빛에 참고 있던 심중 언어들이 다그쳐 나왔다.

어렴풋이 문장을 깨치며 읽어가던 『사기열전』은 중국 고대부터 춘추시대를 거쳐 한무제漢武帝에 이르기까지 흥미진진한 이야기로 가득했다. 때로는 탄성을 터트리며 무릎을 치게 만들었고, 그 희열은 예기치 못한 것이었다.

사마천이 누구인가!

전한前漢 시대 이릉李陵이란 장수가 있었다. 그는 오천 명의 보병부대를 이끌고 흉노족 정벌에 나섰다가 팔만이나 되는 기마 부대에 포로가 되어 끝까지 투쟁하지만 중과부적으로 투항하게 된다. 조정에서는 수치스럽게 포로가 되어 조정의 체면에 먹칠하고 가문의 명예를 깎아내렸다며 거칠게 비난했다. 하지만 사마천은 이릉이 결코 비겁한 장수가 아니었음을 홀로 변호하다 한무제의 미움을 사 불경 패씸죄로 감옥에 갇히게 된다.

일 년 후, 사마천에게는 세 가지 형벌 중 하나를 선택할 수 있는 기회가 주어졌다. 법에 따라 처형되는 것과 죽음을 면하는 대가로 오십만 전을 내는 것, 그리고 또 하나가 궁형宮刑이었다. 물론 사마천은 두 번째 방법을 선택하고 싶었지만 수중에 그만한 거액이 없었다.

죽음의 기로에 서 있던 사마천은 남성의 생식기가 잘려나가는 천형天刑을 택했다. 당시 궁형을 당한 지식인 대부분은 수치심을 견뎌내지 못하고 자살했다. 그러나 사마천에게는 치욕과 모멸감을 감내하면서도 살아남아야 하는 분명한 이유가 있었다. 그것은 아버지 사마담의 유언이었다.

—우리 가문은 대대로 천문을 관측하며 역학에 관한 여러 가지 법을 개정하고 황제의 측근에서 역사적인 사건을 기록하는 역사가歷史家 집안이다. 네가 후세에 길이 남을 역사서를 저술해다오. 내 미처 이루지 못한 과업이다만 네가 꼭 완성해주길 바란다.

피가 뚝뚝 떨어지는 국부를 움켜쥔 사마천은 스스로 맹세한다.

—궁형은 치욕이다. 의롭게 죽지 못하고 궁형을 택한 것은 목숨을 연명하기 위한 구차한 행위가 아니다. 사람은 누구나 한 번 죽는다. 어떤 죽음은 새털보다 가볍고 어떤 죽음은 태산보다 무겁다. 내 선택이 틀리지 않았다는 걸 보여주고 말 것이다.

사마천은 이십 년간 한恨을 품되 겉으로 드러내지 않으며 불후의 역사서인 『사기史記』를 탈고하게 된다.

나는 그중에서도 백이˙와 숙제˙ 두 형제 간의 의리와 소신을 다룬 「백이열전」을 좋아했다.

백이와 숙제의 부친 고죽군孤竹君은 막내아들 숙제에게 제후 자리를 물려주려다 갑자기 세상을 떴다. 그러자 숙제는 그 자리는 형님이 이으셔야 한다며 형인 백이에게 제후 자리를 양보하려 했다. 그러자 백이 또한 아버지의 뜻을 어겨서는 안 된다며 평소 흠모해오던 주나라 문왕에게 달아나자 숙제도 함께 따라나선다.

그러나 문왕은 이미 세상을 뜬 상태였다. 왕위를 이어받은 아들 무왕이 아버지 문왕의 위패를 안고 은나라를 공격하기 시작했다. 이를 지켜본 백이와 숙제는 장례 법도를 어기고 전쟁을 일으킨 것은 의롭지 않다며 수양산에 들어 주나라 곡식을 거부한 채 고사리로 연명했다.

—예부터 지켜온 도道가 사라져버렸으니 이제 어디로 가서 이 몸을 의지할 수 있단 말인가? 잘못을 알지 못하니 슬프도다. 이대로 죽는 것밖에 없구나!

그들은 한탄하며 고사리마저 끊고 굶어 죽어갔다.

시대를 거슬러서, 시대에 맞서서, 시대를 앞서가서, 시대를 비껴가서, 열전 속 중심인물들은 고난과 갈등을 겪어가며 다양한 모범을 제시해주고 있었다. 마지막까지 친구를 믿고 이끌어주는 관중˙과 포숙˙의 우정은 또 어떠한가! 나는 사마천이란 인물에 빠지지 않을 수 없었다.

불운한 천재, 김시습

서산을 물들이는 석양 노을을 어미 삼아 쫓아가는 철새들의 군상이 아름답다. 나는 그 행렬에 눈을 떼지 못했다. 저 산 너머 너머에 금오산(경주 남산)이 있을 것이다.

내가 할 수 있는 것이 무엇일까 딱히 잡히는 것이 없다. 고조부와 조부는 사마시司馬試로 생원이었다. 하지만 나는 작고 마른 체구에 이마는 튀어나왔고 머릿속에 든 것은 서당을 다닌 사람이라면 알 만한 알량한 학문이 전부다.

날이 갈수록 외길 성인 사마천이 걸어온 이십 년 인고의 세월을 내가 살아갈 길에 대입해보는 횟수가 늘어갔다. 내게 가장 절실한 것이 무엇일까? 이 조선 땅, 사마천에 버금가는 인물은 누굴까? 혼돈과 갈등 속에 묻고 또 물었다.

이곳에서 그리 멀지 않은 금오산에서 김시습은 『금오신화』*를 저술했다. 천재 기운을 타고 세상에 두각을 나타낼 풍운아風雲兒였으나 비틀어진 세상을 한탄하고 불의에 맞서 방랑길을 떠난 불운아不運兒 김시습. 세종도 그의 천재적 재질을 알아보고 "드러내지 말고 잘 가르쳐라. 나중에 크게 쓰겠노라" 했었다.

하지만 그는 수양대군의 왕권 찬탈 소식을 접한 후 직접 사육신의 시신을 수습한 다음 가지고 있던 모든 책을 불살라버리고 통곡했다. 그 후 십 년 방랑길에 올랐다가 금오산에 들었다. 조선 팔도를 떠돌며 권신들을 조롱하고 백성들의 억울함을 시로 지어 저항했던 그가 저 금오산에서 뜬금없는 남녀 애정을 글로 노래하다니……. 왜 부지불식간에 남녀의 사랑을 다룬 이야기를 지었을까?

사마천과 김시습, 세상에 버림받고 상처받고도 역사의 길을 의연하게 걸어간 두 사람…….

내 물음에 대한 답을 품고 있을 금오산으로 향했다.

금오산 곳곳에 석탑과 불상이 서 있고 바위에 자애로운 마애불이 새겨져 있다. 천 년 전 신라는 금오산 전체를 하나의 불토국佛土國으로 만들어놓았다. 승려와 속인의 경계에 있던 김시습이 신라의 도읍지 경주가 한눈에 내려다보이는 이곳에서 불의에 미쳐 있던 광기를 어떻게 잠재웠을까!

김시습은 폐허가 된 용장사茸長寺 한편에 오두막을 짓고 매화나무를 심더니 당호를 매월당梅月堂이라 걸었다. 이후 스스로를 매월당이라 불렀다. 나이 서른이었다.

무엇 때문에 깊은 골짜기의, 사람 발길조차 닿지 않는 곳에 가장 먼저 매화나무를 심었을까? 매화를 심는다는 것은 해를 넘겨 다음을 보겠다는 뜻이다. 이른 봄 매화 꽃망울 터지는 소리를 들으며 보름달 암향에 취하고 싶었던 것일까!

매화꽃 봉오리 맺혔다고 술 마시고 시를 짓고, 매화꽃이 피었다고 술마시고 춤을 추고, 그윽한 향기에 취해 바닷가를 찾아 노래 부르며 거닐고, 매화꽃 떨어지면 어찌 또 다음 해를 기다릴까 황망한 마음에 시전에 나가 세상을 참견하기도 했을 것이다.

이 비뚤어진 세상을 피해 살며 그가 닮고자 한 것은 소박한 농부였다. 스스로 씨를 뿌리고 밭을 일궈 사는 것을 최고의 선으로 여겼던 그에게 직접 거둔 곡식으로 차린 밥상은 성찬이었고 밥 한 숟가락에 우주가 담겼다. 하지만 거기까지였다. 화전민의 알량한 한해 농사를 공출로 빼앗아가는 조정의 실상을 보고 겪었다. 모두 다 내려놓은 비위마저 건드렸다.

김시습은 천불 난 속을 달랜다고 낫으로 나무껍질을 벗겨내기 시작했다. 하얀 속살을 드러낸 나무가 자신의 마음 같았을까? 그 하얀 여백에 울분을 쏟아내 응분의 시를 휘갈기다가 다시 깎아내기를 반복했다. 물 먹은 나뭇결이 드러나면서 깎여나가는 촉감은 생생하게 살아 있고 나무의 향은 신선했다.

날이 지날수록 쌓이는 건 나무껍질뿐, 장걸한 나무들이 서서히 말라 죽어갔다. 사시사철 매화는 아끼면서 애꿎은 나무에게 화풀이하고 있었다. 미안한 마음이 들었던 그는 이들에게 다시 생명을 넣어줄 방법이 없을까 고민하다 등걸마다 환생을 노래하듯 이름을 지어주고 이야기를 입히기 시작했다.

앞서 낫질당한 가죽나무에게는 대들보로 다시 태어나라고 양생梁生이라 이름 지었다. 늙은 총각 양생은 부처님과 내기해서 이기게 되고 때마침 배필을 구해 달라 기도하는 처녀가 있어 자연스레 연분을 맺는다. 달콤한 사랑을 나눈 지 며칠 지나지 않아 처녀가 사라졌고, 그는 아쉽게도 처녀가 원통하게 죽은 영혼임을 알게 된다. 처녀의 부모를 찾아간 양생은 그간의 경위를 자초지종 설명하고 재물을 나누어 받는다. 양생이 치성致誠을 다해 처녀의 혼을 달래주는 것으로 글을 마친 김시습은 깎여나간 가죽나무 등걸에 「만복사저포기」•라 적었다. 붓글씨를 안고 있는 하얀 나뭇결에서 향기가 났다.

이어 김시습은 나뭇잎이 시들해져가는 팽나무를 홍생洪生이라 이름 짓

금오산 용장사 삼층석탑. 9세기 초. 금오산 정상 부근에 있으며 바위산을 기단으로 삼아 쌓은 석탑이다.

천재 기운을 타고 세상에 두각을 나타낼 풍운아였으나 비틀어진 세상을 한탄하고 불의에 맞서 방랑길을 떠난 불운아 김시습. 승려와 속인의 경계에 있던 김시습이 신라의 도읍지 경주가 한눈에 내려다보이는 이곳에서 불의에 미쳐 있던 광기를 어떻게 잠재웠을까!

고 주인공으로 삼았다. 풍채와 용모가 좋은 홍생이 개성 부벽루에 앉아 맑은 흥취를 견디지 못하고 낭랑하게 시를 읊조리자, 난데없이 두 시녀를 거느린 은나라 기자箕子의 딸 선녀가 나타난다. 달 밝은 부벽정을 구경하고 천상계로 돌아가려다 홍생의 시 읊조림에 반한 것이다.

뜻이 맞으면 마음도 맞는 것인지 시편을 여럿 나누고 선녀는 기약 없이 사라져버렸다. 선녀를 연모하다 병으로 누워 있는 홍생의 꿈속에 한 미인이 나타나, 견우성 종사관으로 삼았으니 속히 가자고 재촉한다. 홍생은 목욕재계하고 자리에 들어 바로 숨을 거둔다. 김시습은 홍생을 사육신으로 비유해「취유부벽정기」*라 이름 짓고 먹물을 찍었다.

이야기 속 주인공 양생과 홍생은 세종이 아끼던 신하이면서 나라의 대들보이자 동량이었으나 수양대군에게 죽임당한 사육신이었다. 김시습은 의로운 성인들이 취하고 취해 은하수 건너 금오산에 찾아오도록 자루 달린 북두칠성에 술 가득 채워 견우성 곁으로 디밀고 싶었을 것이다.

이곳 금오산에서 육 년을 지낸 김시습은 새끼줄처럼 참담하게 꼬인 이씨 왕조의 불운한 기운에 휘둘려 억울하게 죽어간 사육신의 영혼을 이야기 속에 환생시켰고, 단종의 환생과 수양대군의 단죄를 비꼬아 풍자했다. 그리고 수양대군이 죽었다는 소식을 듣고 불교에 귀의했다. 빈터를 지키는 삼층탑과 석조여래좌상 그 옆에 마애여래좌상이 지난날 여백들을 함구하고 있었다.

'사육신이 견우성 종사관이 되었으니 세종과 단종을 알현했겠지.'

나는 견우성 별자리를 찾아 북쪽을 향해 여섯 번 절을 올렸다. 밤하늘을 우러르니 달무리마저 기울고 삼경이 지났는지 별빛만 반짝인다. 무수한 별들이 떠 있는 저 밤하늘에 그들 또한 별이 되었겠지만 거미줄에 걸린 이슬처럼 슬픔도 가득했으리라. 응숭깊은 이곳에서 매월당은 바쁠 것 하나 없이 한갓지고 단출하고 홀가분했을까! 어둠이 내리는 달빛 속에

서서 따지지 말자, 집착하지 말자, 스스로 매조지를 할 이유도 없는 이곳은 그의 해방구가 분명했으리라.

이른 새벽, 한눈에 내려다보이는 산하는 맑고 자유롭다. 만약 생각 없이 이곳을 찾았다면 별다른 느낌 없이 지나쳤을지도 모른다. 억울하게 죽어간 사육신의 넋이 아직도 승천하지 못하고 구천을 떠돌지도 모른다는 염려 이면을 이야기 속에 풀어 그들의 넋을 달랜 김시습. 그를 위해 술 한 잔 가득 따르고 싶다.

김시습의 손때가 묻어 있을 삼층탑을 어루만져보았다. 왜인지 한 번도 만져본 적 없는, 아버지가 그렇게나 갈망하는 암행어사 마패에 새겨진 말이 느껴졌다. 말의 살갗처럼 뜨겁고, 부드러웠다. 손바닥 안의 말 울음소리가 삼층탑 속으로 빨려 들어갔다. 탑을 통과하듯 멀어지는 그 소리를 따라 등 뒤에서 바람이 불었다. 나는 들로, 산으로 달려가는 그 바람을 좇아 경주를 오래도록 내려다보았다.

꺼지지 않는 등불 스승이시여!

삼년상을 마쳤다. 상복을 벗고 인사 올리는 나를 어머니가 근심스럽게 바라보았다.

―그동안 네 아버지의 완고한 뜻에 막혀 말 못 하고 애만 끓였었다. 몸에서 빠져나온 말이 들판을 가로질러 산으로 달려가는 태몽은 역마살이다. 역마살을 잡아두면 단명이란다.

―어머니…….

나는 아무 말도 하지 못하고 고개를 숙였다. 마지막 숨을 거두면서도 암행어사 마패를 만져보지 못한 것을 한으로 여긴 아버지의 모습이 스쳐 갔다.

―네 마음이 어디에 있는지 알고 있다. 산을 끼고 돌아다녀야 네 천수를 다할 수 있다. 집안 걱정은 말고 떠나거라.

어머니의 눈길이 문밖으로 향했다.

연일延日 현감에서 물러난 청천 신유한*을 찾아갔다. 그가 가야산 줄기 아래 고령 땅에 낙향해 경운재를 짓고 후학을 가르치고 있다는 소문을 들었다. 문장이 뛰어나고 시가 아름다워 많은 선비가 그의 글을 암송했

산수병에 걸릴 숙명

다. 나의 관심은 그가 지은 『해유록』*에 있었다.

신유한은 일흔이 넘은 나이에도 눈빛이 곧게 빛났다. 간혹 쿨럭거리느라 몸을 둥글게 말았다.

─소생은 경상도 군위에 사는 정란이라 하옵고 가르침을 청하옵니다. 조선 팔도 명산을 찾아 그곳 정상에서 산하를 맘껏 굽어보고 싶은 중병을 앓고 있으나 양반 체면에 망설이고 있었습니다.

─그 멀리서 날 찾아온 연유가 고작 조선의 산하더냐?

말은 그렇게 했지만 나는 그의 눈빛에서 놀란 기색을 읽었다. 조선 산하를 마음껏 누비고 싶어서 가르침을 청하는 경우는 처음이었으리라.

─제게는 떨쳐내지 못하는 병통이 하나 더 있습니다. 세상에 수천 가지의 서책이 있다고 해도 저를 끌어당기는 것은 사마천의 『사기』뿐이니 이 또한 중병이옵니다.

─길을 잘못짚은 게로구나. 나는 옛 문장을 알지 못한다.

─옛것을 익히고 미루어 새것을 안다 했습니다. 제 믿음이 잘못된 것입니까?

─수많은 생원이 따르는 시서詩書는 하늘 아래 으뜸이다. 고문을 시경과 서경보다 높게 대하지 마라. 이는 초목이 대지에 뿌리를 내리지 못하고 기왓장 틈이나 조약돌 사이를 탐하는 것과 다를 바 없다. 옛사람 굴원屈原이나 사마천의 문장을 고슴도치 가시처럼 세우고서 도道에 이르겠다 분분히 달려들었던 많은 사람이 끝판에 가서야 멈추는 것을 나는 보아왔다. 배우고 싶으면 그들을 찾아가거라.

─『해유록』만이 제 고질병을 고칠 수 있습니다.

신유한은 실소하며 턱수염을 쓸어내렸다.

─배우고자 하는 혈기가 사방으로 어지럽고 위태롭구나. 날뛰는 형상이 불이 어디로 튀어나갈지 모르는 꼴이니 참으로 우매하구나. 다만 가상

한 것은 양반임에도 직접 제 발로 산을 밟고 산하를 굽어보고 싶어 한다는 것이다. 그럼 한 가지만 묻겠다. 옛사람의 자취에 대한 미련을 버릴 수 있겠느냐?

제자로 받아들이겠다는 반승낙이었다. 잠시 침묵이 이어졌다.

—너와의 인연이 너무 늦었구나. 너도 짐작하겠지만 내 수는 이미 다 되었다. 나는 늙은이일 뿐이지. 하지만 너로 인해 할 일이 생겼구나. 내일 당장 가야산에 올라 호연지기가 무엇인지 느끼고 오너라.

큰절을 올렸다. 영남 제일 문장가의 문하생이 되었다는 흥분이 가라앉지 않았다.

가야산은 정견모주正見母主 여신이 머문다는 신령스러운 영산이다. 달에 사는 미인을 닮았다는 상아덤 바위에서 정견모주와 하늘의 신 이비가夷毗訶가 부부의 연을 맺고 두 아들을 낳았다. 첫째 아들은 대가야의 왕이 되었고, 둘째는 김해로 가서 금관가야의 수로왕이 되었다는 전설이 가히 군왕적이다.

가야산 초입에 들어서자 청아한 목탁 소리가 골골이 퍼지고 있었다. 산 정상에는 기묘한 바위 능선들이 수탉 볏처럼 깃을 세우고 있었다. 바위 군상들이 운집한 만물상 속에 내 어머니를 닮은 바위를 찾아보았지만, 어머니 모습을 쉬이 찾지 못했다.

해가 기울기 시작한 저녁 무렵 해인사가 지닌 고즈넉함에 불가의 일상도 붉게 물들어갔다. 저녁 공양을 마치자 칠불봉에서 삼 년 동안 수행해 생불이 되었다는 이야기가 범종 소리에 묻혀갔다. 이제 개밥바라기별까지 떠올랐으니 모든 물상은 사계절을 품게 되겠지.

스승께 절을 하고 무릎을 꿇었다.
—그래, 가야산이 어떠하더냐?

─가야산의 정수는 해인사 팔만대장경에 뭉쳐 있었습니다. 국난 극복의 불씨 같은 희망을 피우기 위해 오천만 자가 넘는 글자 한 자 한 자를 새길 때마다 합장하며 소원을 빌었다던 고려 목공들의 땀방울을 보았습니다. 낡은 목판 위에 떨어져 소금꽃, 매화꽃으로 피어나 있었습니다.

─팔만대장경은 의義의 고집이다. 호연은 팔만대장경이 그렇듯 의를 앞세운 도를 말한다. 제대로 보았으니 오늘 네게 문구를 선물로 주겠다. 이 글은 너의 생명을 지켜줄 것이다. 가슴에 품고 세상을 대하거라.

물알묘이조장勿揠苗而助長.

곡식이 빨리 자라지 않는 것을 걱정한 어느 송나라 사람이 싹들을 조금씩 위로 뽑아 올려놓았다. 지친 모습으로 집에 돌아와서는 "오늘 내가 싹이 자라는 것을 도와주었더니 피곤하다" 하자, 이를 이상하게 여긴 아들이 들에 나가보니 싹이 모두 말라 죽어 있었다는 고사다. 조급하게 억지 부리지 말고 순리에 따르라는 가르침이었다. 문장을 선물로 받기는 처음이었다.

스승은 서안 위로 『해유록』 서책을 올려놓았다. 여행 기록을 찾고자 하면 중국은 박지원의 『열하일기』*, 일본은 신유한의 『해유록』을 반드시 읽어야 한다. 이는 항간에 퍼져 있는 고정된 방식이었다.

─나는 기해년(1719) 사월부터 다음 해 정월까지 열 달간, 통신사 제술관*으로 일본에 다녀온 적이 있었다. 홍치중洪致中 곁을 수행했었지. 나는 통신사행 글에 관한 직무를 맡았는데, 일본 관리들과 시문이나 학문에 대해 토론하며 교류하고 우리의 글과 학문을 선양하는 것이 주요 임무였다. 이 서책이 바로 그때 썼던 여행기다.

기회가 오면 일본 땅을 밟아볼 것이라 막연하게 여기고 있었는데……. 그렇게 갈망했던 『해유록』에서 나는 눈을 떼지 못했다.

─우리 조선은 임진왜란과 정유재란이라는 큰 변란을 겪었는데도 왜

구의 침략이 빈번하지 않으냐? 겉으로 드러내지 않는 그들의 속내를 알아야 한다는 사명감이 들었지. 우리 통신사행이 여러 번 왕래했지만 그들의 정세를 파악한 기록은 너무나 부족했다. 침략의 역사를 비판하기에 앞서 그들의 이질적인 문화나 태도, 우리보다 앞서나간 점들은 배워야 하지 않겠느냐?

내 조바심을 이해한다는 듯 스승은 서책을 쓰다듬었다.

—일본은 싸움 걸기 좋아하는 기질을 가지고 있는 얕은 민족이지. 조정에서는 일본의 군사력은 어떠한지, 조선으로의 재침략 의도는 없는지 파악하는 것이 가장 시급했다. 정탐에 의한 것이 아니라 외교적 파견으로 일본 정세를 당당하게 보고 파악할 수 있는 일이었으니 우리에게도 이처럼 좋은 기회는 없었던 게지.

—일본의 근성을 어찌 보시는지요?

—그들의 일상은 소박하면서도 청결하나 그 뒤에는 호전적 기질이 있어 적지 않은 두려움의 대상이다. 현마다 군대를 가지고 있는데 외향적으로 힘을 겨루고 대항하며 자신들의 현을 지키려는 군대 문화가 생활 속에도 스며들어 있다. 그런 연유로 우리가 가장 경계해야 하는 것은 그들의 무신 통일이다. 도요토미 또한 정권을 통일하고 내부적 내란을 잠재우려고 조선을 침략하지 않았느냐?

문보다 무에 더 신경을 쓰고 학문적인 것보다 기술에 관심을 보여 조총이란 새로운 병기를 만들어 침범한 일본. 우리는 속수무책으로 한양 도성을 내주고 임금이 피난을 떠나야 하는 치욕을 겪어야 했다. 스승은 그런 치욕을 반복하지 않기 위해서라도 기술을 배우고 받아들여야 한다고 목소리를 높였다.

—기술을 저속하게 여기는 현실로는 불가능하지 않겠습니까?

—그렇지 않다. 일본에 가서 무엇보다 감탄했던 것은 각 분야에 녹아

산수병에 걸릴 숙명

들어 있는 정교한 기술이었다. 다행스럽게도 연행에 올랐던 의식 있는 실천가들이 청나라의 선진 문물에 놀라며 이를 받아들여야 한다고 주장했다. 실용 학문이 서서히 고개를 들고 있다. 머지않아 변화가 올 테지.

말을 마친 스승이 잔기침하기 시작했다. 아직 찬 기운이 남아 있는 봄바람 때문인가 싶어 들창을 닫자 방 안 가득 당귀 향이 풍겼다. 스승은 오랜 잔기침으로 당귀 탕약을 복용하고 있었다.

―창해야! 나는 늙었다. 잔기침이 잦아지는 것을 보니 내게는 시간이 많지 않다. 그동안 나는 산과 바다를 문장만큼 유람하며 햇빛 잘 드는 곳에서 설중매나 키우며 살고 싶었다. 삼신산인 한라산, 금강산, 두류산을 올라 마음껏 세상을 굽어보고 싶었으나 아쉽게도 뜻을 이루지 못했다. 다만 그 맥락으로 가야초수伽倻樵叟라 호를 짓고 가야산 자락에 터를 잡았다. 부디 네가 대신 두류산을 올라 그 감흥이라도 내게 전해주었으면 한다.

두류산은 백두산 산세가 남쪽으로 흐르다 이곳에 이르러 높고 커다란 산이 되었기에 붙여진 이름이라 했다. 두류산에 올라 세상을 굽어보는 것, 그 일생의 소원을 맡긴다고 하시니 가슴이 저릿해졌다.

스승은 서랍장에서 광목 주머니를 꺼내 내게 건네주었다. 족이비도어충구량足以備徒御充糗糧이란 글귀가 적힌 주머니 안에는 삶아 말린 쌀이 들어 있었다. 수행 종에게 말린 쌀을 충분히 준비하게 하라는 뜻이었다.

―네 뜻을 어찌 모르겠느냐? 네 가슴에 요동치고 있는 자연에 대한 동경과 네 발끝에 걸려 있는 역마살은 멈추면 죽는다는 것을……. 세상에는 얼마든지 가야 할 길이 있다. 나 또한 마음속 스승은 산하이었느니라. 뜻을 굽히지 말고 올바르게 의와 도를 닦으며 수행하거라.

역마살. 방황하던 날 위해 어머니가 풀어내던 해몽을 어찌 아셨을까?

―두류산 천왕봉에 오르거든 이곳 가야산 자락을 바라보거라. 아무리 먼 공간이라도 뜻은 통하게 되어 있으니 네가 느끼는 것을 나도 느낄 것

이다. 그곳은 상남자들의 공간이다. 가슴이 넓어지고 머리가 트이면서 현기증이 일 수도 있다. 받아들이거라. 그것이 호연浩然이다.

나는 스승님이 일러준 군자사君子寺 천식이란 승려를 찾아갔다. 그는 스승께 수학했던 제자 중 한 사람이었다. 눈이 작고 입이 크며 코는 약간 위로 들린 얼굴을 한 그는 첫 대면에 경계의 눈빛을 보였지만 스승님 함자를 대자 이내 반색했다. 동문수학이라는 공통점이 서로의 간극을 사라지게 했다. 부귀공명에 마음을 빼앗겨 병이 되는 것보다 산속에서 수련하는 즐거움이 크다며 묻지 않은 이야기를 먼저 건네 오기도 했다.

그는 하동 사람으로 두류산이 바로 고향의 산이라 모르는 것이 없었다. 우리는 황계 폭포, 환희령을 넘어 월락동, 황혼동, 용유담을 지나 두류암에서 유숙한 뒤 천왕봉에 오르는 산행 일정을 잡았다.

황계 폭포에 이르자 수레와 남여●를 대동하고 건장한 종과 승려까지 뒤따르는 무리가 눈에 띄었다. 그들은 비파를 타고 피리와 태평소까지 불며 여흥을 돋우고 있었다. 이른 봄나들이에 나선 양반들이었다.

그 소란함에 우리는 잠시 땀만 식히고 이내 길을 재촉했다. 붉은 소나무 사이로 칡넝쿨이 늘어져 있는 구불구불한 길을 따라 고개를 넘자 용유담 겹겹 바위 사이로 불어오는 상쾌한 바람이 옷깃 속으로 파고들었다. 두류암에 도착해 유숙 행장을 풀었지만, 마음이 앞선 우리는 시선을 갈무리하기에 바빴다. 벼랑이 층층이 깎여 절벽을 이루고 그 위로 수십 길 폭포수가 떨어지고 있었다. 물보라에서 선방禪房 풀 내음이 전해졌다.

이튿날 새벽길을 나선 우리는 자진동紫眞洞을 지나 지름길로 접어들다가 그만 길을 잘못 들었다. 오르락내리락 가시덤불을 헤치며 넘어지기를 반복해야 했다. 산세가 점점 거세지고 험난해져 짚신을 당겨 신고 다시 새끼로 동여맸다.

산수병에 걸릴 숙명

얼마쯤 지났을까? 아침 햇살에 하늘이 벗겨지고 있는 천왕봉이 눈에 보였다. 이때야 덤불 가시와 땀으로 흥건한 얼굴을 서로 쳐다보며 삼돌이처럼 웃었다.

나무들이 거센 바람에 구부정하게 산 쪽으로 굽어 있고 정상에 가까워질수록 나무는 작달막하게 키를 낮추었다. 게다가 거센 비바람과 눈보라에 시달려 열에 서너 그루는 앙상하게 줄기만 남아 있는 고사목이었다. 천왕봉 아래에 판잣집이 둘려 있었는데 산신을 믿는 무리가 머무는 곳이었다. 용유담과 백무당百巫堂과 더불어 삼 대 무당 소굴로 소문난 이곳으로, 기도하러 오는 사람들이 많은데 그들이 소나 돼지를 산 밑 신당에 매어 놓고 가면 무속인들이 취해 생계 밑천으로 삼는다고 했다.

천왕봉 정상 발아래 까마득하게 펼쳐져 있는 광활한 풍경에 막혀 있던 서기가 부풀어 올랐다. 산 너울이 끝없이 흘러가고, 그 사이로는 강이 흐르다가 이내 남해가 금빛을 드러냈다. 웅장하고 걸출한 형상이 청량산과 가야산에서 보았던 시공간이 아니었다. 예서 굽어보는 세상은 유유자적인데, 저 아래에는 옳고 그르니 기쁘니 슬프니 살아가는 삶들이 덧없이 포개지고 있을 것이다.

— 앞에 보이는 산이 기백산이고 그 뒤가 무주 덕유산, 우측으로 봉긋 솟아 있는 곳이 가야산입니다.

천식이 손가락으로 북쪽을 가리키며 말했다. 이어서 동쪽으로 대구 팔공산이 있고 현풍의 비파산, 밀양 운문산 그리고 멀리 굽이굽이 은빛을 띠고 있는 곳이 낙동강이라고 설명했다. 남쪽으로는 소요산, 광양 백운산, 순천 돌산도가 수묵화처럼 번지고, 서쪽으로 무등산, 영암 월출산, 정읍 내장산, 익산 미륵산, 담양 추월산이 나지막하게 누워 있다.

— 백두산에서 시작해 면면이 사천 리를 뻗어온 아름답고 웅혼한 기상이 남해에 이르러 두류산에 뭉쳐 있습니다. 열두 고을에 걸쳐 사방 둘레

가 이천 리나 됩니다.

—그렇게 광활하단 말인가?

—두류산 뿌리가 영남과 호남의 반 이상이나 뻗어 있는데 높고 크게 보이는 까닭은 살 많고 뼈대가 적은 산세 때문입니다. 산음과 함양은 두류산을 등에 짊어지고, 안음과 장수는 그것을 어깨에 메고, 진주와 남원은 그것을 배에 얹고, 운봉과 곡성은 그 허리에 달려 있으며 하동과 구례는 그 무릎을 베고, 사천과 곤양은 그 발을 물에 담근 형상입니다.

천식처럼 두류산을 꿰차려면 수년은 더 이곳을 누벼야 할 것 같았다. 그는 호남 지방에 있는 황매산, 백운산, 조계산, 기백산, 무등산, 덕유산까지 등정하지 않은 산이 없었다.

'정좌하고 기를 품고 있는 사람의 자세가 우뚝 선 산의 모습과 다르지 않다.'

그가 터득한 산의 정도는 천하를 유람한 자장율사*와 비교해도 뒤지지 않았다. 천왕봉 서쪽 능선을 더 따라가고 싶었다. 하지만 잠시 눈을 감고 생각에 잠겼다. 세상은 주유할 만하다며 기운을 불어넣어주던 스승님이 이곳을 바라보고 계실지…….

—스승님, 영영 돌아오지 못하고 한곳에 머물라 하면 두류산 구름처럼 살고 싶습니다. 이것이 바른 생각이옵니까?

—애착을 갖게 되는 곳에 그리움이 생기는 법이다. 수백 년 동안 많은 선인이 유람하면서 남긴 유기遊記나 시문을 가까이하면서 찬시를 짓는다고 해서 갈증이 풀어지겠느냐? 눈앞에 산이 아른거려 파리하게 말라갈 것이 아니라 몸소 한번 산에 오르는 것이 낫다. 두류산 체취가 가시기도 전에 그 감흥이라도 들을 수 있다는 것이 얼마나 다행한 일이냐.

—천왕봉 서쪽으로 능선이 이어져 있고 여러 봉우리가 겹쳐 어깨를 겨

루고 있었습니다. 그 봉우리마다 계곡을 품고 있을 진경 산맥으로 더는 발걸음을 옮기지 못한 것이 아쉽습니다.

―허허, 오늘도 내일도 가슴이 요동친다면 떠나거라. 하지만 밋밋하면 주저앉히거라.

―머릿속에는 온통 그곳에서 바라본 세상뿐이고 가슴에 불꽃이 일고 있어 제 몸을 태워버릴 것만 같습니다.

―필시 너를 부르는 이유가 있을 것이다.

스승은 《연강임술첩》*을 펼쳐 보였다. 폭이 길게 그려진 산수화에 겸재의 글씨와 낙관이 가지런히 찍혀 있었다.

―네가 떠나기 전에 보여주려 했던 화첩이다. 네가 머물 곳은 예가 아니다. 비록 천하는 아닐지라도 네가 주유할 조선의 산하는 넓다.

나는 마른침을 삼켰다.

―지금으로부터 칠백여 년 전, 송나라 소동파*는 임술년(1082) 칠월과 시월 보름에 장강에 배를 띄워 즐기며 「적벽부」*를 지었지. 지금도 임술년이 돌아오면 적벽가를 아는 선비들이 뱃놀이를 따라 하며 그 여흥을 이어가고 있다.

나는 그림 속에 녹아 있을 여흥에 눈을 떼지 못했다.

―내가 연천 현감으로 있을 때 경기도 관찰사 홍경보洪景輔 대감이 당시 최고 화원이었던 양천 현감 정선鄭敾과 연강(임진강)에서 뱃놀이를 즐기곤 했었지. 해와 달을 번갈아 품은 강물은 유유히 백 리나 흘러갔다. 우화정羽化亭에서 웅연熊淵까지 사십 리 뱃놀이 승경을 겸재가 화폭에 담았고 관찰사와 나는 글을 지었다.

―그림만으로도 뱃놀이 감회가 전해지는 듯합니다.

―그 승경은 어떤 달변가가 표현한다 해도 절반이나 토해낼 수 있을까. 즐긴 자와 설명을 듣는 자는 분명 다르지 않겠느냐?

스승은 추억을 보듬는 듯 소중하게 화첩을 어루만졌다.

—이 그림은 배에 오르기 전 관찰사에게 예를 갖추는 장면이고, 다음 그림은 옹연에 닻을 내린 장면을 묘사한 것이다. 어둑어둑 땅거미가 지자 하인들이 횃불을 들고 마중 나온 모습까지 정밀하게 그려졌지.

감흥에 젖은 스승은 눈을 지그시 감더니 곧 소동파의 적벽부를 읊기 시작했다.

임술년 칠월 열여섯 날
찾아온 손님과 함께 배를 띄워 적벽 아래서 노니세,
맑은 바람은 살랑이고 물결은 잔잔하다.

자! 이 술 한잔 받으시게,
그대는 달 밝은 시를 읊조리고
나는 사랑 노래 부르니
달이 솟아올라 북두 견우 사이를 서성일 제
흰 이슬 물안개는 강에 비끼고 물빛은 하늘에 닿았더라.

. . . . . .

우리네 인생 덧없음을 슬퍼하고
장강의 끝없음을 부러워하네.

. . . . . .

무릇 천지 사이의 사물에는 제각기 주인이 있어
진실로 내 소유가 아니면 한 터럭일지라도 가지지 말 것이나,
강 위의 맑은 바람과 산간의 밝은 달은

산수병에 걸릴 숙명

귀로 얻으면 소리가 되고 눈으로 만나면 빛을 이루니
이를 가져도 금할 이 없고 이를 써도 다함이 없어
이는 조물주의 보물이니 나와 그대가 함께 누릴지어다.

손님이 기뻐서 웃고 잔을 씻어 다시 술을 따르니
고기와 과일 안주는 이미 다하고 술잔과 소반이 어지럽네.
배 안에서 서로 함께 포개어 잠이 드니
동녘 하늘이 밝아오는 줄도 몰랐네.

먼 곳을 바라보는 스승의 눈동자에 물결 이랑을 헤쳐 나가는 한 척의 배가 일렁이고, 회한 가득한 목소리에서 달빛이 새어 나왔다. 뱃놀이에 적벽부가 빠진다면 그 여흥은 절반에도 미치지 못하리라! 스승은 내 말에 허허 웃음을 흘렸다.

─글을 아는 선비라면 흉중에 품고 있을 법한 명문이지.

─관찰사께서 쓰신 서문 내용도 궁금합니다.

─내가 맘에 드는 대목은 이 부분이다. "해 질 녘 웅연에 정박해 달을 얻고서야 파했으니 대개 소동파 뱃놀이를 모방함이다. 사십 리 물길, 좌우 깎아지른 절벽을 끼고 조선 최고 화원과 명문장가가 주거니 받거니 흥을 이어가니 한잔 술의 정취는 적벽가와 비할 바 아니구나." 어떠하냐?

─제게도 그 흥취가 전해지는 것만 같습니다. 그런데 스승님의 뱃놀이 소회는 어떠셨는지요?

─관찰사와 많은 하객의 눈과 귀를 살피느라 흉중을 다 드러내놓지는 못하였다. 지금도 그날의 정취를 맘껏 누리지 못한 것이 아쉽지만 뱃전에 앉아 있을 때 귓가를 스치던 강바람을, 강물에 비친 석양 속으로 빨려 들어가는 황홀경을 내 평생 언제 다시 만날 수 있을까 싶다. 강기슭에 횃불

네 뜻을 어찌 모르겠느냐? 네 가슴에 요동치고 있는 자연에 대한 동경과 네 발끝에 걸려 있는 역마살은 멈추면 죽는다는 것을……. 세상에는 얼마든지 가야 할 길이 있다. 나 또한 마음속 스승은 산하이었느니라. 뜻을 굽히지 말고 올바르게 의와 도를 닦으며 수행하거라.

《연강임술첩》 중 〈우화등선(羽化登船)〉. 33.1×93.8cm, 개인 소장.

《연강임술첩》 중 〈웅연계람(熊淵繫纜)〉. 33.1×93.8cm, 개인 소장.

을 든 하인들 모습이 물빛에 어른거리던 환영과 흥겨운 풍악 소리는 나를 달뜨게 했지.

스승의 목소리에 물기가 묻어났다.

—추억은 희망을 만들어준다. 이《연강임술첩》에는 평생 소중한 추억이 담겨 있다. 산이 있으면 반드시 계곡이 있고 강이 흐른다. 사람은 그저 그 위에 잠시 쉬어갈 뿐이지.

스승은 내게 화첩을 건네주었다.

—내가 이 화첩을 보여주는 것은 네가 가는 산하의 발길을 기록으로 남겨놓으라는 뜻이다. 훗날 천왕봉 서쪽 능선을 따라가고 싶다는 너의 말이 기억난다. 내가 가보지 못한 두류산에 대한 미련을 네가 이어다오. 천왕봉 정상 보름달의 풍경이 궁금하다. 절경이겠지? 기다리고 있으마. 그리고 이 서찰은 내 당부의 글이니 가면서 읽도록 해라.

생의 끝머리에서 이런 글을 쓰는 것이 행복하다.

처음 날 찾아와 가르침을 달라 했을 때 옛사람의 글에 심취해 잘못 찾아왔다, 돌아가라 말했다. 하지만 의기에 찬 너는 배우고자 고집을 부렸지. 그 고집이 아니었다면 우리 인연도 없었을 것이다. 너의 집요함이 날 굴복시켰다.

내가 늘 반복해 강조하는 호연지기는 서두르지 말고 의와 도를 함께 키워나가란 말이다. '물알묘이조장'이란 글을 명심하거라. 자칫 어리석은 송나라 사람처럼 모든 걸 잃을 수도 있다. 산행에 필요한 '족이비도어충구량' 문장도 잊어서는 안 된다.

군자는 마음이 쉬되 도를 벗어나면 안 된다. 유어도遊於道란 말을 흉중에 품거라. 순서를 잘 정해 집중하면 사람을 평안하게 만든다. 한 가지 더 당부하면 옛사람의 글만 탐하지 말고 현시대 선각자인 혜환 이용휴*의 문장을 이해해야 넓은 시야를 가질 수 있다. 그를 찾아가거라. 이제 모든 것은 너의 발끝과 가슴에 달려 있다.

천식은 날씨만 받쳐주면 천왕봉에서 일몰 석양과 월출月出, 해돋이까지 한꺼번에 볼 수 있다고 했다. 함양 칠선계곡에서 천왕봉을 올라 능선을 타고 연하봉, 영신봉, 덕평봉을 지나 형제봉, 삼도봉에 이르러 노고단에서 화엄사로 내려오는 경로를 잡았다. 어림잡은 여정에 혹시 모를 상황을 대비해 하루를 더했다.

칠선계곡을 거슬러 오르는 길은 예상대로 험난했다. 작은 산사태가 있었는지 가는 길이 막혀 돌아가느라 더디었다. 하지만 선녀탕을 바라보며 노숙하는 멋은 일품이었다. 물속에 비친 달빛이 혈관을 타고 부질없는 망상들을 지워나갔다.

더 이상 바랄 것이 없었다. 족히 이십 리가 넘는 계곡을 차고 오른 천왕봉 정상. 다시 만나도 무한하기만 하다. 서쪽 바다로 떨어지는 석양빛이 수면 위로 아득하게 물들이다 물먹은 어둠으로 가라앉고 있었다. 무아지경이다. 누가 먼저랄 것도 없는 자잘한 탄성이 이어졌다. 북두칠성이 맑게 빛을 내고서야 보름달이 떠올랐다. 별빛을 무색하게 만들던 달빛이 달무리로 테를 만들며 넓게 퍼져나갔다. 이곳이 바로 월궁月宮이었다. 어찌 시 한 수가 없겠는가!

천왕봉은 하늘과 맞닿아 있어
북두성 자루 잡고 별들을 쓸어 담아보네.
명황明皇이 노니는 월궁에 초대받은 듯
옥피리 불자 저 너른 남해 바다에 용들이 춤을 추네.

서로 등을 기댄 채 밤새 월궁을 노닐었다. 맞닿은 등이 따뜻했다. 그 온기를 모으며 몸을 감싼 채 해가 떠오르기를 기다렸다. 갑자기 눈앞이 캄캄해졌다. 놀란 나를 안심시키려는 듯 나직한 목소리가 들렸다.

―해 뜨기 전이 가장 어둡습니다.

숲속에서 은밀히 속삭임을 감추던 까마귀 떼가 날아오르자 붉은 여명이 촉을 내밀기 시작했다. 환호성을 기어코 받아내고야 마는 천왕봉 일출은 붉은 용솟음, 내 어머니의 탯줄처럼 탱탱하게 부풀어 올랐다가 세상에 토해냈다. 절규, 첫울음이었다.

스승께서도 이곳을 바라보고 계실까? 스승의 잔기침 소리가 귓가에 들리는 듯했다. 보름 달무리를 보고 만파식적 피리 소리에 잠을 깨는 용들의 움직임을 감지하시길, 예서 느끼는 기운과 울림이 그대로 전달되기를 두 손 모아 간청했다.

이른 새벽부터 길을 재촉한 우리는 서쪽 능선을 타고 제석봉을 향해 갔다. 좌우로 탁 트인 세상은 넓고도 평온했다. 반야봉이다. 영남 사람들이 강인한 이유는 뾰족한 바위가 많고 흙이 적은 천왕봉을 머리에 이고 살기 때문이며 호남 사람 인심이 유순한 이유는 흙이 많고 돌이 적어 빼어나게 고운 반야봉을 주봉으로 삼기 때문이라고들 말한다.

멀리 보이는 가야산 정상 위로 흰 비단을 드리운 듯 상서로운 구름이 떠 있다. 혹시 모를 불안한 생각에 급히 서둘러 노루목으로 내려와 화엄사에 머물렀다.

그곳에서 스승의 부고를 들었다.

봉분에서 흙냄새가 났다. 눈시울이 뜨거워졌다.

"산은 정직하다. 거짓도 없고 꾸밈도 없다. 퇴계 이황과 남명 조식, 서산대사도 그 산의 품 안에서 학식을 높이고 덕망을 키우지 않았겠느냐?

　　　　　　　　　　　　　　산수병에 걸릴 숙명

산은 현인들을 키워낸다. 너도 그리될 것이다."

그렇게 다독여주셨던 기억이 머릿속에 선연하게 떠올랐다. 가슴께가 뻐근했다. 찢어질 듯 찾아오는 통증에 차라리 이대로 심장이 멎어버렸으면 했다.

"호연지기를 의롭게 키워주는 또 다른 스승은 자연이다. 사람에게서 기댈 수 없는 한 톨의 한까지도 받아주는 넉넉함은 자연밖에 없다."

『해유록』과 《연강임술첩》을 펴 보이시던 모습이 이리도 생생한데……

"비록 서자 출신으로 한직에 머물렀지만 그 덕에 자연 곁에서 풍류를 즐길 수 있어 외롭지 않았다. 네가 머물 곳은 예가 아니다. 비록 천하는 아닐지라도 네가 주유할 산하는 넓다."

가야산 정상을 감싸던 상서로운 구름이 눈에 밟혔었는데 바로 그날 스승께서 임종하셨다 한다. 산하도 의로운 죽음을 슬퍼했던 것인가! 천왕봉 달맞이 승경을 기다리고 있겠노라 미소를 보내시던 나의 스승 신유한! 그는 가슴이 하늘에 닿아 머리로 세상을 통찰하신 대인이셨다. 매일 아침 두류산 정상 쪽을 바라보며 묵상에 잠기셨다던 스승님, 창해는 아직 오지 않았느냐? 수없이 묻고 또 물으셨다던 스승님……

나는 애끓는 슬픔과 그리움을 부여잡고 애도하는 만사輓詞를 지었다.

사무치는 눈물을 뒤로하고
옥처럼 아름다운 모습이셨던 스승님 전에

하늘을 이고 있는 선계仙界의 땅 두류산 천왕봉에서
일몰 월출 일출을 차례로 마주할 때
금빛 까마귀 울음소리를 들었습니다.

가야산 정상을 감싸던 상서로운 구름에 황급히 길을 재촉했건만
임종을 지키지 못한 이 죄를 어찌 감당하겠습니까?
밤새 방황하며 네 번의 탄식을 토해냈습니다.
애달프고 애통한 마음에 머리 조아리며 이 글을 올립니다.

첫 번째 탄식은
호연지기를 향한 본 가르침을 주시었으나
마지막 임종을 지키지 못함이요.

두 번째 탄식은
일찍이 스승께서 과거에 장원급제를 해 세상을 놀라게 했으나
스승의 진면목을 다 드러내지 못하고 초야에 묻히셨으니
비로소 옛일에 감동하고 오늘을 슬퍼한다 해도
드러난 스승님 진면목이 부족하기 때문입니다.

세 번째 탄식은
천 년이 지난 뒤 두류산 천왕봉에 올라
가야산을 굽어보고 섬진강 큰 물결에 외로운 배 띄워
적벽가를 부른다면 그 풍류는 누구의 공일는지요?

마지막 탄식은
세상 가장 큰 스승은 산이라는 믿음이
두류산 뿌리에서 만나기 때문입니다.

크게 치지 않으면 소리가 나지 않는 거대한 종鍾

산수병에 걸릴 숙명

하늘이 울어도 울지 않는 두류산이건만
현자의 죽음 앞에 봉우리마다 깃발 나부끼며
천석종千石鍾이 울리고 있습니다.

나의 스승이시여!
산 높고 물 맑은 오악 계곡물에
눈과 귀를 씻어 삼가 가르침을 복기復記해
조선 천하를 두 발로 누비는 진정한 산악인이 되겠습니다.

　나는 또 한 번의 삼년상을 치르며 예를 다했다. 아버지가 가리키던 길
도, 스승이 일러준 길도 이제 먼 옛일이 되었다. 나는 새로 떠나는 길 앞
에서 스승이 주신 두 문장, 물알묘이조장과 족이비도어충구량을 지팡이
에 새겼다.

호형호제의 연

　이번에 도산서원을 찾은 것은 아버지 때문이 아닌, 학문에 정진하고 있는 조술도를 만나기 위해서였다. 도산서원 안 상덕사尙德祠에는 주향위主享位에 퇴도 이선생退陶 李先生 위패가, 서쪽 종향위從享位는 월천 조공月川 趙公 위패가 모셔져 있다. 퇴계 이황 위패와 함께 모셔진 월천 조공이 누굴까? 나는 향을 사르고 예를 갖추었다.

　월천 조목趙穆은 퇴계의 애제자이자 수제자였다. 퇴계는 서른여덟 살, 월천은 열다섯 살 때 맺어진 사제의 인연은 삼십 년 넘게 이어졌다. 생원시에 합격한 월천이 성균관에 들어갔으나 퇴계를 가까이 모시겠다며 입신양명을 포기하고 낙향했다.

　퇴계가 작고한 후에는 문하생과 유림의 뜻을 모아 서원 창건을 주도하고 상덕사란 사묘祠廟를 짓고 스승의 학덕을 추모 배향했다. 전교당典教堂과 동서재東西齋를 지어 제자들을 가르치고 강론을 펼쳤다. 그리고 스승의 업적과 발자취를 좇아 『언행록』*과 『퇴계선생문집』*을 간행했다. 선조로부터 도산서원이라 쓴 한석봉의 사액을 받음으로써 영남 유학의 총 본산이 되도록 앞장섰다.

　나는 조술도와 함께 월천이 어린 시절 학문을 닦았다는 월천서당으로

　　　　　　　　　　　　　산수병에 걸릴 숙명

발길을 옮겼다. 영지산 줄기 아래 낙동강이 휘감아 돌아가는 곳에 자리하고 있는 서당은 산세가 수려하고 맞닿은 물길이 휘돌아 머물러 급하지 않게 흐르고 있는 형세로, 한눈에 보아도 뜻이 강하고 신의가 지켜지는 길지였다. 더욱이 낙동강 물줄기를 거슬러 올라가면 도산서원이 있다. 월천이 어린 시절 물장구치던 강물은 퇴계가 사색하고 시름을 달래며 바라보던 물줄기였다. 두 사람의 인연 닿음이 특이하다.

─군이 설명을 듣지 않아도 인물을 낼 만한 곳임을 알겠네.

─월천의 부친께서 이곳에 터를 잡고 두 아들을 공부시키기 위해서 서당을 지었으니 부친의 안목도 대단하지 않습니까?

─아무리 내공이 깊다 해도 하늘이 점지하지 않으면 찾기 어려운 명당 같구먼.

─낙동강을 끼고 돌아가는 산세가 마치 새끼 돼지들이 어미젖을 빨고 있는 형상이라 그럽니다.

태백산 황지潢池에서 발원해 청량산을 돌아 나온 때 묻지 않은 낙동강 때문인지 이곳에 만석꾼보다는 뜻깊고 맑은 선비가 많은 것 같았다.

─큰 인물이 많았다 들었는데 도대체 어떤 분들인가?

─이곳에서 멀지 않은 예안현 역동서원易東書院에는 고려 충신 우탁禹倬이 배향되어 있지요.

─역동서원이라……. 서원 이름이 범상치 않아 보이네.

─그럴 수밖에요. 송나라 정이•가 주석을 단『주역』을 이해하는 사람이 없었을 때 우탁이 방문을 닫아걸고 끝내 역학의 이치를 터득했지요. 그러자 사람들은 주역이 중국에서 동쪽으로 건너왔다고 역동선생易東先生이라 불렀습니다. 역동선생이 젊은 날 감찰규정監察糾正으로 있을 때, 충선왕이 부왕의 후궁과 간통하는 것을 알고 흰 상복에 거적때기를 둘러메고 도끼까지 들고 충선왕을 찾아가서는 끝까지 극간한 다음 낙향해서 학

문에 몰두할 정도였으니 그 배짱과 배포가 얼마나 대단했던지 가늠이 안 됩니다.

구차스럽게 구걸하지 않는 배짱과 학문을 겸비한 호걸의 풍모를 가진 자가 이 세상 몇이던가!

월천서당 안으로 들어가자 묵향과 함께 글 읽는 소리가 곳곳 배어 손에 잡힐 듯 향기로웠다. 건너편에 있는 겸재謙齋라는 정자 현판이 눈에 들어온다.

─월천께서는 낙향한 후 벼슬에 오르지 아니했는가?

─선조가 삼정승을 모아놓고 조선 팔도에 숨어 지내는 덕망 높은 선비를 찾아 천거하라고 어명을 내린 적이 있었지요. 이조*에서 다섯 사람을 천거했습니다. 서경덕의 제자이자 『토정비결』로 유명한 이지함李之菡, 조식의 문인인 정인홍鄭仁弘과 최영경崔永慶, 이항李恒의 문인인 김천일金千鎰 그리고 퇴계의 수제자 월천 조목이었는데, 이 가운데 단연 돋보이는 분은 월천이었지요. 선조는 월천에게 조참*에 참여할 수 있는 참상*이란 벼슬을 내렸을 정도였습니다.

─관직에 있었다면 또 다른 면모를 보여줄 수 있었을 텐데…….

─살아생전 마흔여섯 차례나 임금의 부름을 받고 관직에 제수되었으나 사양하셨지요. 오십삼 세 때 봉화 현감으로, 육십오 세 때 합천 군수로 교정청 관리를 지냈지만, 재임 기간을 모두 합해도 사 년이 채 넘지 않습니다. 향교 중수와 유학에 중점을 두다 보니 정치 행정이나 통솔하고는 맞지 않았던 모양입니다.

시선은 허공에 두고 말을 잇는 조술도의 얼굴에 미소 가득했다.

─저를 감동시킨 것은 스승이 보낸 서간 백육 편과 시 수를 정성스럽게 정리하고 철해 여덟 권의 『사문수간師門手簡』으로 엮은 것입니다. 서찰 속 글 하나하나 스승의 가르침과 정이 담겨 있지 않은 것이 없습니다. 이

산수병에 걸릴 숙명

세상 어디에 이만한 편지가 있겠습니까? 이런 편지를 받을 수 있는 운명이라면 저 또한 그 길을 백 번이라도 따라가고 싶습니다.

—스승과 제자의 올곧은 흐름을 닮고자 하는 자네라면 그럴 것이네.

—그뿐이겠습니까? 임진왜란이 일어나자 월천은 동생과 두 아들을 데리고 의병을 모집해서는 홍의장군 곽재우와 합세해 도산서원과 장판각의 각종 귀중한 서적을 지켜냈습니다. 왜란이 끝나자 퇴계 문하에서 동문수학하던 유성룡柳成龍이 일본과 화친을 조율하자는 의견을 내자 비분강개한 월천의 글이 지금도 회자되고 있는데 한번 들어보시겠습니까?

표정을 고친 조술도에게서 비장함이 묻어났다.

—어서 들려주시게.

—유대감이 평생 갈고닦은 학문이 고작 화친을 주장해 국사를 그르치는 주화오국主和誤國, 단지 네 글자뿐이란 말이오? 성현의 글을 아는 당신이 이런 생각을 할 줄 그 누가 짐작이나 했겠는가?

—당시 재상의 위치에 있었던 유성룡 또한 나라 걱정을 많이 했을 터, 전란으로 인한 백성들의 피 울음을 어찌 외면할 수 있었겠나?

—하지만 주화오국은 이미 호란 때 김상헌●이 주장해 문제가 된 적이 있었습니다. 저라면 전쟁하길 주장해 나라를 지키는 것에 무게를 두고 싶습니다.

—왜란이나 호란이나 나라가 부강하지 못해 일어난 일 아니겠는가? 주전호국主戰護國이라면 나도 자네를 따라가겠네. 혹 그 서간을 받은 유성룡의 답이 있었는가?

—워낙 위급한 시기라 답장보다 나라를 구한 훈공자로 유성룡이 월천을 추천했습니다. 그런데 월천은 "공은 어찌하여 전란에서 공을 세운 적없는 나를 추천하는가? 왜 시끄럽고 어지러운 일에 나를 끌어들이려 하는가? 같은 동문수학의 정을 생각해서라도 공로자 명단에서 내 이름을

빼주게"라며 강직한 성품 그대로 뜻을 전했지요.

월천은 세상이 남긴 의로움이었다. 월천의 묘를 찾아 예를 올렸다. 비석을 어루만져보았다. 비석 앞면에는 가선대부 공조참판 월천 조선생지묘 배정부인 안동권씨부후嘉善大夫 工曹參判 月川 趙先生之墓 配貞夫人 安東權氏祔後, 뒤에는 정온鄭蘊의 글이 새겨져 있었다.

　　월천의 아름다운 자질은 퇴계를 스승으로 모심으로써 성취될 수 있었고, 퇴계의 도학은 월천을 제자로 거둠으로써 빛나게 되었다. 월천이 아니라면 어찌 퇴계의 깊은 학문을 물려받을 수 있었을 것이며, 퇴계가 아니었다면 어찌 월천의 깨우침을 보장할 수 있었겠는가!

청렴, 곧고 곧을세라 금강석 같은 그 스승에 그 제자였다. 왜 상덕사에 퇴계와 나란히 월천의 위패가 모셔졌는지 알고도 남음이다. 월천이 걸어간 가치 있는 삶에 두 손을 모았다.

산수병에 걸릴 숙명

월천서당. 월천이 학문을 닦고 후진을 양성한 곳으로 퇴계가 써준 현판이 높게 걸려 있다.

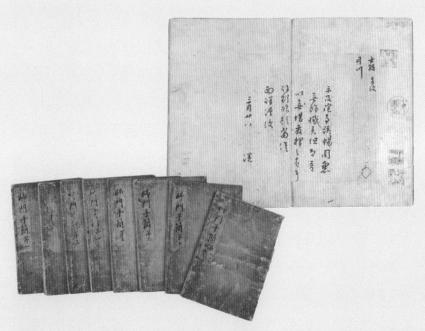

『**사문수간**』. 퇴계가 월천에게 보낸 편지를 묶어 만든 간찰첩이다. 삼십여 년간 이어온 스승과 제자
의 올곧은 관계가 묻어나 있으며, 훗날 정조가 첩을 보고 발문을 달아주었다. 현재는 보물로 지정되
었다.

찬란한 문장 속의 빛

스승은 뜻을 굽히지 말고 산하로 가라고 했다. 뜻을 굽히지 말고 올바르게 의와 도를 닦으며 수행하라고 했다. 그런데 막상 떠나려니 어디로 향하든 길을 잃은 기분이었다. 무작정과 기준은 분명 큰 차이가 있다.

무엇보다 대의명분이 절실하다. 내가 가고 있는 길에, 내가 가야 할 길에 대한 확신을 얻고 싶었다. 그것은 앞서 인정받고 뜻을 펼칠 수도 있고 훗날 평가의 기준이 될 수도 있다. 나는 스승의 마지막 당부를 떠올리고, 최고 문장가 혜환 이용휴를 찾았다.

혜환은 이른 나이에 진사가 되었으나 더는 과거에 뜻을 두지 않은 사람이었다. 출세를 위한 학문이라 여겼기 때문이다. 성호 이익을 스승으로 모시고 배운 기조는 중국 실학사상과 문학에 경도傾倒되어 있었기에 그의 글은 기이하고 참신했다.

그는 열린 사고와 개방적인 성격으로 신분을 따지지 않고 사람들과 왕래했다. 천민부터 사대부까지 예술가, 탐험가, 문장가, 의원은 물론 공방 기술자도 있었다. 본인이 직접 할 수 없는 분야, 특히 서책으로 배울 수 없는 분야에서 최고 자리에 오른 사람을 선호하고 존중했다. 상대의 나이와 지위에 개의치 않고 그들의 정신세계에 들어가 노닐고 싶어 했다.

그러다 보니 혜환과 교류하면 자신이 하는 일을 인정받는 것은 물론 자신감도 얻을 수 있다는 소문이 퍼졌다. 나는 그를 뵙기를 청하는 사람들 속에서 헤매다가 겨우 혜환을 마주했다.

―제 발목에는 말썽부리는 병이 붙어 있습니다. 어떤 조화옹造化翁의 심술인지 알고 싶습니다.

―발목에 심술이 걸렸다? 이는 식솔의 생계는 개의치 않고 길 떠나기를 밥 먹듯 하는 자네 방랑벽을 말하는 것일 테지. 그런 산수병을 앓고 있는 이가 내 옆에도 한 사람 있다네. 바로 내 사위일세.

―사위라 하시면?

―이름은 허만*이고 호는 승암勝菴이지. 한번은 대동강을 건너 묘향산에 홀쩍 다녀온 적이 있었지. 괴나리봇짐 하나 달랑 메고 관서행 천 리 길을 마다치 않고 주유하듯 즐기고 다녔으니 그 또한 병중의 병통 아닌가? 게다가 그리 떠돌다가 집에 돌아와서는 능청스레 시 백여 수 글을 덜렁 내어놓으니 어느 집에서인들 환영하겠는가?

세상에 나와 같은 인물이 또 있다니……. 묘한 안도감이 들었다. 그런데 정작 의아스러운 것은 사위가 고질병인 산수병에 걸렸는데도 아무렇지도 않게 불만 섞인 하소연을 하는 그의 말투에서 풍기는 이력이었다.

―산수병 때문에 안사람이 저 몰래 절에 가서 치성을 드려보고, 어떤 뱅이로 귀신을 떼어낼 수 있는지 용하다는 무녀를 찾아가기도 하고, 산신에 접신하지 않고는 이럴 수 없다며 작두무당에게 살풀이까지 했다 합니다. 갓 신내림 받은 어린 무당까지 나섰지만, 효험은커녕 역마살이 깊고 깊어 요지부동이란 말만 되풀이하더라고 들었습니다.

―어허! 싹을 잘라버리려면 아예 발목에 잿물을 부어서라도 쫓아버려야지, 아니 그런가!

그가 이맛살을 찌푸렸다. 비록 몰래 한 것이나 망령된 믿음을 모른 척했다는 것이 못마땅한 눈치다.

　─남의 집에 세 들어 살면서도 아암我菴(내 암자)을 지어 자기 집인 듯, 자기 세계가 열린 듯, 사람들에게 보이려는 고질병이 난무하고 있으니 세상은 어지럽고 혼란스럽네. 살다 보면 귀한 것이 천한 것에 부림을 당하는 것이 부지기수네. 어째서 그러하겠나? 삿된 습속이 올바른 것을 어지럽히기 때문이지. 미신에 휩쓸리지 말게.

　나는 가만히 그의 말을 들었다.

　─가장 중요한 것은 자기 자신일세. 그러니 자네가 가는 길은 결코 부끄러운 길이 아니네. 자랑스러운 도전이지.

　도전이라니! 언제나 병이고, 살殺이었다. 그 누구도 이렇게 말해준 적이 없었다. 나는 반사적으로 감정을 짓누르고 복잡한 표정으로 배웅하던 가족의 얼굴을 떠올렸다.

　─제 길에는 장애가 너무나 많습니다.

　─이보게! 어느 길인들 장애가 없겠는가? 또 장애가 없다면 너무 심심하지 않겠나? 사람 몸에 병통 하나 정도는 몸에 달고 다녀도 괜찮지 않겠는가? 자네는 산수병통, 나는 문장병통이라 칭한들 그 뜻이 손상되겠는가? 훼방꾼이 끊임없이 생겨도 자신에게 솔직하면 그만일세.

　역시 사뭇 다른 만남이다. 실학을 실천하는 대학자다웠다.

　─호가 창해滄海라 했는가? 오늘부터 일사逸士를 붙여 부르게. 푸른 바다로 도망간 선비 창해일사, 어떤가?

　푸른 바다로 도망간 선비…… . 마음에 와닿는다.

　오늘 등반 여행가가 될 재목을 만났다며 혜환은 먹을 갈았다.

　─옳다 그르다 기준은 대자연의 이치에 따르는 것이니 하늘이 정해준 운명을 좇을 수 있다면 그것이 최상의 삶이네.

　─제 뜻을 기특하게 여겨주시고 제가 가고 있는 길이 결코 헛되지 않

다는 대의명분을 어르신께서 주셨습니다.

─그러하다면 한 가지 당부하겠네. 자네의 여정을 기록으로 남기게. 느낀 그대로를 남겨 훗날 같은 길을 걸어가는 사람에게 푯돌이 되고, 대물림할 수 있도록 물꼬를 터주는 마중물이 되어야 하네. 화원에게는 그림으로 받아 보관하고 문장가에게는 찬문을 받아두었다가 전후를 확인할 수 있게 여행기를 남겨주게나.

─하지만 제 주변에 친분 있는 화원이나 문장가가 없어 부끄럽습니다.

─걱정하지 말게. 인연은 언제나 기다려주는 법이지.

인연이란 때가 되어야 만난다. 덜 성숙했다면 비껴가야 한다. 익지 않은 인연은 의미가 없다. 무릇 푹 익어야 인연도 맛과 멋이 있다. 내 가야 할 길에 물꼬를 터주신 스승 청천과의 인연 위로 혜환의 인연이 겹쳐지고 있었다.

─자네에게 당부함세. 지나는 길 있으면 이곳에 꼭 들러서 자네의 유람기를 들려주어야 하네. 그래야만 우리의 연 또한 아름답지 않겠는가? 자네 같은 동량이 나타나길 내 얼마나 기다렸는지 아는가? 사람에게는 하늘이 정해준 운수가 있으니 뜻있는 자의 갓은 건드리지 않는 법, 빈산에 그대 발자국을 남겨 개산조開山祖가 되어보게.

혜환은 날 서가로 안내했다. 왜 대문장가라 일컫는지, 왜 문장이 기이하면서 빼어나다고 평가받는지 켜켜이 쌓인 서책들이 대변하고 있었다. 그 사이에 있던 선비 한 사람이 책장을 넘기다 우리를 맞았다.

─아버님, 나오셨습니까?

차분한 음성에 학처럼 기품 있고 단아한 모습. 천재로 소문난 이가환•이었다.

─이쪽은 창해일사 정란이라 한다.

─금대 이가환이라 합니다. 일사란 말은 아버님이 좋아하시는 어휘이

온데 혹 아버님께서 붙여주셨습니까?

금대는 자신의 매형과 나를 배다른 형제는 아닌가, 내 얼굴을 뒤집어 보며 수학數學 천재답게 두 사람의 방랑벽을 독해하려는 눈빛을 보였다.

—매형은 수시로 정처 없이 천 리 길을 나서고 있어 사람들이 무모하다 비웃곤 합니다. 제게는 불정산佛頂山 줄기에 불상을 닮은 기괴한 바위들이 즐비한 천불산이라 불리는 명산이 있다며 함께 올라가보자 약속했는데도 번번이 어그러지고 말았습니다. 이처럼 한 번의 약속도 지키기 어려운데 어찌 평생 유람이란 꿈을 꾸십니까?

—하하, 매형의 무심함이 억울했다면 훗날 천불산은 나와 함께 유람하는 것으로 정하세나. 그 훗날이 내일이라 해도 나는 좋다네.

—말씀 들으니 농은 아닌 듯싶습니다. 그럼 저도 훗날을 기약하겠습니다. 그건 그렇고 아버님께서 사람을 서가에 들이시는 것은 흔치 않은 일입니다. 인정받지 않으면 어려운 일인데 창해일사께서 썩 마음에 드셨나 봅니다.

—나 또한 어르신께서 이리 환대해주시어 몸 둘 바 모르겠네.

—아버님은 대가들 명성에 기대려는 속물들과 거리를 두고 있습니다. 그들과 같아지려는 행동들이 결국 그들의 아류가 될까 경계하고 있는 것이지요. 모든 답은 내 안에 있다는 걸 강조하시고 조선의 속됨을 씻어내려 타성에 젖는 일체의 것들과는 단절하고 계십니다.

역시 그 아버지에 그 아들이었다.

—조선 팔도에 대한 궁금증을 이기지 못하고 떠도는 사람이 한 사람 더 있는데 알고 계십니까? 진택 신광하•를 한번 만나보시면 적잖은 도움이 되실 것도 같습니다.

—진택 신광하?

—네. 역사라는 씨줄에 자신을 날줄 삼아 소요하며 사유를 즐기고 있

는 분입니다. 때로는 비판하기도 하고 때로는 손뼉을 치며 옳고 그름에 휘둘리기도 하지만 조선의 태동부터 조선의 앞날까지 운명을 예측하길 좋아합니다. 게다가 산하에 뜻이 분명해 두 분이 잘 맞으실 것 같습니다.

　—허허, 그런 기인이 있었는가? 어디로 가면 그를 만날 수 있겠는가?

　—충청도 서천 바닷가나 도성 안 광통교廣通橋에 가면 만나볼 수 있을 것입니다.

　역사라는 씨줄에 자신을 날줄 삼아 큰소리친다는 신광하와 나를 닮은 또 하나의 산수병자 허만. 그들이 궁금했다. 그들을 만나고 싶다.

과거 급제 박탈

조술도에게서 다급한 연락이 왔다. 그의 형 조진도가 증광별시*에 급제했고 이어진 전시*에서 전강*에 뽑히는 영예를 얻었다. 그런데 노론인 김상로, 홍계희 등의 중상모략으로 인해 급제를 취소당하는 황당한 일이 발생했다는 것이었다. 이는 과거제도가 생긴 이후 처음 있는 일이었다. 지체할 시간이 없었다. 나는 서둘러 도산서원으로 향했다.

—형님!

조술도의 표정이 무거웠다. 그는 울화를 참지 못하는 듯 몸을 떨었다. 직박구리 텃새가 나무를 옮겨 다니며 울어대는 소리가 한참 귀에 거슬렸다. 얼마나 지났을까! 하염없이 허공을 응시하던 조술도가 내게로 고개를 돌렸다.

—이 노론 패거리들이 자행하는 횡포에 도저히 분을 참을 수가 없어 기별 넣은 것입니다.

—자네의 답답하고 분한 마음을 왜 모르겠는가? 소식 듣고 나 또한 놀랐다네. 임금께서 직접 주관한 전시에 급제한 인재를 어찌 그리 내칠 수 있단 말인가? 대체 어떤 모함을 받은 것인가?

―제 형님의 과거 급제가 취소된 연유를 말씀드리자면 조부님 이야기로 거슬러 올라가야 합니다.

조술도의 눈자위가 붉어졌다. 나는 조술도의 조부 조덕린이 노론의 탄핵을 받아 떠난 제주도 귀양 길에 숨진 것으로만 알고 있었다.

―조부께서 문과 병과로 급제해 사간원 사간°으로 계실 때(1725) 일이니 벌써 이십 년이 넘은 일입니다. 노론과 소론의 당파 싸움으로 인해 뒤틀린 세상을 바로잡고자 조부께서 당쟁의 폐단으로 생기는 해를 열 가지로 정리해 상소를 올렸었는데 노론의 신경을 건드리는 내용이 있었던 것이지요.

―사간의 역할이 지위의 높고 낮음이나 권력의 있고 없음을 떠나 직간할 수 있는 자리이지 않은가? 노론의 신경을 건드렸다는 건 또 무슨 말인가?

―노론의 득세를 비난했다는 것이지요.

―그래서 어찌 되셨는가?

―당쟁의 폐해 지적은 오히려 당쟁을 부추겼다는 죄목이 되어 종성鍾城으로 유배되셨지요. 다행히도 이 년 뒤 소론이 집권하면서 조부께서는 유배에서 풀려나 승정원 동부승지에 올라 경연에도 참석하셨는데 또다시 유배에 처해지셨습니다.

조술도는 목이 타는 듯 침을 삼켰다.

―동부승지로 계시다가 병환으로 벼슬을 내려놓고 고향으로 돌아와 요양하며 후학들을 가르치셨지요. 그러다 병진년(1736)에 서원의 남설濫設을 반대하는 상소를 올리셨는데, 일전 올렸던 상소와 연관 지어 다시 노론의 탄핵을 받고 귀양길에 강진에서 그만…….

―필선°의 상소가 통하지 않는 현실이 답답하네. 조부께서는 반드시 신원伸冤이 될 것이네.

─그리될 수만 있다면 제 형님의 억울함도 바로잡을 수 있을 터인데 분노가 제 가슴을 치받습니다. 문과 본시에 실력으로 급제하는 것이 얼마나 어려운 일입니까? 그런데 노론들이 이십 년도 넘은 조부의 상소 사건을 끄집어내어 형님의 과거 급제를 취소해버렸으니 통탄할 일 아닙니까?

조술도는 답답한 듯 가슴을 주먹으로 쳤다. 쿵쿵 울리는 소리에 내 심장도 저렸다.

─임금(영조)께서 그들의 주장의 무모함과 부당성을 들어 물리치면 되지 않는가?

─노론이 추대한 임금이 왕위에 오른 지 채 일 년밖에 안 되었으니 임금 또한 노론의 눈치를 살필 수밖에요.

영조는 숙종의 둘째 아들로 숙빈 최씨와의 사이에 태어났으며 경종의 이복동생으로 경종 즉위년에 세제世弟로 책봉되었다. 하지만 어머니의 출신 성분이 미천하다는 열등감과 경종 독살설까지 유포되면서 정치적인 부담에 끊임없이 시달렸다. 그러다 보니 자신을 비호해줄 세력인 노론의 힘이 절대적일 수밖에 없었다. 득세하면 머리를 꼿꼿이 세우다가 바람 불면 고개를 납작 숙이는 들풀과 다름없는 그들을 보며 임금조차 당쟁을 정치적으로 이용하고 있었다.

서원은 기별을 듣고 달려온 유생들로 북적였다. 그들은 이번 일은 곧 퇴계학파를 우롱하는 것이라며 한양으로 몰려가 시위를 해서라도 바로잡자고 목소리를 높였다. 과거 시험에 부정을 저질러 패가망신하는 사례는 많이 있으나 손자라는 이유로 박탈하는 경우는 없었다면서 말이다.

오랜 논의 끝에 이들은 영남 유생 모두에게 신원 회복에 동참하라는 통문을 돌리고, 서당계書堂契, 가숙계家塾契, 서원계書院契, 문생계門生契를 중심으로 서명을 받으면서 차츰 각 고을의 뜻있는 유생들까지 참여토록 한 후에 상소하기로 의견을 모았다.

　정략적 당파 싸움의 본보기인 듯했다. 치졸한 모략으로 인한 과거 급제 취소는, 그 집안은 앞으로 관직에 뜻을 접으라는 노론의 경고나 다를 바 없었다. 과거 공부에 매진하고 있던 조술도 입장에서는 너무나 황당하고 미래가 보이지 않으니 혼란스러울 것이 분명했다.

　—당쟁은 필시 조선 역사의 치욕으로 남을 것일세. 상소에 첨부될 연서명이 모이면 함께 한양에 가세나. 나도 조부의 억울함을 풀어드릴 신원 운동에 함께하겠네.

　나는 위로의 말 대신 조술도의 어깨를 다독이며 두 손을 잡아주었다.

　—형님 덕분에 터질 듯 답답했던 마음이 조금 진정되는 것 같습니다. 저도 이제는 관직 등용에 미련을 접고 초야의 선비로 살아가야겠습니다.

조선 팔도를 읽다

　백두대간 줄기와 갈래, 그 사이사이로 강물이 가로지르는 터전 위에 사람들이 모여 문화를 만들고 역사를 이어간다. 신라는 경주를, 고려는 평양과 개성을, 조선은 한양을 중심으로 각 시대의 중심축을 이동해왔다.

　한양은 조선의 심장이다. 왕이 군림하고 세도가들이 집결해 있는 이 땅을 왜 도읍지로 정했는지, 무엇 때문에 사대문을 세우고 성곽을 둘러 도성 궁궐을 조성했는지, 절대 공간인 도성을 이해하지 않고는 조선 천지를 돌아다녀도 헛걸음이자 헛품이 된다. 사대문 안 도성과 성저십리*, 한양을 중심으로 연결되는 도로를 머릿속에 각인해놓아야 한다.

　한양과 조선 팔도를 이어주는 아홉 개의 대로大路는 도성 사대문에서 시작된다. 이 길들을 따라 임금의 명이 하달되고, 공물과 물품이 옮겨지고, 사신들이 오가며, 과거 길이 되기도 한다.

　한양은 북악산을 주산으로, 뒤를 받치는 북한산을 진산鎭山으로 삼았다. 한양을 감싸는 산줄기는 북한산 옆으로 도봉산이 곁을 지키고, 감악산 줄기가 남서쪽으로 에둘러져 있다. 동쪽의 낙산駱山, 남쪽에 목멱산(남산), 서쪽의 인왕산, 북쪽에 북악산을 이어 사십 리 성곽을 쌓아 도성을 이루었다. 동쪽 낙산이 내청룡, 아차산이 외청룡이 된다. 서쪽 인왕산이 내

백호, 안산이 외백호, 남쪽 목멱산이 남주작으로서 관악산이 그 뒤를 받쳐주고 있다. 북악산을 주봉으로 경복궁이, 응봉을 주산으로 창덕궁과 창경궁이 들어섰다. 창덕궁 옆에 자리 잡은 종묘와 더불어 서쪽으로 사직단이 세워지면서 도읍지의 면모를 갖추었다.

한양의 물길은 어떠한가! 도성을 가로지르는 청계천이 중랑천을 거쳐 한강으로 흘러가고 한강은 남산을 휘돌아 서해로 흐른다.

개국 당시 풍수가들은 한양의 진산인 북한산 봉두峰頭가 동쪽으로 틀어앉아 좌청룡의 기운이 축축하고 우백호보다 좌청룡이 낮아 장자長子에게 이롭지 않다고 했다. 도성 안 청계천 물이 서쪽에서 동쪽으로 빠져나가는 형상으로 미루어 동쪽에서부터 화를 입게 될 것이라 예견했는데 그들이 말하는 화는 왜의 침략이었다.

그러한 예견 탓인지 조정에서는 혈이 약한 동쪽을 보강하기 위해 많은 비보책裨補策을 내놓았다. 동대문을 흥인문이라 하지 않고 갈지之자를 보태 흥인지문興仁之門이라 이름 지었다. 청계천에 가산假山을 쌓았으며, 좌청룡에 해당하는 낙산 콧마루 바위 위에 청룡사를 짓고 비구니들의 거처로 삼게 했다. 하지만 이런 노력에도 불구하고 시류는 풍수가의 예언대로 흘러갔다.

태조의 다섯째 아들 이방원은 왕자의 난을 일으켜 왕위에 올랐다. 병약했던 문종은 선왕인 세종의 삼년상을 치르자마자 세상을 떴으며, 어린 임금 단종을 보위하던 세종의 둘째 아들 수양대군은 한명회를 책사로 들여 김종서, 황보인 등을 살해하고 동생 안평대군까지 제거했다. 그리고 스스로 영의정에 올라 대권을 틀어쥐었다. 이후 숙부인 수양대군의 위협을 감당하지 못한 단종은 왕위를 물려주고 상왕上王으로 물러났다. 장자에게 이롭지 못하다는 예견은 대를 이어 적중하고 있었다.

상왕 단종이 한양에 있는 한 언제든 복위 운동이 일어날 수도 있었다.

민심을 두려워했던 세조는 상왕을 미련하고 또 미련하다는 뜻을 담아 노산군魯山君으로 강등하고 상왕의 비를 군부인君夫人으로 격하시켰다. 강원도 영월 땅으로 유배를 떠나는 단종과 왕비는 도성 밖에서 생이별을 해야 했다.

기약 없이 헤어지는 것처럼 막막한 것이 또 있을까? 멀어져가는 지아비의 뒷모습을 바라보기 위해 낙산에 올랐던 왕비의 애절함은 어떠했을까? 이윽고 단종을 낳고 산후통을 이기지 못하고 세상을 떠난 문종의 비 현덕왕후顯德王后가 세조의 꿈에 나타났다.

'내 자식을 죽이려 하다니 가만둘 수 없다. 네 자식부터 먼저 데려가야겠다.'

침을 뱉고 저주를 퍼부었다. 비록 꿈이었지만 거짓말처럼 침이 묻었던 자리에는 종기가 불어나 피고름이 잡혀 터지기 시작했고 왕세자가 시름시름 앓기 시작했다.

두려움에 떨던 세조는 현덕왕후를 서인으로 강등해 능을 파헤쳤다. 그것도 모자라 시신의 자궁子宮을 사흘 동안 방치했다가 다시 묻게 했다. 현덕왕후 소릉昭陵은 능묘 조성 때 수양대군이 직접 관여했던 인연 깊은 능이었음에도 권력에 눈이 먼 결정은 가혹했다.

불면증에 시달리다가 잠시라도 잠이 들 참이면 어김없이 현덕왕후의 혼이 나타났다. 현덕왕후의 혼령과 세조가 싸우는 형상이었다. 죽은 자의 복수는 산 자의 복수로 이어졌다. 앓기 시작한 지 삼 개월이 되기도 전에 왕세자가 세상을 떴다. 복수에 눈이 먼 세조는 현덕왕후의 부장품과 묘지명을 함께 서해 앞바다에 수장시켜버리고 금부도사 왕방연王邦衍을 영월로 보내 단종을 사사賜死한 후 청령포淸泠浦에 던져버렸다. 열일곱 살 짧은 생이었다.

산수병에 걸릴 숙명

정의는 바르고 불의는 곡曲지다. 어디서부터 잘못된 것일까? 풍수가들의 예견대로 좌청룡의 기운이 약해서 비롯된 걸까? 내 자리가 아닌 남의 자리를 탐하는 권력 욕심 때문일까? 지난 역사지만 머릿속이 혼란스러웠다. 운명이라 치부하기엔 버거운 일이지만 굴곡진 역사 현장에 서 있고 싶었다.

나는 정순왕후의 통한이 서려 있는 낙산을 찾았다. 하루도 빠짐없이 이른 새벽, 정업원을 오르내렸을 봉우리 길은 붉은 실타래처럼 곱게 빗겨져 있었다. 눈을 감았다. 육십여 년을 이어온 정순왕후의 사무친 애환 위로 사육신의 시신을 수습하고 방랑길에 올랐던 김시습의 환영이, 단종의 시신을 수습하던 엄흥도의 심중이 어스름하게 밤하늘을 적셨다.

거리로 나섰다. 종루에서 숭례문에 이르는 큰길은 사람들로 가득했다. 거리 좌우로 길게 늘어선 시전의 행랑마다 쌓여 있는 온갖 물건들을 흥정하는 소리가 뒤섞여 시끌벅적했다. 어물전에는 서해와 한강에서 갓 올라온 신선하고 살이 오른 생선들로 넘쳐났고 싸전에는 윤기 나는 곡식들이 산처럼 쌓여 있었다.

상업이 왕성해지자 사업 수완이 좋은 중인, 상민, 농민들이 부를 축적하게 되면서 기존의 신분 질서를 흔들기 시작했다. 더러는 사대부 양반들의 독점 영역이었던 문화예술에까지 끼어들면서 민중에 의한 문화예술로 바뀌어가고 있었다. 더욱이 돈 많은 중인들이 유흥가의 주요 소비층으로 몰리면서 물자는 넘쳐났고 각양각색의 사람들이 어울렸다. 이 흐름이 앞으로 어떻게 될지 궁금했다.

청계천을 건너는 가장 큰 다리인 광통교와 수표교 사이는 양반, 중인할 것 없이 함께 즐기는 놀이 공간이었다. 길 양옆으로 주점과 기방이 즐비하고 벌건 대낮인데도 술 취한 갓쟁이들이 기웃거렸다. 남쪽에는 그림 그리는 도화서가 위치했던 탓인지 개울가 부근 서화사書畵肆 점포마다 골

동품이 진열되고 글씨와 그림이 즐비하게 걸려 있었다. 일전 이가환이 가르쳐준 광통교 주변도 돌아보았다. 혹시 진택 신광하를 만날 수 있지 않을까 하는 기대감 때문이었으나 그를 찾을 길은 요원하기만 했다.

한편 궐 안 소식이 심상치 않았다. 세자(사도세자)의 기이한 행동들이 들통나면서 대노한 영조가 벌을 내렸다는 이야기가 귀동냥을 넘어 풍문처럼 떠돌았다.

—동궁을 몰래 빠져나온 세자가 이십여 일 동안 관서 지역을 유랑 다니고 허락도 없이 사냥을 나가는가 하면 심지어 민가까지 출입했다더군.

—어디 그뿐인가? 세자의 일상을 낱낱이 기록해야 하는 소임을 방조한 승정원 승지와 세자의 행태에 동조한 관원, 내시들을 벌하고 귀양까지 보냈다지 뭔가!

—임금이 화가 많이 나기는 난 모양이네.

—세자가 여러 날 석고대죄를 하고서야 어명으로 더는 논하지 말라 하며 수습하셨다는데 맞기는 맞는 모양이네.

—세자가 와병臥病을 핑계로 임금을 찾아뵙지 않는다는데 그러다가 미운털 박히면 후일을 어찌 장담하겠는가?

—임금이 세자보다 세손에게 더 애착과 정을 쏟는다는 얘기, 자네들도 들었는가? 얼마나 영민한지 여덟 살 되던 해 세손으로 책봉했다지.

백성들의 눈과 귀는 궁으로 쏠려 있었다. 이 또한 장자에 얽힌 풍수 예견의 연속인가? 나도 귀와 눈을 열고 궁금증을 키우고 있었다. 무심무언, 내 갈 길이나 갈까 고민했지만 발길이 떨어지지 않았다. 이대로 한양을 떠나기에는 미련이 남았다.

내친김에 도성 사산蛇山인 북악산과 인왕산, 목멱산과 관악산을 잇는 도성 길을 걸었다. 사십 리가 넘는 성 둘레길에 쌓인 한양은 예나 지금이나 조선의 상징이었다.

저 멀리 응봉 아래 용이 꿈틀거린다는 창덕궁과 창경궁이 눈에 들어왔다. 저 궐 안에서는 지금 어떤 일들이 일어나고 있는 것일까? 궁 밖이야 먹고사는 문제지만 궁 안은 죽느냐 사느냐 생사의 공간으로 보였다. 궁 안에 갇힌 세자는 밖으로 빠져나가려 발버둥치고 궁 밖의 사람들은 궁 안으로 들어가려 목을 빼고 귀를 세웠다.

서에서 동으로 흐르는 청계천이 보이고 임진왜란 때 소실되고 터만 남은 경복궁에서 숭례문까지 대로 양옆으로 육조 관청이 자리해 있었다. 조선 역대 왕과 왕비의 위패를 모신 사당 종묘와 조선을 건국하며 토신과 곡신에 제사를 지냈던 사직단, 북촌 솟을대문 기와집, 청계천 아래 집성촌인 남촌이 보이고 인왕산의 위엄이 바위처럼 단단하게 다가왔다.

며칠이 지나, 새벽 종루 소리에 사람들이 저잣거리로 몰려나왔다. 시끄럽던 세상이 서로 쉬쉬거릴 뿐 소리 내어 말하는 사람이 없었다. 흉흉한 억측과 의문만 늘어갔다. 사대문은 잠겨 있는데 사소문四小門만 열렸다. 전교가 내려지고 방이 붙었다.

세자가 죽었다. 어찌 삼십 년 가까이 이어온 부자간의 은의恩義를 생각하지 않겠는가! 세손을 생각하고 대신들의 뜻에 따라 그 시호를 사도세자라 한다. 세손은 삼년상을 마쳐야 하나 진현進見할 때와 장례 후에는 담복淡服으로 하라.

─세자가 뒤주에 갇혀 죽었다지 뭔가?
─아니, 어떻게 여드레 동안 물 한 모금도 주지 않고 자식을 죽일 수 있겠는가? 정말 독한 임금이지 않은가?
─살려 달라 애원하는 세자에게 자결하라 강요하다 뒤주 속에 가두고,

그도 모자라 손수 못질하고 자물쇠 채우고 동아줄을 매게 한 것도 임금이라네.

— 부왕의 뜻이라면 죽겠다며 옷을 찢어 목을 매려 했지만 강관講官이 말리는 바람에 자결하지 못하고, 마지막으로 세손과 작별 인사라도 하게 해 달라 애원했건만 그마저도 허락하지 않았다니 어찌 그리 매정하단 말인가!

— 어디 그뿐인가? 뒤주 옆에 누구도 얼씬거리지 못하게 하명을 내린 것도 임금이었다 하네. 자식에 대한 미움이 얼마나 컸으면 세자를 그리 내친단 말인가? 말도 안 되는 일일세.

뒤이어 열 살의 세손이 아버지를 살려 달라 애처롭게 간청했다는 말에 탄식이 터졌다. 그 한이 눈물이 되어, 응어리가 되어 작은 가슴에 맺혔으리라.

— 나는 임금이 승하한 훗날이 더 걱정일세. 그 자리에 있었던 신료들 어느 한 사람도 나서지 않고 침묵을 지켰다는 것이 정말 이해가 되지 않는다네.

— 세자의 장인 홍봉한이 앞장서서 일으킨 일이라던데 사실일까?

— 왜란 이후 잠잠한가 했더니……. 이 나라가 어찌 흘러갈지 나는 아직도 심장이 벌름거리네. 자네는 감 잡히는 것이라도 있는가?

영조는 이 나라 종사를 위한 대의로 결단을 내린 것이라며 사도세자思悼世子란 시호를 내렸다. 사도思悼, 곧바로 후회한들 어쩌랴. 생각할수록 슬픈 일이라며 눈물을 훔치는 사람이 늘어갔고 권력을 둘러싼 당쟁의 소용돌이 속에 묻힌 희생양이라며 울분을 터트리는 사람도 있었다. 이리 비틀고 저리 비틀어도 되는 세상이었다.

조선 천지에 내 발자국을 남기며 내 삶대로 살기로 하지 않았는가! 나는 괜스레 지팡이를 두드리며 길을 재촉했다.

산수병에 걸릴 숙명

두물머리와 등신탑

어느덧 산하를 누빈 지 오 년이 지났다. 경상도에서 강원도, 함경도로, 다시 경기도에서 충청도로 누비고 다녔다. 짧게는 한 달, 길게는 반년이 넘는 여정도 있었다.

긴긴 여정에 가장 고민스러운 일은 먹고 자는 것이었다. 임시나마 잠자리를 구하는 일에는 한계가 있었다. 장기 노숙으로 몸은 지쳐갔다. 무엇보다 늙은 노새와 함께하고 있기에 기력을 추스르고 보강할 안식처가 필요했다. 이왕이면 밭도 좀 일구고, 산행 장비도 보관할 수 있으면 했다. 가끔은 비렁뱅이의 몰골에서 벗어나고도 싶었다.

조술도는 내가 풍찬노숙風餐露宿하는 것을 늘 걱정하며 안타까워했다. 그는 어차피 조선 팔도 산하를 등반하려면 도중 쉬어갈 안식처가 있어야 한다며 여주 마릉馬陵에 있는 대철의 도움을 받을 수 있도록 연통을 넣어주었다. 대철은 그의 조카이자 내 며느리와 사촌지간이었다.

등산 여행가로 뜻을 세운 이상 안식처는 사치이며 언감생심이긴 했으나 그 도움이 고맙지 않을 수 없었다. 하지만 달리 말하면, 이는 소식을 주고받을 접점을 만들어줄 테니 가족들의 걱정을 덜고, 식솔을 돌보는 일도 잊지 말라는 조술도의 다그침이었다.

마름에 가기 전 우선 두물머리부터 살펴본 다음 남한강을 거슬러 올라 양평, 여주까지 짚어 올라가기로 했다.

북한강과 남한강 두 물길이 머리를 맞대듯이 만나 하나의 강으로 흐르는 곳, 두물머리二水頭는 누구에게나 부푼 기대를 하게 만든다. 한양을 가로질러 바다로 흘러간다는 점에서 더 큰 힘이 생기는 곳이라 그러할 것이다.

사람들은 양수리 물가 아름드리 고목 느티나무를 두물머리 지킴목이라 불렀다. 그도 그럴 것이 사람들은 다들 이곳에 모여 더위를 식히고 주막의 과부 사정부터 나랏일까지 흉금을 털어놓으며 울고 웃었다.

나무에 기대어 무심히 흘러가는 강물을 바라보았다. 해가 떨어지고 강기슭에도 어둠이 내렸지만 나는 그 자리를 떠나지 못했다. 안개가 대지를 낮추며 물빛을 감추는 물안개 뒤로 황포돛배가 서서히 모습을 드러냈다.

정취는 신비롭기 그지없으나 잠시 머물 수는 있어도 터를 잡을 만한 곳은 아니었다. 눈앞에 펼쳐지는 승경에 마음 주기 십상이라 마음이 물러지고 시름도 많아질 것 같았다. 기억하지 못한 슬픔도 많아 보였다.

다음 날 수종사水鍾寺를 품고 있는 운길산雲吉山으로 향했다. 수종사는 이름에 얽힌 이야기가 있다. 세조가 두물머리에서 하룻밤을 머물렀는데 새벽녘 홀연히 들린 종소리의 향방을 따라갔다가 바위굴에서 십팔 나한상을 발견했다. 그때 굴 안에서 물방울이 떨어졌는데 그 소리가 자신이 들었던 종소리였음을 깨닫고 그 자리에 절을 지었다고 한다.

산세는 초입부터 가파른 오름세로 이어져 있고 날카롭게 갈라진 바윗돌들은 틈마다 물기를 머금고 있어 기가 센 곳이었다. 돌 틈에 모인 샘물은 차가우면서도 달았다.

일주문을 지나 절 마당에서 굽어본 두물머리 전경은 가히 일경다웠다.

하늘을 배경 삼아 너울거리는 산자락은 산 뒤에 또 다른 산을 안고 그림자 고운 선을 그린 것처럼 펼쳐졌고 강물은 은빛이었다. 멀리 밀어내며 바라보는 풍경처럼, 파도치듯 이어지는 산 너머에는 경기도 가평과 강원도 인제 땅이 있을 것이다.

부도탑과 팔각오층석탑 사이 삼층석탑이 내 발길을 잡았다. 내 키만 한 석탑은 네모난 탑신 위에 툭툭 자귀로 나무를 치듯 삼층탑을 도려내었었다. 소박하다.

석탑에 눈을 떼지 못한 나를 바라보던 노승이 선방으로 청했다.

―투박한 삼층석탑의 운치가 제 발목을 잡고 놓아주지를 않았습니다.

―처사의 눈썰미가 예사롭지 않구려. 노승이 이곳에 몸을 의탁하기 이전부터 그 자리에 있었다오. 석탑 마디마디 우국충절이 담겨 있고 세 사람 인연의 끈을 잊지 않으려는 민초의 마음이 모여 세워진 탑이라오.

탑을 마디마디라 이야기하는 노승 어깨 너머로 올곧게 뻗은 댓잎들이 소리 없이 흔들렸다. 그가 말하는 인연의 끈이 궁금해진 나는 몸을 다탁 앞으로 당겨 앉았다.

―선조 때 영의정을 지낸 한음 이덕형 대감이 여생을 보낸 곳이 절 아래 사제沙堤 마을인데 마지막으로 걸음을 한 곳이 이곳 수종사였다오.

―한음 대감께서 이곳을 자주 찾으셨군요?

―그렇소. 인목대비 폐위에 반대하다 광해군 눈 밖에 나는 바람에 영의정 관직을 삭탈당하고 낙향한 후 대아당大雅堂 별서別墅(별장)에서 마지막 여생을 보냈다오.

찻물을 따르자 풋풋한 차향이 방 안을 맴돌았고 밝은 채광이 여닫이문을 비집고 들어왔다.

―위아래 없이 추앙을 받는 백사 이항복 대감과 한음 이덕형 대감의

우정에 대해서는 들어보셨소?

—구전되는 이야기 정도입니다.

—한음 대감이 영의정에 제수받아 계실 적에 선조의 장자인 임해군이 살인을 했다오. 한데 한음께서 그 살인 교사 혐의를 조사하면서 선조의 비위를 상하게 했던지 그만 파직을 당하셨소. 그리고 선조는 후임으로 백사 대감을 지목해 교지를 내렸다오.

—그래서 어찌 되었습니까?

—물론 교지를 받은 백사 대감은 벗의 자리를 맡을 수 없다며 극구 사양했다오. 하지만 이미 왕의 교지가 내려졌으니 어찌하겠소? 상소를 올릴 수밖에……. 그런데 상소문 내용이 걸작이었소. "이덕형이 이미 한 말은 소신의 말이오. 소신은 미처 말하지 못한 이덕형일 뿐입니다. 비록 죄가 드러나지 않는다 해도 어떻게 우정까지 숨기며 견디라 하십니까德馨卽 已言之臣 臣卽未言之德馨 罪雖未彰 何忍匿情?"

노승이 상소문의 내용을 그대로 읊기에 나는 깜짝 놀랐다.

—참으로 명문이옵니다. 아무리 임금이라 해도 그들의 우정을 탓할 수는 없었을 것 같습니다.

—그 후에도 상소를 여덟 번이나 올리고 나서야 비로소 영의정의 자리에서 물러날 수 있었으니 결국 선조가 손을 든 것이 아니겠소? 지금도 사대부들이 우정과 관직 사이에 갈등이 생기면 그 문장을 인용한다 들었소이다.

—그 후에도 두 분의 우정은 남달랐다 들었습니다.

노승은 차를 한 모금 마셨다.

—또 한음께는 부인에 대한 아픈 사연이 있다오. 임진왜란이 일어나 강원도 안협安峽으로 피난을 갔던 부인 이 씨가 정절을 지키기 위해 순절했는데 대감께서 시신을 수습해 장사를 지낸 후 북한강 너머 멀지 않은

곳에 묘를 쓰고 늘 바라다보았다 하오.

—산천을 돌다 보면 곳곳에 남아 있는 왜란과 재란의 아픈 상처들을 많이 만날 수 있습니다. 비분강개할 일이지요.

—조선의 백성이면 모두 통탄할 일 아니었겠소? 세월은 가는 것! 한음께서 가신 후 어린아이부터 늙은이까지 위아래 없이 슬퍼하며 조문했는데, 백사 대감도 부음을 듣자마자 달려와 애통함으로 장사를 치렀다오. 평생지기의 죽음 앞에 어떠한 말이 위로가 될까마는 오히려 한음의 혼백이 백사를 위로했을 거라 세간에서 그리 이야기했을 정도였소이다.

—두 분이 서로를 신뢰하고 지켜왔던 평생 의리와 시절인연時節因緣이라면 그럴 수도 있겠습니다.

—두 사람의 우정은 한음 대감 아들이 부탁한 묘지문에 명문장으로도 남아 있지요. "나는 자네 부친보다 나이로 따지면 조금 위이지만, 덕으로 말하자면 한참 뒤처졌다. 나를 알아준 사람은 그대의 부친이었고, 그대의 부친을 사모한 사람은 바로 나였다且余於若父 計年則差先一飯 語德則常後三級 知我者君 慕君者我."

몇 순배의 차를 나누는 동안 비문에 새겨진 명문들을 모두 암기해내는 내공은 넓고 깊었다. 승포 소맷자락을 걷어 올리며 찻물을 채우는 그의 표정이 평온하기 그지없었다.

—그런데 앞서 경내의 삼층석탑이 세 사람의 인연이라고 하지 않으셨습니까?

—한음께서 백사 대감 버금가게 가까이 지낸 또 한 분이 있었다오. 바로 승병을 이끌었던 승장 송운대사松雲大師였소. 함께 머리를 맞대고 지혜를 모아 왜군을 무찌르며 조정에 힘을 보태던 절박한 시기였으니 서로의 믿음이 오직 컸겠소이까? 승병을 결성해 왜적에 맞서 싸우던 대사가 그만 전사하자 한음 대감은 통곡하며 제문을 지어 보냈다오.

수종사 삼층석탑. 대웅전 옆에 팔각오층석탑, 부도와 나란히 있으며 높이 185cm의 고졸한 등신탑
이다.

탑 마디마디 우국충절이 담겨 있고 세 사람 인연의 끈을 잊지
않으려는 민초의 마음이 모여 세워진 탑이라오.
탑을 마디마디라 이야기하는 노승 어깨 너머로 올곧게 뻗은
댓잎들이 소리 없이 흔들렸다.

―당시 수종사에도 승병이 있었군요?

―그렇소. 국운이 달린 일이었기에 승려라면 모두 다 이 조선을 지키는 일에 앞장섰다오. 마침 이곳 수종사는 산과 산이 서로 맞닿아 요새나 마찬가지였소. 그런데도 수많은 전공을 세우며 지휘하던 송운대사가 죽었으니 그 충격과 슬픔이 어찌나 컸는지. 그러니 한음께서 한강을 굽어보곤 하시던 자리에 백사 대감과 송운대사, 이렇게 세 분을 기리는 석탑을 세우자 민심이 모여졌다오.

어느새 문틈으로 들어온 긴 햇살이 자잘한 그림자를 만들며 찻잔 위로 꺾어지고 있었다. 나는 머뭇거리다 입을 열었다.

―실은 제가 산천을 떠돈 지 벌써 오 년이 지났습니다. 그 어떤 부귀와 벼슬도, 명예도 부질없는 짓이라 여겨 과거에 대한 미련을 버렸으나 처자식을 내팽개치고 방랑한다며 비웃는 사람들의 시선이 여전히 두렵습니다. 이런 번뇌를 어찌해야겠습니까?

노승은 종은 두드려야 울릴 수 있고 울림은 곧 만날 평생 인연이라 하며 가던 길을 멈추지 말라고 했다.

―시주도 좋은 벗을 만나 자신이 가는 길이 헛되지 않음을 보여주면 될 일! 필시 인연을 만날 것이오. 신분으로 사람을 가늠하고 사리사욕으로 편을 가르는 썩어가는 고약함에서 자유로우니 당당하게 세상을 대면해도 되지 않겠소.

나는 노승의 가르침에 예를 표하고 다시 탑 앞에 섰다.

등신불等身佛처럼 사람만 한 크기로 탑을 만들어 마치 사람을 대하듯 만드는 것. 그래서 등신탑等身塔이라고 불린다 했다. 이야기를 듣고 나니 탑의 분위기가 더 정겹게 느껴졌다. 운길산 종소리와 인연의 끈이 전해져오길 바라며 탑을 쓰다듬고 안아보았다.

내 발목을 잡았던 삼층석탑은 내 길 위에서 수없이 보았던 인연의 탑

일 수도 있다. 그것은 어쩌면 도량 한편에 기도하듯 서 있는 어머니의 뒷모습이며 길 위에서 방랑하는 남편을 차마 붙잡지 못하고 돌아앉아 눈물 훔치는 아내의 모습일지도 모른다. 다만 보지 못하고 지나쳤을 뿐이다.

내 가는 길이 두렵지 않고 지치지 않기 위해 원칙을 정했다. 내 발길 머무는 곳마다 돌덩이 석 장이면 족하는 삼층석탑을 쌓아 징표로 삼을 것이다.

신의 한 수, 마릉

앞서가던 노새가 걸음을 멈추고 수종사를 뒤돌아본다. 노승은 평생 수행으로 다져진 등신탑이었고 청아한 그의 음성은 종소리를 내는 작은 물방울이었다. 그가 이야기했던 인연은 어디서 언제쯤 만나게 될까? 삼층탑에 담긴 이야기가 노새 방울 소리를 따라가고 있었다.

진초록으로 물든 드넓은 한강 들녘. 한가로이 풀을 뜯고 있는 말 무리와 말꼴을 말아 올리며 마초馬草 덩어리를 만드는 목자•들의 모습이 분주하다. 남한강 변을 거슬러 여주에 사는 대철을 찾아가는 중이었다.

열다섯 살에 고향을 떠난 대철은 목축장을 실질적으로 관리하고 운영하는 하급 관리인 군두•직을 맡고 있었다. 동향의 벗 조술도의 조카였기에 유달리 극성스럽게 뛰어다니던 대철과 여러 차례 마주한 적 있지만, 어언 십여 년이 지났으니 알아볼 수나 있을까 자못 걱정이다.

그의 집은 백병산 아래 말바위 밑에 있었다. 막 마장에서 돌아온 대철의 모습은 야전에서 적응해 구릿빛 얼굴에 장골이 자리 잡혀 단단해 보였다. 어릴 적 모습을 찾아보려 애쓰는 나를 다행히도 그가 먼저 알아봤다. 툭 튀어나온 내 이마와 광대뼈 덕인가 싶어 허실허실 웃었다.

―오랜만일세. 날 기억해주다니 고맙네.

─어르신을 모르면 말이 아니지요. 어르신 얼굴은 어린아이까지 다 기억할 수 있을 겁니다. 그리고 진즉에 백부께서 연통을 주셨기에 어르신 오실 날을 기다리고 있었습니다.

─경상도 군위에서 전국 명산대천을 누비기에는 이동 거리가 만만치 않아 불편함이 이만저만이 아니었네. 어렵겠지만 이곳에 머물 거처를 좀 알아봐주었으면 하네.

─연통을 받자마자 이미 마릉 쪽에 거처를 봐두었습니다.

성격처럼 발걸음도 빠르게 앞장서 걷는 내내 대철은 집이 비좁고 처와 자녀들까지 북적거려 제 집에서 모시지 못하는 것을 미안해했다. 그가 안내한 곳은 쓰러져가는 허름한 농가였다. 하지만 사립문 안쪽 구석으로 마구간이 보이고 뒤로는 야트막한 구릉이 집을 감싸고 있어 아늑했고 한눈에 남한강이 내려다보이는 집이었다. 무엇보다 강변 북쪽이라 햇볕이 잘 드는 것이 마음에 들었다.

이곳 마릉에서 조선의 중심인 한양까지는 두 가지 길이 있다. 하나는 한강을 따라 걷는 것이고 다른 하나는 물길을 이용하는 방법이다. 물길을 이용하면 시간을 줄일 수 있고 힘을 비축할 수 있다. 하지만 적잖은 뱃삯을 감수해야 한다.

─어쩌다 고향을 등지고 군두가 되었는가?

─잘 아시지 않습니까? 워낙 날뛰며 자라서 그런지 제 성격과 행동이 말과 많이 닮았는데, 우연찮게 연이 닿아서 예까지 오게 되었습니다.

─그래, 하는 일이 힘들진 않은가?

─말을 사육하면서 종을 개량하고 조정에서 필요로 하는 말을 공급하는데 아무래도 말의 머릿수를 늘리려 새끼 번식을 신경 써야 하는 것이 어렵습니다.

─새끼 수도 채워야 할 목표가 있다는 말인가?

―그렇습니다. 하나의 목축장에 암말 백 필, 수말 열다섯 필을 하나의 군郡으로 삼습니다. 매 한 군마다 군두 한 사람, 군부群副 두 사람, 노자奴子 네 사람을 배정하고 일 년에 여든다섯 필 이상 새끼를 생산해내야만 합니다.

그렇다면 암말이 일 년에 한 마리씩 새끼를 낳아야만 했다. 말의 수태 기간은 십일 개월에 달하니 어려움이 적지 않을 듯했다.

―왜란 이후 목축장이 쇠퇴하고 있습니다. 인조와 효종 때 전국 목축장이 백십구 개로 축소되었고 현종 때 우마질牛馬疾 전염병이 돌아 많은 말들이 죽어나갔습니다. 게다가 숙종 때에 이르러는 일흔 곳이 넘는 목축장이 논과 밭으로 개간되었다 합니다.

들판이 넓고 초지가 풍부한 한강 주변에는 여러 개의 목축장이 자리 잡고 있었다. 궁궐의 마구간과 임금이 타는 말, 수레 따위는 내사복시●에서 총괄했고, 팔도 관찰사에 감목관監牧官을 두어 목장을 지휘 감독하게 하고 감목관 밑에 군두, 군부, 노자를 두었다.

군부나 노자는 마쟁이라 부르며 천대하고 게다가 종신 세습이라 다른 직무로 옮기는 것도 용납되지 않았다. 해마다 마초馬草와 토산품을 바쳐야 했으며 목마牧馬 군역軍役까지 살아야 하는 고된 신분이었다.

마릉 장터는 저잣거리의 왁자한 웃음소리로 활기가 넘쳐났다. 대철은 아버지뻘 되는 고향 사람이자 백부의 사돈인 나를 장안으로 안내하면서 흥이 나 있었다. 삼삼오오 모여 크기별로 묶어놓은 재갈과 편자, 등자 등을 고르며 값을 흥정하고 있었고 말미 안쪽에는 살 붉은 말 생고기와 부산물이 걸린 점포들이 몰려 있었다.

―말은 나라의 효자입니다. 전쟁터를 누비며 나라를 지키고, 각 고을 관청과 역관마다 파발마가 되어 어명을 받들어왔지요. 죽어서도 버리는

것이 없는 것이 말입지요. 말총은 갓이나 망건으로, 말가죽은 가죽신이나 주머니로, 말 힘줄은 활시위를 만드는 데 쓰입니다. 어디 그뿐입니까? 말똥은 말려서 땔감으로 쓰거나 종이 만드는 곳으로 보내지기도 합니다.

대철은 말 고깃간으로 나를 안내했다. 군데군데 모여 술잔을 주고받던 이들이 대철에게 눈인사를 보냈다. 우리가 자리에 앉기 무섭게 화로 석쇠 위로 생고기가 올려지고 탁주가 나왔다.

—어르신, 제가 비록 미미한 벼슬살이를 하고 있지만 이 장터에서 저를 모르는 사람은 없습니다. 여행길에 갖추어야 할 물건이 있으시다면 저를 통하시면 됩니다. 우선 한잔 받으시지요.

—먼 타향에서 이리 자리를 잘 잡고 사는 자넬 보니 대견하네.

—별말씀을 다 하십니다. 백부께서는 늘 어르신의 넘치는 용기와 굳센 기상을 높이 사신 것으로 알고 있으나 제 미욱한 생각으로는 의문입니다. 양반 신분으로는 상상도 못 할 일이기에 말입니다.

—난들 왜 고민하지 않았겠나. 내 운명을 결정짓는 일에는 스승 청천의 영향이 컸다고 말할 수 있으나 정말로 지금의 나를 가능하게 만든 것은 스스로에 대한 끊임없는 자문이었다네. 답은 머리나 입이 아니라 언제나 내 심장이었지. 어떤 어려움이나 곤란에 처하더라도 극복할 수 있겠는가? 정말 후회하지 않을 자신 있는가? 그 물음에 대한 답이 바로 여기 있는 나일세. 하지만 이런 내게도 한 가지 가장 걸리는 부분이 있었지. 바로 가족이라네. 이것만큼은 정말 힘든 결정이었지.

—가족의 희생이 따라야 하는 일이라면, 어휴! 저는 절대 결정을 못 할 것 같습니다.

—생판 모르는 사람도 내 흉을 보는 판이니 그럴 만도 하겠지.

취기가 묘하게 가슴을 흔들었다. 눈을 감았다. 백두산, 금강산, 설악산, 오대산, 태백산, 월악산, 속리산, 덕유산, 기백산, 두류산, 백운산이 용의

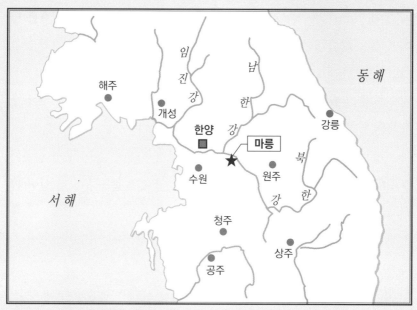

마릉은 한강 물길을 이용해 한양은 물론 개성, 강원도, 충청도, 경상도까지 이를 수 있다.

이곳 마릉에서 조선의 중심인 한양까지는 두 가지 길이 있다.
하나는 한강을 따라 걷는 것이고 다른 하나는 물길을 이용하
는 방법이다. 물길을 이용하면 시간을 줄일 수 있고 힘을 비축
할 수 있다.

등에 난 돌기처럼 줄지어 솟아 있었다. 마음만 먹으면 한걸음에 완등完登할 수 있을 것 같은 내 호기에 온 산하가 웃고 있는 듯했다. 나도 따라 웃었다. 대간을 결코 가벼이 본 적 없다고 하지만 술기운이 주는 오만인가!

대철이 가죽 공방으로 나를 이끌었다. 잘 손질된 가죽들이 공방 곳곳에 쌓여 있었고 주인은 가죽 신발을 만들고 있었다. 바닥과 위 덮개를 덧대며 실을 뽑아내는 솜씨가 능숙했다. 주인은 내가 오는 것을 미리 알고 있었던 듯 반갑게 맞아주었다.

─인사 올립니다. 갖바치 혁돌이라 합니다요. 전국 명산을 다 찾아 오르시는 선비라는 말씀을 듣고 꼭 뵙고 싶었습니다요.

─명산을 다 오른다는 말은 와전된 것 같네. 아직도 올라야 할 산하가 부지기수지. 내 이런 곳이 다소 생소하네만 앞으로 종종 부탁할 일이 많아질 것 같네.

서글서글한 얼굴에 눈썰미가 밝고 손가락 끝이 누에머리처럼 생겨 손재주만큼은 조선 최고일 것 같았다.

─마침 잘 오셨습니다요. 소인이 나리께서 산에 오르실 때 신으실 가죽신만큼은 튼튼하게 만들어드릴 수 있습니다요. 평생 가죽으로 먹고산 덕에 손재주 하나는 자랑할 만합지요.

─허허~ 말만 들어도 고맙네. 커다란 지원군이 되어주게. 그리고 이참에 가방 하나 만들어줄 수 있겠는가? 간찰이나 그림을 철해 넣어둘 것이 필요하다네. 눈비를 맞아도 젖지 않을 정도로 빈틈없이 단단하게 만들어주었으면 하네.

─말씀하신 가방은 말의 배 안쪽 가죽을 써야 가볍고 부드럽습니다요. 그리고 가죽신 바닥은 말 엉덩이 생가죽으로 하고 발 안쪽은 뱃살 쪽 가죽을 덧대어 만들어야 질기고 오래 신을 수 있습지요.

미처 주문을 하지도 않았는데 내 발의 치수를 재고 본을 뜨는 갖바치의 빠른 손놀림이 당혹스러웠다. 하지만 만만치 않은 가격을 뒤로하고 내게는 꼭 필요한 것들이었다.

나는 그가 만들고 있던 신발에 눈길이 갔다. 내 눈길을 따라 고개를 돌리던 혁돌이 이내 물건을 들어 보였다.

—이 가죽 신발은 운검무雲劍舞가 천하제일인 기녀가 특별 주문한 것입지요. 큰 연회나 특별한 날에만 춤을 선보이는데 내에서는 버선발로, 외에서는 가죽신을 신어야 한다 합니다.

—운검무라면 밀양의 예기藝妓 운심雲心을 말하는 것인가?

소문이 자자한 터라 들어본 적이 있었다. 밀양에서 한양으로 뽑혀 올라온 선상기選上妓 운심. 그녀의 춤사위는 구름 위를 걷는 듯했고, 현란하게 허공을 가르는 칼바람 소리는 비정할 만큼 날카롭다 했다. 정적이면서 역동적이고 박진감 넘치는 동작들은 검무가 아닌 검술劍術로 여겨 한양에서 가장 인기가 높았고, 특히 사내들의 호기심을 자극하며 환심을 샀다.

혁돌은 내 쪽을 돌아보며 씩 웃었다.

—아닙니다요. 그 운심에게 운검무를 전수받은 제자입지요.

그 제자의 이름은 홍심紅心이라 했다.

내가 머물게 된 농가에서 그리 멀지 않은 곳에 대철이 부리는 마쟁이 상칠이 살고 있었다. 그는 밤늦게 일을 마치고 집으로 돌아가면서 종종 내 거처에다 말고기를 밀어 넣고 가곤 했다.

말고기는 사람들이 즐겨 먹는 것은 아니었기에 마음만 먹으면 쉽게 구할 수 있었다. 어느 날은 내게 말고기 육포 만드는 법을 알려주기도 했는데, 말고기 살결대로 길게 편을 뜬 후 소금물에 담갔다가 햇볕에 잘 말리면 그만이었다.

여간 정성이 아니고서야 피곤한 몸을 이끌고 일부러 내 거처까지 들렀다 갈 수는 없는 일이기에, 그의 호의가 고마웠다.

—거슬러 올라가면 우리네 기마민족의 명성이 이웃 나라까지 알려져 감히 조선을 넘보지 못하던 때가 있었습죠. 하지만 그 전통이 이어지지 못하고 왜란과 재란을 겪었는데 또다시 호란으로 조선 땅이 짓밟히고 임금께서는 청 태종에게 삼배구고두三拜九叩頭하는 치욕까지 당하지 않았습니까?

무능한 양반들을 힐책하는 소리였다. 나와 같은 양반네를 두고 하는 이야기다 싶어 나는 딴청 부리듯 망건편자만 만지작거렸다.

—그마저도 목축장 크기가 반의 반으로 줄었으니 앞날이 더 걱정스럽습니다.

—자네 말에 깊은 충정이 묻어나네. 나라가 어려움에 처했을 때 분개하고 일어나 나라를 구한 이들이 백성이었지. 생각이 깨인 몇몇 실학자들은 무너진 기마민족의 혼을 다시 일으켜 세워야 한다고 주장하고 있기도 하네만 쉽지 않은 것 같네.

—광활했던 옛 고조선이나 고구려처럼 옛 명성을 되찾아야지요. 우리는 기마민족의 후예들 아니겠습니까?

묵묵하기만 한 줄 알았던 상칠은 기마민족 재건과 부활이야말로 융성했던 과거로 돌아갈 수 있다고 굳게 믿었다. 목축장에서 그는 말을 순하게 길들이는 데 으뜸이었다. 다른 마쟁이들이 길들이기를 포기한 거칠고 사나운 말을 유순하고 얌전하게 만드는 재주를 타고났다. 말의 야생성을 휘어잡는 그만의 능력을 사람들은 부러워했고 제대로 된 우량마를 잘 키워내면 노자에서 군부로 신분 상승하는 기회를 얻게 될 것이라 입을 모아 칭찬했다.

—나리! 어려운 청이 하나 있습니다. 길 떠나실 때 제 둘째 놈을 데려가주셨으면 합니다. 워낙 눈치가 빠르고 명석해서 나리께 짐은 되지 않을

겁니다. 아비 된 심정으로 세상에 대한 눈을 틔워주고 싶어 그럽니다.

상칠에게는 열두 살, 열한 살짜리 아들 형제가 있었는데 세상에 대한 호기심이나 걷는 품새, 따뜻한 품성까지 꼭 아비인 상칠을 닮았다. 첫째도 나를 따라나서고 싶어 했으나 마쟁이는 대물림하는 종속 신분이라 떠날 수 없는 처지였다.

나는 그 아이들에게 틈틈이 이름이나 간단한 글자를 써주며 가르치기도 했고, 한양 궁궐과 사대문 이야기를 해줄 때도 있었다. 그때마다 아이들은 진지하게 귀를 기울였고, 어떤 날은 금강산 장안사에 가보고 싶다며 꼭 데려가 달라 조르기도 했다. 웃으며 넘겼던 그 말이 이렇게 돌아올 줄이야.

—이 한 몸 간수하기도 벅차네. 게다가 길 위에서 험한 꼴을 볼 때도 많이 있고…….

—둘째 놈만이라도 천민 생활에서 벗어나게 해주고 싶습니다. 이왕 이곳 마릉을 거점으로 정하셨으니 더러 이곳에 들르시지 않겠습니까? 혹속이라도 썩이면 당장 내치셔도 됩니다.

고향 땅 어린 아들 기동이 떠올랐다.

—어린것이 무슨 죄가 있다고 밖으로 내몬단 말인가. 안사람 마음도 생각해야지.

—나리의 가르침 덕에 지들 이름자를 또박또박 써 보일 때 눈물을 쏟을 뻔했습니다. 아들들을 예서 마쟁이로 평생 살게 할 수는 없는 일이라 안사람과는 이미 끝낸 이야깁니다.

—어허, 이 사람도 참…….

상칠은 눈물을 보이며 간곡히 부탁했다. 사람의 진실한 마음이 이런 것인가 싶어 마음속이 복잡해졌다.

—그리고 나리, 실은 오래전부터 알고 지내던 보부상이 있사온데 한

번 뵙고자 하기에 이리로 오게 했습니다.

─보부상이 내게 무슨 볼일이 있다고 그러는가?

─전국을 유람하시니 이참에 여비라도 보태시는 게 어떨까 싶다며 극구 청을 넣어왔지 뭡니까!

─일없네. 내가 아무리 궁색하기로서니 그럴 수는 없네.

그때였다. 밖에서 인기척이 들리자 상칠이 문을 열고 나가며 반갑게 맞이했다. 어디서 본 듯하다 했더니 며칠 전 여주읍 시장통에서 눈을 마주쳤던 사람이었다. 시끌벅적한 장터에서 흥정하며 짐을 꾸리는 보부상들의 거래 모습을 지켜보고 있을 때 힐끔거리며 유난히 내게 눈길을 주던 그 보부상.

갓을 쓴 형색으로 보아 양반은 양반인데 누추한 내 몰골이 이상하게 보였던가 싶었는데 그가 나를 찾아오다니 의외였다. 그가 내게 공손히 예를 갖추었다.

─소인은 장씨라 합니다. 이곳에서 말총을 모아 갓이나 망건 만드는 공방과 거래하며 전국을 정처 없이 떠도는 장돌뱅이입지요.

─시장통에서 자꾸만 날 바라보던 자네 얼굴이 기억나는군. 그래, 날 찾아온 연유나 들어보세.

─아뢰기 송구하오나 저희는 조선 팔도 곳곳을 돌아다니며 장사로 이문을 챙기는 보부상들이라 때로는 연통이나 기별을 처리해주고 대가를 받기도 합니다. 저는 그나마 까막눈이 아니어서 소소하게 쓸 수 있는 용채 벌이는 됩니다.

내가 아무리 세상을 떠도는 백수라지만 이제 보부상까지 날 상민으로 취급한다는 생각이 몰려왔다.

─하지만 어르신! 보부상 대부분이 저와 같지는 않습니다. 글이 짧아 읽지를 못하고 쓸 줄도 모르는 경우가 태반이라 어르신처럼 글을 읽고

산수병에 걸릴 숙명

서신을 대신 써줄 수 있는 사람이 몇 안 됩니다. 더욱이 구전으로 전하는 경우도 종종 있어서 내용까지 빠짐없이 기통을 넣는 일은 더더욱 어려운 일입니다. 그래서 무례를 무릅쓰고 어르신의 그 장점을 빌려주십사 청하는 것입니다. 대신 행여 험한 사람을 대해야 하는 경우라면 그때는 제가 나서겠습니다.

나는 고민에 빠졌다. 이곳은 한양에서 멀리 떨어져 있지 않아 세상 물정이 그리 어둡지 않았고 장이 열리는 날에는 전국 각지에서 봇짐장수, 등짐장수 같은 보부상들이 모여들어 물물교환도 하고 세상을 성토하기도 했다. 그 보부상들 틈에 끼어서 나도 함께 경상도 조령 고개를 넘나들었던 기억이 떠올랐다.

그때 가족의 생계를 책임지기 위해 수백, 수천 번 재를 넘으며 험난한 길 위에서의 삶을 택한 이들과 달리 산수병에 걸려 가족을 외면하고 있는 나를 돌아보며 결심한 것이 있었다. 그것은 최소한 가족에게 손을 벌리면 안 된다는 다짐이었다.

그런데 부지불식 보부상이 내게 자립하는 길을 터주고자 하다니! 내가 먼저 손을 내민 것도 아닌데……. 그래, 체면을 생각하지 말자. 모든 걸 뒤로 하고 홀로 길 위에 선 자가 무슨 사치를 부린단 말인가! 더구나 글을 쓰고 읽을 줄 몰라 연통이 잘 전달되지 못하는 것을 도와 달라는 게 아닌가!

서신을 전달하면서 뜻밖에 노잣돈이 생기고 운이 좋으면 끼니까지 해결할 수 있을 것이다. 내 여정에서 거쳐 가야 하는 길목이라면 비용 부담을 줄일 수도 있다. 내 처지를 뒤집어보면 좋은 기회였다.

―날 그렇게 생각해주니 고맙군. 사실 남에게 폐를 끼쳐가며 목적을 이루는 것은 의미가 없다고 늘 생각해왔네. 생계 방편을 스스로 해결할 능력을 갖추고 싶었지.

서찰에 미처 담지 못한 내용까지 전달할 수 있으니 찾는 사람이 늘어날 것이라며 제 일처럼 반기는 보부상의 목소리가 높아졌다. 여주를 거점으로 서쪽으로 가면 한양, 개성, 평양이요 동쪽으로 가면 강원도 원주, 양양, 강릉 땅이다. 남으로 가면 청주, 대전을 거쳐 전라도 땅인 전주, 광주까지도 갈 수 있었다.

결국 한양 여느 양반댁으로 보내지는 간찰과 가죽 신발을 전하는 일을 맡기로 했다. 예기 홍심에게 보내는 신발이었다. 가족들에게 손을 벌리지 않겠다는 다짐을 다시 한번 떠올리며 체면을 내려놓았다.

이제 떠날 때가 되었다. 마릉에 거처를 잡아놓고 한양을 거쳐 개성과 평양까지 다녀오기로 했다. 길을 떠난다는 소식에 대철과 혁돌, 상칠이 자리를 마련했다. 참으로 건강하고 고마운 사람들이다. 무슨 좋은 일이 있었는지 얼굴에 생기가 넘쳐나는 상칠은 웃음을 참지 못했는데 드러낸 앞니가 말의 이빨을 닮아 있었다.

—아니, 이 사람들! 좋은 일 있으면 같이 즐거워야지.

—나리! 오늘 새벽에 새끼 두 마리가 태어났지 뭡니까? 젖을 물려고 어미 곁을 졸졸 따라다니는 망아지가 얼마나 귀엽던지. 오늘 바를 정正 자에 두 획을 한꺼번에 새겨놓고 오는 길입니다.

말이 태어나는 날은 긴장감 속 잔치 분위기의 이중성을 가지고 있었다. 망아지는 태어나자마자 본능적으로 스스로 어미젖을 찾는데 그때 비로소 묵판墨板에 바를 정 자 획이 그어진다. 어미젖을 찾는다는 것은 이제 고비를 넘기고 살아났다는 그들의 약속이었다. 바를 정 자 열일곱 개가 묵판 가득 차야만 이들의 한 해 말 농사가 끝나는 것이었다.

—감축하네. 자네들이야말로 하늘이 낸 꾼들이야.

—나리를 뵙고부터 길한 일들이 일어나는 것 같습니다.

나귀 안장. 나귀의 등에 얹는 안장으로 소나무를 통으로 깎아 만들었다.

앞서가던 노새가 걸음을 멈추고 수종사를 뒤돌아본다. 노승은
평생 수행으로 다져진 등신탑이었고 청아한 그의 음성은 종소
리를 내는 작은 물방울이었다. 그가 이야기했던 인연은 어디
서 언제쯤 만나게 될까? 삼층탑에 담긴 이야기가 노새 방울 소
리를 따라가고 있었다.

그들은 내규가 엄하기로 소문났다. 천민 취급에 밑바닥 삶을 살아야 했고 악덕 관리들의 유세에 많은 것을 포기하며 자신들을 내려놓아야 했기에 넌더리를 냈다. 그런데 나는 신분에 얽매이지 않는 별난 이였으니, 이처럼 격의 없이 대화하고 사람대접을 받았던 경우는 없었다며 일평생 함께하고 싶다는 고마움을 매번 내비쳤다.

—어르신! 먼 길을 떠나시기에 저희가 뜻을 모았습니다. 이제 혼자서도 곧잘 뛰노는 노새 새끼입니다. 정으로 받아주셨으면 합니다.

그러더니 대철이 짐을 얹을 수 있는 안장인 길마를 내밀었다.

산수 유람을 다닐 때면 선비들은 나귀를 가장 많이 타고 다녔다. 암말은 비싸기도 하거니와 먹새와 관리가 그만큼 힘이 들었기 때문이다. 나도 여러 해 전부터 타고 다니던 노새가 너무 노쇠한 데다, 마장에서 유독 나를 잘 따르는 어린 노새가 있기에 한 마리 데려가면 좋겠다고 생각한 적이 있었다. 하지만 내 처지에 언감생심이라 고개를 절레절레 흔들었다. 이들이 그 모습을 눈여겨봤던 모양이었다.

일이 이상하게 돌아갔다. 내 홑몸 버티기도 힘겨운데 어린 노새와 상칠의 어린 둘째 아들 수돌까지 먹이고 재우는 걸 앞으로 어떻게 해결하고 꾸려나간단 말인가!

문밖으로 나가보니 수돌이가 어린 노새를 쓰다듬고 있었다. 고향 땅에 있을 아들 기동을 떠올렸다. 산행 떠나는 아버질 따라가겠다고 떼를 쓰며 앞서 나서는 기동에게 험한 표정을 지으며 모진 말로 대했었는데……. 올려다본 하늘이 파랗다. 그래, 어떠랴! 지금까지 내 뜻대로 흘러왔는데 이것도 운명이고 하늘의 뜻이리라.

노새의 하얀 앞발이 눈에 들어왔다. 녀석은 까만 눈동자로 날 뚫어져라 바라보고 있었다. 내 얼굴이 저와 닮은 말상이라 그러한가 싶어 웃음이 나왔다.

—염치없지만 그대들의 정을 고맙게 받겠네. 노새가 물빛을 띠고 있으니 앞으로 이 노새를 청풍靑風이라 부르겠네.

　자기 이름을 알아듣기라도 한 것인지 청풍이 귀를 쫑긋쫑긋했다.

　마릉에서 한 계절을 머무는 동안 말굽을 갈아주는 굽들에도 가보았고, 말이 죽으면 묻어주는 말 무덤도 가보았다. 다른 곳에서는 결코 만날 수 없는 사람들을 만나 많은 것을 배우고 몸으로 체험하면서 차근차근 산행 준비를 해나갈 수 있었다.

　떨어진 체력을 보강하는 데 말고기 육포는 최고의 비상식량이었고, 가죽신과 해낭•은 바위가 많은 돌산을 등산할 때 꼭 필요한 것이었으며, 가죽 깔개는 노숙할 때 바닥에서 올라오는 찬 기운을 막아주는 소중한 것이었다. 이 모든 것을 마릉과 마릉 사람들이 마련할 수 있게 해주었다.

　청풍이와 수돌까지 식구가 늘어났을 뿐 아니라 이곳을 거점으로 노자까지 벌 수 있는 길이 열렸으니 이곳은 약속의 땅, 희망의 땅, 내 꿈을 이어가게 해주는 명당이었다. 그렇게 찾아다니던 신의 한 수를 찾아냈다.

제2부

길 위의 인연

조선왕조 시조묘

내가 가는 이 길이 한 치 앞도 보이지 않는 안갯속이든, 수수께끼를 풀어야만 열 수 있는 빗장 채워진 길이든 개의치 않겠다고 마음 다그치던 때가 벌써 십 년 전이다. 이번 발길은 산속에 들어서야 승행^{僧行}의 전모를 알 수 있다는 삼척의 모산^{母山} 두타산^{頭陀山}이다. 수직 절벽이 많아 수행하듯 걸어야 정상에 오를 수 있다 해서 두타행^{頭陀行}이라 불렸는가? 산색이 승복을 걸친 청정한 모양을 닮아 두타승^{頭陀僧}이라 했던가? 마음과 발걸음이 탁발 수행자처럼 가볍다.

조선왕조의 태동이었다는 시조^{始祖}인 이양무 묘를 찾아 나섰다. 이양무는 태조 이성계의 5대조다. 때마침 시묘제^{侍墓祭} 준비로 삼척 미노리^{未老里}는 종친과 구경꾼들로 붐볐다.

터부룩한 턱수염에 갓을 삐딱하게 눌러 쓰고 나귀와 동자를 대동한 사람이 눈길을 끌었다. 도포를 걸치고 갓을 쓴 양반이나 품새는 글 읽는 선비와 거리가 멀어 보였다. 그 또한 나를 보는 시선이 곱지 않은 것이 나와 같은 생각을 하는 것 같았다. 그런데 뜻하지 않게 그를 태운 나귀가 청풍이에게 다가와 한배 새끼처럼 붙는 바람에 우리는 통성명을 하게 됐다.

삼척 사람인 그는 나보다 세 살 아래였는데, 첫인상과는 달리 그는 수

다스럽게 말을 늘어놓았다. 그는 매년 이곳을 찾아 마음을 다잡는다고 했는데 지나가는 사람들이 '털보 선비'라고 부르며 알아볼 정도였다.

ㅡ태조 이성계의 집안이 사랑 때문에 두 번이나 터를 옮기게 된 내력은 알고 계십니까?

그는 알고 보는 재미가 크다며 장황한 이야기를 늘어놓기 시작했다.

태조의 집안은 신라 때부터 전주에 터를 잡은 호족 세력이었다. 이성계의 육대조 이인李璘과 형 이의방李義方이 무신의 난을 기회로 중앙으로 진출해 기반을 다져왔다. 하지만 이의방이 불같은 성격을 참지 못하고 종종 분란을 일으켰고, 결국 정중부의 난 때 이인과 함께 함경도로 귀양 가는 고초를 겪은 후 전주로 낙향했다. 그 이인에게는 이안사李安社라는 손자가 있었다.

ㅡ용맹과 지략을 겸비한 이안사는 실력을 키우며 기회를 엿보다가 그만 관기官妓 사건에 휘말리게 되었죠.

ㅡ관기 사건이라니?

ㅡ평소 이안사가 아끼던 관기가 있었습니다. 그런데 조정에서 내려온 산성 별감山城 別監이 그 관기를 욕심내자 서로 시비가 붙고 말았지 뭡니까. 기분이 상한 별감이 군사를 동원해 치려고 하자 그는 재빨리 식솔들을 데리고 이곳 삼척으로 거주지를 옮겼습니다. 이안사의 어머니와 부인이 삼척 이씨라 삼척으로 온 것이지요.

한번 말꼬가 트인 털보 선비는 다음 이야기를 이어가고 싶어 안달 나 보였다. 발동된 흥은 눈빛으로 올라왔고, 터부룩한 수염 사이로 이가 드러나며 호방하게 웃었다.

ㅡ그때 식솔과 심복, 노비까지 천여 명에 이르는 적지 않은 인원이 함께 이주했는데, 그는 삼척이 지리적 여건상 왜구의 침략이 빈번할 것을 간파했다고 합니다. 그래서 배 열다섯 척을 만들어놓고 혹시 모를 침략을

대비했다더군요.

—그 상황에서 왜구 침략을 가늠해 배까지 만들 정도면, 분명 지도자 기질을 타고났다고 봐야겠군.

—그렇지요. 몽고군의 다섯 번째 침략 때는 고을 사람들을 모두 이끌고 두타산성을 지켜 화禍를 면했는데 그 후 이안사를 인정하고 가까이하려는 사람들도 늘었다 합니다.

—그런데도 왜 다시 함경도로 이주했는가?

—하하, 질긴 것이 인연인가 봅니다. 일전 시비를 일으켰던 별감이 안렴사로 승진해 삼척으로 부임하게 된 겁니다. 그래서 화가 미칠까 두려워 다시 식솔들과 함께 함경도 의주宜州 용주리로 이주해버렸습니다.

—아니, 그럼 원나라 사람이 되었단 말이요?

—네, 그렇지요. 이름도 원나라식으로 개명하고 관직까지 받아 그곳에서 안정을 찾았습니다.

이후 4대에 걸쳐 기반을 다졌고, 태조의 아버지 이자춘에 이르러서는 동북면 최고 실력자로 막강한 세력을 형성하게 되었다고 했다. 이미 조선 개국을 위한 웅기가 그들 집안 내력으로 뭉쳐지고 있었다는 느낌이었다.

—재미있는 건 이안사가 삼척으로 이주하고 얼마 후의 일입니다. 아버지 이양무가 돌아가시자 묏자리를 찾아다니다 그만 단잠에 빠졌습니다. 꿈속에서 도승과 상좌승이 산속을 걸어가더니 상좌승이 한곳을 가리키며 이런 말을 하더랍니다. "이곳에 묘를 쓰면 5대 후에 왕이 나겠구나!"

—왕이라!

—그러자 도승이 상좌승을 엄하게 꾸짖었습죠. "어디서 주둥이를 함부로 놀리느냐! 오늘 일을 입 밖에 내지 마라!" 이안사는 이곳에 부친을 모시게 해 달라고 애처롭게 빌고 또 빌었답니다. 결국 도승이 묏자리를 일러주며 이르길 "이곳은 명당 중의 명당이라 기가 세서 그 값 또한 비싸니

토신土神에게 술 백 동이, 소 백 마리를 바치고 금관金棺으로 장사 지내야 한다. 내 말이 의심쩍으면 닭의 알을 하나 묻어두면 알 수 있을 것이다" 하고는 홀연히 사라져버렸답니다.

흥미진진한 옛이야기에 나는 뒷부분을 재촉했다.

—너무나 생생한 꿈이었던지라 이안사는 도승이 시키는 대로 닭의 알을 묻고 지켜보았답니다. 그러자 자정이 지날 무렵, 갑자기 수탉이 나타나더니 나무 위로 날아올라 날개를 퍼덕이며 홰치기 시작했지요. 홰치는 소리가 얼마나 길고 우렁찼는지 심산유곡 너머 세상을 깨우는 소리 같았다 합니다.

—도승의 말대로 명당 중의 명당이네. 그래, 장사는 잘 치렀는가?

—술 백 동이는 준비할 수 있는데, 소 백 마리와 금관을 마련할 방법이 없어 고민했다 합니다. 그러자 이안사의 부인이 소 백 마리는 백우白牛(흰 소)를 잡으면 되고, 금관은 누런 귀리 속대를 뽑아 관을 덮으면 되지 않겠냐고 했지요. 이안사는 부인의 지혜에 감탄하며 그 말대로 부친의 장사를 지냈습니다.

—나도 그것들을 어찌 마련했을까 궁금했는데, 어려울 때 빛나는 것은 역시 사람의 지혜로세.

훤칠한 소나무가 빽빽이 밀집해 있는 깊은 산속 길을 따라 올랐다. 넓은 시야가 트인 공간을 지나 우뚝 솟은 곳에 아담한 묘가 보였다. 산속에 이렇게 넓고 평탄한 땅이 있다니!

햇살이 밝게 비치는 묘의 정면에서 뒤돌아보면 완만한 봉우리가 양옆으로 솟아 있어 한눈에도 명당이었다. 하늘이 내어준 땅 위로 솔향기가 풍겨왔다. 털보 선비는 목이 말랐는지 근처 샘으로 가 물 한 바가지를 들이켰다.

—뭐, 5대조 이양무의 묘를 찾는 것도 쉬운 일은 아니었습니다. 함경도

로 이주해가고 5대 후손이 왕에 오르기까지 정확히 백육십이 년이 걸렸으니, 백방으로 애를 써도 워낙 오래전 일이라 여의찮았던 것이지요. 묘를 찾는 자에게 벼슬과 포상까지 걸었다 합니다.

신이 점지한 땅의 기운으로 훗날 왕조를 이루었으니 소홀히 할 수 없었을 것이다. 조선의 탯줄과도 같은 땅이니 반드시 찾고 싶어 할 만했다.

—선조宣祖 대에 이르기까지 이곳 묘도 맞다 아니다 논쟁을 거듭하더니 아직도 의견이 분분합니다. 지금도 삼척 부사•가 바뀔 때마다 묘 찾기를 시도하고 있습니다. 제법 설득력 있는 이견들이 나와 혼란스러운 적도 있었습니다만, 송강 정철이 지형도를 그려 풍수적으로 입증하고, 삼척 부사 미수 허목이 자료들을 일목요연하게 정리해 삼척 묘가 맞다 주장하면서 사그라들었지요.

조정에서는 선대의 묘가 있는 곳이라 현縣을 부府로 승격시켜가며 공을 들이고 있었고, 삼척 부사로 부임해오는 이는 가장 먼저 묘를 찾아 예를 갖추었다. 한 왕조의 정통성을 이어가길 바라는 간절함이 묘지기와 수호군守護軍의 얼굴에도 묻어 있었다.

그 후 털보 선비와 사흘간 동행했다. 그는 누구보다 세상에 대한 호기심이 많았는데, 관동 지역에 대한 해박한 지식이 대단했다. 호를 성재惺齋(도리를 깨우치고 몸과 마음을 가다듬는다는 뜻)라 스스로 지을 정도였다.

나는 그에게 그동안 유람했던 조선 팔도 유람기를 들려주며 화첩과 문장가에게 받은 글을 보여주었다. 그러자 그는 망설임 없이 형님으로 모시겠다며 자기 집에 유숙할 방을 약속했다.

—형님! 제 집이 바닷가 마을 정라진입니다.

—미수 허목이 쓴 퇴조비退潮碑, 척주동해비陟州東海碑가 있는 곳 아닌가?

—그곳에서 백 보만 가면 제가 사는 곳입니다.

준경묘(濬慶墓). 이성계의 5대조 이양무의 묘.

"이곳은 명당 중의 명당이라 기가 세서 그 값 또한 비싸니 토
신에게 술 백 동이, 소 백 마리를 바치고 금관으로 장사 지내
야 한다. 내 말이 의심쩍으면 닭의 알을 하나 묻어두면 알 수
있을 것이다."

허목은 손바닥에 문文이란 글자가 새겨져 있어 문보文甫라 불린 학자인데, 벼슬길이 순탄하지 않았다. 삼십이 세 무렵, 시류에 아첨하는 법부터 배운다며 후배들을 벌주었다가 그 일이 조정에 알려져 그만 정거停擧●를 받은 것이다. 그때 허목은 산에 들어가 독서와 글씨에 전념해 독특한 전서체를 완성했다.

효종이 즉위한 후에는 음서● 혜택을 받아 오십육 세의 나이에 정릉 참봉●이 되었으나 최하위 벼슬이라며 사람들이 조롱하자 한 달 만에 사임했다. 다음 해에는 내시교관이 되었는데 공조 한직으로 임명되자 아예 부임하지 않았고, 다시 사헌부 지평이 되었다가 송시열과의 예송 논쟁에 휘말려 삼척 부사로 내려왔다. 나이 육십육 세였다.

당시 삼척은 파도가 심했다. 조수가 마을까지 덮치고 홍수로 오십천이 범람해 마을 곳곳의 피해가 말이 아니었다. 이를 안타깝게 여긴 허목 부사는 전서체로 퇴조비문을 작성하고 비석을 세웠는데 이후에 거짓말처럼 조수가 물러갔다.

―기기묘묘한 서체로 거센 파도를 물리친다는 것을 어느 누가 믿겠습니까?

―물리치는 것이 아니라 바람과 파도를 달랜다 해서 동해송東海頌(동해를 칭송함)이라 부르지 않는가?

―게다가 예지력이 얼마나 뛰어난지 비석을 하나 더 만들어 죽서루 밑에 묻어놓으라 했는데 이것이 바로 그 비석입니다.

후임 부사가 정치적 대립 관계였던 남인이었는데 해괴망측한 글씨로 사람들을 현혹한다며 퇴조비를 부쉈다고 했다. 그러자 거짓말처럼 해일이 밀려왔는데, 사람들이 죽서루 밑에 묻어두었던 퇴조비를 가져다 세웠더니 또다시 조수가 물러갔다.

―허, 언제 들어도 신명 나는 이야기군.

이양무 묘나 퇴조비에 얽힌 이야기는 사실에 신의를 더하듯 민심을 하나로 묶어주고 있었다. 결코 가벼이 넘기지 말라는, 더 이상 부정하지 말라는 경계석 같은 것이었다. 그 경계는 큰 강물이 아닌 샘물과도 같은 것, 세세연년 솟아나 너도 마시고 나도 마시고 나아가서 후손들이 마셔야 할 생명수였다.

상에는 바닷가답게 생선국과 생선구이 그리고 잡곡밥이 올라왔다. 쌀이 귀한 계절인데도 손님 대접한다고 차린 것이었다. 쉬이 숟가락을 들지 못하자 성재가 먼저 반주를 따르고는 생선구이를 반으로 뚝 잘라 밥 위에 얹어 주었다. 콧잔등이 시큰해졌다.

다음 날, 성재와 함께 가슴 아픈 사연을 안고 있는 삼화사三和寺로 발길을 잡았다. 두타산은 천삼백 년 전, 삼화사와 십여 개 암자를 품고서야 모양새를 갖추었다. 골골 물길을 모아 십 리를 달려온 물줄기가 무릉계곡 넓은 암반 위로 퍼져 흐르고 있었다.

중국 역사에서는 왕조가 바뀔 때 폐망한 왕조의 혈통을 끊는 멸문지화가 상례였다. 조선 건국 선포는 곧 고려의 멸망. 하지만 고려는 사백칠십사 년간 삼십사 대에 걸쳐 집권했던 왕조이고 역성혁명이라 이성계는 민심을 잡으면서도 고려의 왕족들을 마땅히 처신할 묘안을 고민했다.

이성계는 유배를 보내자는 사헌부 주창이 올라오자 기다렸다는 듯 고려 왕족들을 강화도와 거제도로 보냈다. 삼 년이 지난 후 정권이 안정되자 귀양 보냈던 고려 왕족들은 물론 자신이 즉위시켰던 공양왕과 두 아들을 개성에서 원주로, 이어 간성으로 쫓아버리고 삼척까지 내몰아 비참하게 죽였다. 강화도와 거제도로 귀양 보낸 고려 왕족들마저 살해하고 바다에 던져버렸다. 그러곤 자애로운 성군의 모습을 보이기 위해 이곳 삼화사와 강화도 관음굴, 거제도 견암사에서 억울하게 죽은 영혼들을 천도하는 수륙재水陸齋를 지내게 했다.

　조선 창업의 기틀을 다지기 위해 어쩔 수 없는 선택일 수도 있다. 하지만 고려 멸망이라는 시대의 피 울음을 삼화사가 대신 안고 있는 것 같아 기분이 씁쓸했다. 삼화사 경내 삼층탑만이 지난 사연을 아는 듯 모르는 듯 무심하게 서 있었다.

　―이곳에는 고려 철불鐵佛이 있는데 백성들에게 아주 영험하다고 소문이 나 있습니다. 어르신도 소원 한번 빌어보시지요?

　―슬픈 사연을 간직한 삼화사에 백성들의 소원을 잘 들어주는 철불이라 뭔가 좀 엇박자란 기분이 드는데…….

　―아무리 유교를 내세우고 불교를 핍박해도 이곳 바닷가 사람들이나 관아에서나 삼화사를 가벼이 보지 않았지요. 게다가 역사적 변란이 닥칠 때마다 함께 견뎌낸 사찰입니다.

　―하하, 내가 너무 생각이 많았네.

　―별말씀을요. 우스갯소리 하나 해드릴까요? 한 아낙이 철불 목에 명태를 걸더니 내 소원을 들어주지 않으면 부처님이 고기를 드셨다 소문내겠다고 협박한 적도 있지 뭡니까?

　―아낙네까지도 철불을 이웃집 아저씨 대하듯 천연덕스럽게 가까이하는 것을 보니 이곳 사찰이 백성들의 삶이네그려.

　삼화사를 지나자 학이 둥지를 틀었다는 학소대, 무명이나 삼베를 짜는 틀을 닮았다는 베틀 바위가 건너편에 서 있다. 초입부터 기묘한 바위들로 산세가 웅장하고 골이 깊다.

　―형님! 용추 폭포가 뽑아내는 장광설長廣舌이 십 리 계곡을 따라 삼화사 초입 드넓은 반석 위로 풀어냅니다. 십 리 길을 통솔하는 그 소리는 세상을 깨치고 거침없이 내뱉는 소리가 아니겠습니까?

　―나도 한번 귀 기울여봄세.

하는 말이 걸작이다. 십 리 계곡물 흐르는 소리가 장광설이란다. 그의 해설은 신이 나 걸쭉하다.

─지금 걷는 길이 걸을 때 침을 뱉고 욕을 해야 발병이 안 난다는 마고할미 길입니다.

─무슨 사연이길래 침까지 뱉게 한단 말인가?

─임진왜란 때 일입지요. 안변까지 올라간 왜병들이 남하하면서 양양과 강릉을 쑥대밭으로 만들고 삼척에 이르렀을 때, 의병과 지방군이 두타산성에 천혜의 방어진을 구축하고 절벽 사이에는 나뭇가지와 풀로 병사모양을 만들어 위장해놓았습니다. 그러자 관군 숫자가 어느 정도인지 가늠이 안 되어 왜병들이 함부로 공격하질 못했지요. 또 절벽이 많아 쉽게 길을 내주지 않았습니다.

─몽고군이 몰려왔을 때 이안사가 진지를 구축해 화를 면했다는 그 산성 말인가?

─네, 맞습니다. 왜병들은 의병 병참기지였던 삼화사에 불을 지르고 산성을 공격했지만 번번이 실패했습니다. 그러나 있어서는 안 될 마귀가 찾아오는 불행이 있었습니다.

─마귀라니?

─의병이었던 아들을 만나기 위해 한 노파가 두타산성까지 찾아왔습죠. 그런데 왜병들에게 걸린 겁니다. 그 위협에 이기령을 넘고 봉우리를 거쳐 두타산성에 이르는 비밀 길을 안내해주고 말았지 뭡니까? 허를 찔린 지방군과 의병은 결사 항전했지만 너무나 많은 이가 목숨을 잃고 말았습니다. 핏물이 든 소沼를 피소굽이라 부르고 대나무 화살이 흘러갔던 계곡을 전천箭川(화살로 가득한 강)이라 불릴 정도였습죠.

─슬픈 일일세. 그래서 마고할미 길이라 불리는군.

─이곳을 지나는 사람들은 '에이 망할 마고할미 같으니라고 지옥 불에

나 떨어져라' 침을 뱉고 욕지거리를 해댑니다.

그저 아들의 생사가 궁금했던 노파심이 엄청난 화를 불러일으킨 셈이었다. 마고할미 이야기 때문인지 발길이 천근만근이다. 차오르는 호흡을 거칠게 내뱉기를 여러 번, 마른 이끼가 끼어 있는 옛 성터가 나타났다. 돌들을 쓰다듬었다. 수많은 변란으로 숱한 피와 눈물을 받아내야 했던 그 충정을 손끝으로나마 보듬어주고 싶었다.

두타산성을 지나 오르는 길이 더욱 가파르다. 송골송골 맺힌 땀방울이 턱 밑으로 떨어졌다. 산행을 통해서만 얻을 수 있는 쌀 알갱이다. 농부는 쌀을 거두며 보람을 느끼지만 내 쌀은 이러한 여정에서 얻어지는 땀방울이다. 나는 그 땀방울을 먹고 산다. 기실 산에 미친 사람으로만 여겨져 또 다른 수고와 복잡함을 야기할까봐 말을 아끼고 아끼며 한 생각 접고 살자 다짐하면서도 늘 폭발하고 마는 나는 천상의 객일 수밖에 없다.

　　　　　　　　　　　　　　　　　　　　　　길 위의 인연

생명을 다시 얻다

남촌을 찾았다. 이곳에 사는 밀양 기생 홍심을 만나 가죽 신발을 전해 주기 위해서였다.

—전국 명산을 유람하신다는 기이한 양반, 창해 선비님이 맞지요?

미리 연통을 받은 것일까. 그녀가 반색하며 웃어 보였다. 기방에 있는 그녀가 내 이름을 알고 있다는 사실이 멋쩍어 수염에 손이 갔다.

그녀는 가벼운 걸음걸이로 나를 안쪽으로 안내했다. 운검무의 최고수 운심의 제자. 그런 유명세에도 그녀는 동향 사람이라는 소탈한 이유로 나를 반겼다. 형식에 구애 없이 국밥을 대접할 줄 아는 후덕한 성격으로, 눈과 코가 작고 입매가 다부졌다.

—어르신께선 운검무를 아시는지요?

—조선 팔도 명산을 찾아 떠도는 것을 평생 낙으로 삼다 보니 소문만 익히 들었네.

—젊어서 운검무로 이름을 날렸던 운심이 저의 스승이십니다. 늘그막에는 전국 명산을 찾아 유람을 다니셨죠. 특히 묘향산에서 운검무를 선보이며 스스로 삶을 위로받았습니다.

—사람의 마음을 끌어당기는 명산을 찾아 운검무를…….

―어르신이 명산을 주유할 때마다 운검무가 곁들여진다면 그 흥의 시작과 끝이 만나는 것 아니겠습니까?

'시작과 끝이 만나야 한다. 시작은 많고 끝이 적은 것이 우리 인생인데…… 지금 내 모습이야말로 끝이 보이지 않는다.' 제대로 맞은 한방이었다. 홍심은 눈을 내리깔고 중얼거렸다.

―저도 그리하고 싶습니다.

홍심은 자신이 기적妓籍에 얽매여 자유롭지 못한 기생의 몸인 것에 누누이 애타는 마음을 내비쳤다.

헤어질 때가 되자 그녀는 내게 전국 명산을 유람하고 한양에 들게 되면 꼭 자신을 찾아 달라 당부했다. 내 유람 소회를 함께 시나 그림을 보고 싶다고 했다.

―비천하게 번 돈이지만 어르신의 여비로 얼마간 보태고 싶습니다.

홍심은 완강히 떼를 썼다. 기녀에게 후원을 받는 일이 불편하고 자존심이 허락하지 않았지만, 내가 명산을 등정할 때마다 운검무를 춰 그 끝을 맺고 싶다는 간절한 눈빛을 외면할 수 없었다. 그렇게나마 그녀의 삶에 자유를 주고 싶었다.

용대리를 지나 백담사로 길을 재촉했다. 계곡 물가 버들가지가 솜 잎을 터트리고 군데군데 두견화는 가지 끝마다 연분홍 촉을 세웠다. 저마다 연서를 풀어낼 붓대로 꺾이기를 바라고 있는 것일까? 양지바른 봄볕, 임 소식에 귀를 내어준 헤픈 두견화도 있었다. 기나긴 길을 진종일 산꽃과 같이 간다長途盡日半山花 했던가. 실없는 생각이 발끝에 걸렸다.

대청봉에서 백 번째 이르는 못에 절을 지었다는 백담사. 계곡물에 반사되는 햇빛은 현란한데 경내는 게으른 물고기가 어쩌다 한 번씩 아가미 여닫는 소리까지 들릴 정도로 적막하다.

길 위의 인연

텅 비어 있는 도량을 무심히 한 바퀴 돌았다. 백두대간 정기가 흐르고 있는 저 장쾌한 설악 능선에 나를 태우고 선명^{先鳴}, 세상을 향해 일갈하듯 운다는 수탉 울음소리를 듣고 싶다. 설악산 어딘가에 기지개 켜는 수탉이 분명 있을 것이다.

서산 대사는 낮닭 울음소리를 듣고 오도^{悟道}했다. 어둠을 깨우며 세상을 밝힌다는 새벽닭 울음소리 때문인지 닭은 예로부터 입신과 출세를, 부귀와 공명을 상징하는 신성한 동물로 여겼다. 닭이 가지고 있는 다섯 가지 덕목 중에 어김없이 새벽을 알려주는 신의^{信義}가 최고 덕이다.

나는 사람들의 손가락질과 쑥덕거림을 피하려고 동트기 전에 집을 나섰고 마을 어귀를 벗어나서야 새벽을 알리는 닭 울음소리를 들어왔다. 그 환청을 떠올리며 일주문 밖 담장 기와에 핀 와송꽃에 눈길을 주었다.

백담사의 경전을 타고 흐르는 물소리 덕분인지 오랜만에 깊은 잠에 빠졌다. 이튿날 영시암^{永矢庵}으로 향했다. 곧게 뻗은 붉은 소나무 둥치 사이로 난 산길이 호젓하다. 쉼 없이 지저귀는 새들의 소리가 이른 아침을 깨우며 청노새 방울 소리에 묻혀갔다.

얼마쯤 걸었을까! 아주 오랜 세월 동안 쌓였을 돌무더기 앞에 걸음을 멈추었다. 돌 하나하나에 무사 안녕을 비는 염원들이 담겨 있겠지. 돌 하나를 조심스럽게 얹었다.

—설악에 또 다른 업을 쌓으러 오셨소이까?

한눈에 봐도 약초 캐는 산꾼이다. 나무 벙거지에 수염이 얼굴의 반을 덮었지만 눈은 빛났다. 체구는 당당하면서도 날렵해 보였다.

—사람 잘못 보았소. 나는 산에 죄 되는 일을 한 적이 없고 업을 쌓을 생각은 더욱 없는 사람이외다.

—방금 길손께서 업 하나를 그 돌무더기에 얹지 않았습니까? 평소 무

심하던 돌덩이에게 무슨 죄를 지으려고 인간들의 숱한 짐을 짊어지게 합니까?

약초꾼은 내게 일침하더니 앞서 지나친다. 그에게서 산 냄새가 풍겼다. 생김새 그대로 발놀림이 가볍다. 누구이기에 날 죄인으로 만드나? 돌에게 무슨 죄가 있다고 짐을 짊어지게 합니까? 귓가에 머물던 그 말이 불쑥 내 입 안에 머물렀다. 별난 사람으로 애써 괘념치 않으려 길을 재촉했다.

저 멀리 영시암 현판이 눈에 들어온다. 삼연 김창흡*이 죽기 전에는 이곳에서 나가지 않으리라 마음먹고 지었다는 암자다. 급한 것 없으니 이곳에서 하루 유숙할 요량으로 암자에 들었다. 적막하기는 이곳도 마찬가지다. 산 밑 민가에 탁발이라도 나갔을 것이라 지레짐작하고 댓돌에 앉았다. 잠시 있었더니 안쪽에서 소리가 났다.

—어디서 오셨소?

노승은 눈이 어두운 듯 문을 더듬어 열며 물었다.

—군위에서 온 정란이라 하온데 계신 줄 몰랐습니다.

합장하며 예를 표했다. 그는 이곳에 머무는 중이 다섯이나 되다 보니 먹을 것이 귀해 대접이 여의치 못하다 미안해했다. 그러면서도 허름한 방한 칸을 내어주었다. 지나침이 없는 인정이라 오히려 편했다.

앞산에 긴 그림자를 남기며 해가 저물 무렵 밖에 나갔던 승려들이 돌아왔다. 나는 그들과 간단하게 통성명을 나눈 후 설악 산세와 계곡 길에 대한 경험을 듣고자 청했다. 그들은 계곡을 따라 좀 더 위쪽으로 올라 산막의 약초꾼을 찾으라 일러주었다.

—계시오? 아무도 없소?

산막 입구에 드는 바람을 막아주는 거적이 들리면서 사내 하나가 얼굴을 내밀었다.

얼굴을 마주한 순간 나는 화들짝 놀랐다. 돌무더기 앞에서 만났던 약초꾼이었다.

—산에 대해 물어볼 것이 있어 왔소만…….

머쓱함에 주춤거리자 그는 거적을 더 높이 치켜들어 선뜻 나를 산막 안으로 들게 했다.

내부는 널찍했다. 한쪽에는 갖가지 산약초가 널려 있었다. 이런 산 냄새가 좋았다. 체면도 잊고 여기저기를 살피는데 나지막한 나무둥치 위에 놓인 서책이 눈에 들어왔다. 백두대간 설악산의 줄기와 곁 날개인 산맥과 계곡에 대해 알고 싶어 찾아왔다는 말을 건넸다.

—설악과 무슨 인연이 있기에 그리 궁금한 것이 많소?

곰방대에 불을 붙이는 그의 말투가 삐딱했다. 목마른 사람이 우물 판다는 심정으로, 뭐 어쩌겠나 싶어 조급한 마음을 애써 가라앉혔다. 나는 그간 떠돌았던 산하 몇몇 곳을 이야기했다. 조선 팔도에 내 발자국을 남기고 싶어 역마살을 숙명으로 여긴다는 묻지도 않은 말까지 꺼냈다. 그러자 내 말이 끝나기 무섭게 그가 손을 덥석 잡았다.

—그럼 댁이 창해 선생이시오?

냉랭하기만 했던 태도가 한여름 말랑말랑해진 인절미같이 부드럽다. 나를 어찌 아는지 묻지 않아도 그의 낯빛이 다 말해주는 듯했다. 그의 눈길을 마주하기가 멋쩍어 처음 만났던 때 면박당했던 일을 들추었다.

—초면인 내게 죄 운운하지 않으셨소?

그는 곰방대 재를 털어내며 이가 드러나게 웃어 보였다.

—길 위에 있는 돌들은 다 쓰임새가 있지 않겠소. 누군가에겐 걸림돌일 수 있지만, 누군가에겐 디딤돌이 될 수도 있는 것인데 구태여 돌에게 소원을 빌며 탑을 쌓고 있으니 그 돌에게 무슨 죄가 있단 말이오. 그러니 그 무게가 천근만근 아니겠소.

성깔이 있는 약초꾼이었다. 가슴에 담긴 그의 호기가 마음에 들었고 그의 말이 틀린 말이 아니었다.

—그런데 이런 산중에 서책이라니……. 연유를 물어봐도 되겠소?

그는 말 대신 서책을 펼쳐 보였다. 놀랍게도『사기열전』필사본이었다. 나는 머릿속이 멍해졌다. 오래전 부친 모르게 밤새도록 읽고 또 읽으며 즐거워했고 오늘날 나를 주유하게 만든 책 아니었던가?

다음 날, 나는 걸망을 짊어지고 수탉 울음소리를 베물었다는 설악 기곡을 찾아 암자를 나섰다. 약초꾼이 일러준 마등령 너머 범봉으로 향하는 길이었다.

이 바위에서 저 바위로 옮겨 다니며 바라보는 사방 산하가 장관이다. 소나무를 강인하게 품고 있는 바위 무리는 언제 보아도 정겹고 어느 산이든 대표적 얼굴이다. 흙에 뿌리 내리지 않고 바위를 움켜쥐고 자라는 소나무의 강인한 기골에 연신 탄복하며 길을 서둘렀다. 산이 깊어질수록 벌나무를 만나는 횟수가 늘었다.

약초꾼은 무슨 연유로 이곳에 있을까.『사기열전』을 읽을 정도면 서당에서 배운 글 가지고는 어림이 없다. 내 발끝은 산이 궁금한데 머릿속은 약초꾼으로 향해 있었다.

그 순간이었다. 발을 헛디디며 바위 아래로 굴렀다. 가슴과 발목에 심한 통증이 일었다. 산에 대한 믿음, 내 발걸음에 대한 자신을 과신했던 탓일까! 이런 적이 없었는데……. 몸을 천천히 움직여보았다. 오른쪽 정강이에서 피가 흐르고 반대편 발목을 움직일 수가 없다. 왼 가슴이 돌에 찍힌 듯 통증이 멈추지 않았다.

눈을 찡그리며 영시암에서 올라온 길과 거리를 가늠해보았다. 이 몸으로 하산하기는 글렀다. 날이 어두워질 것이다. 어둠 속에서 이곳을 응시하는 동물들의 눈빛이 번득이고 있는 것만 같았다. 이대로 죽을 수도 있겠다 싶었다.

얼른 머리를 털었다. 여기서 짐승 밥이 되거나 허무하게 생을 마칠 수는 없었다. 비록 봄이지만 밤공기는 차다. 몸을 피할 만한 장소를 찾으려 용을 써보았으나 비명 소리와 함께 얼굴이 일그러졌다. 마음처럼 움직일 수가 없었다. 다행히 그리 떨어지지 않은 곳에 석상石床처럼 생긴 바위 아래 틈이 있어 비집고 들어갔다. 안은 생각보다 아늑했다. 게다가 나무와 덤불이 쌓여 있고 불을 피운 흔적이 남아 있다. 누군가가 머물렀던 자리다.

'이곳에서 객사할 팔자는 아닌 듯하다.'

스스로 위로하며 부싯돌로 불을 지폈다. 욱신거리는 왼 발목이 부어오르고 숨쉬기도 거북스러운 것으로 보아 발목이 부러졌거나 갈비뼈에 이상이 생긴 것이 분명하다. 가까스로 말고기 육포와 약간의 곡기를 씹어 요기를 한 후 걸망을 받치고 덤불 위로 누웠다.

깜빡 잠이 들었다가 한기에 눈을 떴다. 얼마나 지났을까! 날은 이미 어두워져 있었고 바위틈 사이로 보이는 보름달은 여느 때보다 멀고 작았다. 밀려오는 통증을 참아 뒤척이다 선잠에 빠져들었다.

날이 밝아오기가 무섭게 하산해야 한다. 생生에 대한 애착이 강하게 밀고 올라왔다. 아직 조선 천지를 반밖에 돌지 못했는데⋯⋯. 스스로 한 약속에 대한 집착이었다. 올라온 산세를 가늠하면서 몸을 움직였으나 말할 수 없는 통증이 몰려왔다. 등줄기는 서늘한데 이마에는 땀이 흘러내렸다.

약초꾼이나 알고 있는 이 골짜기에서 사람을 만나 도움을 받기는 틀렸다. 걸망을 베게 삼아 눕자 한껏 부풀어 오른 발목과 가슴이 아렸다. 체온이 떨어지는 것을 방지하기 위해 낙엽 덤불을 긁어모아 몸을 덮었다.

신기했다. 그렇게 불안하던 마음은 간 곳이 없고 노곤한 몸이 물속 아래로 빨려가는 것 같았다. 한숨 자고 나면 미친 듯이 뛰어나갈 수 있을 것 같은데 몸이 천근만근이다. 일전에 약초꾼이 이야기한 돌에 더한 업의 무게만 한 걸까?

낙엽 밟는 소리에 눈을 떴다. 사람일까? 산돼지일까? 범일까? 가늠이 안 되었다. 까마귀 소리가 시끄럽게 따라온 것을 보니 사람이 아님이 분명했다.

바위 틈새 안으로 몸을 바짝 밀어 넣고 밖을 주시했다. 발소리로 보아 충분히 사람 냄새를 맡은 것 같았다. 아무 소리도 들리지 않았다. 나를 덮칠지도 모른다. 두렵고 초조한 긴장감이 흘렀다.

지니고 있던 지팡이 손잡이를 비틀어 돌려 호신용 칼을 꺼냈다. 입구 쪽으로 칼을 겨누고 방어 준비를 취했다. 바스락거리는 소리가 미세한 것으로 보아 다섯 보, 세 보 거리다.

범이었다. 매서운 이빨을 드러내고 침을 흘리며 발톱을 세우고 있다. 다행히 좁은 입구를 바위로 막아놓아 나를 덮치질 못했다. 바위 사이를 긁어대는 날카로운 발톱과 낮게 으르렁대는 소리에 머리가 쭈뼛해지며 모골이 송연해졌다. 꼼짝없이 이대로 죽게 생겼다.

한참을 바위 하나만 사이에 두고 범과 대치했다. 어느 순간부터 너무 조용했다. 안 되겠다 싶어 소리를 버럭버럭 질렀다. 밖에서 기척이 느껴지는 것이 아직도 범이 지키고 있는 모양이다.

그런데 갑자기 범이 움직이는 소리가 들리는가 싶더니, 저 멀리 무리 지어 웅성거리는 사람들이 보였다.

—이쪽! 이쪽일세!

내가 산에 오른 지 이틀이 지나도 내려오지 않자 약초꾼이 앞장서 영시암 승려들과 함께 나섰다가 고함치는 소리에 나를 찾게 된 모양이다. 약초꾼은 내 몸을 이리저리 눌러보았다. 갈비뼈가 부러지고 발목이 비틀

길 위의 인연

어졌다며 부목으로 고정했다.

모두들 내가 발견된 것을 천운으로 여겼다. 범을 만났다는 얘기에 수돌은 울음을 터트렸고, 청풍이 이를 드러내며 얼굴을 비비었다. 내 살붙이 같은 존재들이다. 자신이 은밀하게 만들어놓았던 비밀 거처를 찾은 것은 산신이 인도한 것이 분명하다며 약초꾼은 뼈와 관절에 효능 있는 약재로 탕약을 달여 왔다.

—이 약을 마시면 뼈가 잘 붙고 붓기도 빠질 것이오. 완치되려면 달포는 요양해야 할 것이니 이왕이면 내 거처로 옮기는 것이 어떠하겠소?

—길에서 만난 인연을 이리 소중하게 생각해주다니 정말 고맙소. 내 생명의 은인인데 폐까지 끼치게 되어 미안하오.

—천운이오. 아직 하늘님이 부르지 않은 것은 앞으로도 갈 길이 멀다는 것 아니겠소? 혼자 적적하던 차에 잘 되었소. 게다가 조선 팔도 산 이야길 들을 수 있을 터이니 이 또한 좋은 일 아니오.

—하나 내게는 청노새와 동자까지 딸린 식구들이 많아…….

—걱정하지 마시오. 동자에게는 이미 말해두었고 노새가 있을 헛간은 나무로 만들면 될 터이니.

죽다 살아났다. 살려둔 이유가 분명 있을 것이다.

가장 먼저 한 일은 청풍의 재갈을 풀어주고 채찍을 꺾어버렸다. 험하고 먼 길을 가야 하는 여건상 편자는 최소로 남겨두었다. 한 몸처럼 움직이는 자식과도 같은 청풍을 구속하고 독촉할 이유가 없다.

여러 해 동안 산행을 다니면서 마음에 품은 희망 하나가 있다. 맘씨 좋은 산꾼을 만나 함께 오래도록 명산대처名山大處를 속속들이 들여다보는 것. 함께 이 산 저 산을 옮겨 다니며 산꾼은 약초를 캐고, 나는 곳곳을 돌아볼 수 있다면 이보다 좋은 일은 없을 것만 같았다. 나 또한 산을 타는 일에 자신 있으니 민폐가 되지는 않을 것이라 여겨왔는데……. 불행이 기회였다.

약초꾼은 설악산 골골이 모르는 곳이 없었다. 한겨울 달빛 아래에서 바라보는 설악이 걸작이란다. 달빛을 받아내는 고운 설경과 기교한 바위 형상을 한 천불동은 설악 산신이 사는 곳으로 금강산도 이곳보다 못하다고 했다.

─궁금한 것이 있는데 답해주겠소? 나는 단지 산이 좋아 평생 산천을 주유하는 사람이지만, 그대는 평범한 인물이 아닌 듯한데 이곳에서 약초나 캐며 살아가는 연유가 무엇인지 사연을 듣고 싶소이다.

─나를 그리 보셨소?

─이 깊은 산중에 사는 약초꾼이 『사기열전』을 읽는다 하면 그 누구라도 궁금하지 않겠소? 누군가를 골똘히 생각하며 바위를 건너뛰다 그만 실족해 생사를 넘나들었던 나를 보시오.

앞뒤 전개된 정황들은 우연이 아니었다. 약초꾼을 생각하다 실족하고, 약초꾼이 생존을 위해 마련해놓은 비밀 거처에 몸을 피해 있다가 이렇게 살아 돌아올 수 있었다. 천운으로만 돌리기에는 기이했다. 잠시 눈을 감고 숨을 고르던 그가 말문을 열었다.

─삼연 김창흡 어르신을 아시는지요?

─알다 뿐이겠소?

─그 어른의 손자가 된다오.

─그 말이 사실이오?

─믿지 못하시겠소? 나도 내가 이리 살 줄은 꿈에도 몰랐다오. 이제는 다만 세상이 싫고 사람들에게 염증을 느낀 탓에 이곳 설악산에 몸을 의탁하고 약초를 캐면서 살지만 마음은 평안하기 그지없다오.

삼연은 한 시대를 풍미했던 세도가 집안의 자손이다. 증조부가 청음

길 위의 인연

김상헌이고 부친이 영의정을 지낸 문곡 김수항*이다. 삼연은 진사에 합격하고도 벼슬에 뜻이 없어 과거를 보지 않았다. 그러다 기사환국 때 부친이 사약을 받게 되자 "즐거운 일 하나 없다"면서 철원 용화산에 들어가 은거했다.

그 후 춘천 청평산을 누비다가 강릉 호해정湖海亭에 머물면서 유림들에게 강론을 펼치기도 했다. 그러다 이곳 설악산에 영시암을 짓고 틈틈이 산을 오르내렸는데 말년에는 화천 곡운谷雲 곡구정사谷口精舍에서 시름을 달래며 지냈다. 그런데 형 창집昌集마저 신임사화로 유배지에서 사사당하자 식음을 전폐했고 지병이 악화되어 세상을 떠났다.

그 김창흡의 손이라니……. 약초꾼은 서자 출신인 탓에 과거를 볼 수 없기에 가슴에 품은 뜻을 접은 채 조부가 머물렀던 이곳까지 들어와 신분을 감추고 살아왔던 것이다. 놀라움에 한동안 말을 잇지 못했다.

그는 이미 이름을 묻어놓은 지 오래되었고 영시암 중들과 벗하며 살고 있으니 우공牛公이라 불러 달라 했다. 하여 나 또한 창공滄公이라 부르라 하고 서로 벗으로 삼았다. 우공 하면 창공을 부르고, 창공 하면 우공을 부르며 호탕하게 웃으면서 밤새 차를 마시다 보니 날 새는 줄 몰랐다. 우공은 조선 팔도를 등반 여행하는 내 열정을 부러워했다. 나는 내 목숨을 구해준 보답으로 그에게 말가죽 신을 선물했다. 돈독해지는 것이 우의라 했던가!

은거를 결심한 삼연이 영시암을 떠나야 했던 데는 연유가 있었다. 암자를 짓고 칠 년이 지난 어느 날, 밥을 해주던 노비가 호랑이에게 물려 갔다. 삼연은 그 모습을 보고도 미처 손을 쓰지 못했다. 그 죄책감에 노비의 시신을 찾아 그곳에 돌무덤, 호식총虎食塚을 만들고는 도산서원으로 떠났다. 그 이야기를 듣고 자란 우공은 돌무더기에 또 돌을 쌓는 것도 업을 만드는 일이라 생각했다. 그러니 돌을 얹는 나를 보고 대뜸 죄를 짓고 있다 타박했던 것이다.

사람 마음이란 것이 참으로 알 수가 없다. 궁금증은 온갖 상상을 부풀게 만들지만 알고 나면 아무것도 아닌 것을……. 이 세상에 사연 없는 사람이 있을까!

―창공 이야기를 해주시오. 어찌하여 천하를 주유하게 된 것이오?

―우공 집안의 내력에 비할 바 전혀 못 되지만 얘기하리다. 부정이 난무하고 죽은 글자만 가득한 과거는 나의 길이 아니었소. 스승이셨던 청천 신유한 선생을 통해 밝게 빛나고 정대正大한 이치가 가득한 참된 스승은 바로 자연이라는 것을 깨달았소. 그 뒤로 가야산과 두류산을 시작으로 명산대천이 살아 있는 글귀라 여기고 지금까지 이 길을 걸어온 것이오.

―스승의 진정한 가르침이 부럽구려. 우선 이곳에서 몸을 쾌차한 다음 설악 골골 빠짐없이 함께 누벼봅시다. 조선 최고 등산 여행가인 창공을 내 잘 보필하겠소. 하하하!

그와 같이 『사기열전』과 『장자』를 읽고 서로의 생각을 나누었다. 그는 어깨너머로 배운 글공부가 전부라 깊이가 부족하다며 겸손해했다. 소요유逍遙遊 부분을 토론할 때는 서로 눈물을 보일 정도로 의기가 통했다.

두 달포가 지나서야 산행을 이어갈 수 있었다. 생각보다 상처는 깊었는데 의외로 치유는 빨랐다.

―지금까지 어깨가 들썩거리는 일이 없었는데 창공을 만나고 내가 사는 곳이 역사가 되고 시詩가 될 것이라 믿게 되었소. 이제부터 설악산에 깃든 수탉은 물론 오대산에 머문 문수文殊, 태백산의 범까지 만나보아야 하지 않겠소. 창공은 비장하게 각오해야 할 것이오.

―하하하, 나야 더할 나위 없이 고마운 일이네만 이왕이면 선약仙藥이 있는 곳에서는 지나치지 말고 꼭 알려주시게.

뜻이 맞았다. 먼저 설악 정상에서 전체를 조망하기로 했다. 남쪽 인제 남교리부터 시작해 십이선녀탕을 지나 대승령^{大勝嶺}에서 서북 능선을 타고 대청봉으로 오르는 가장 긴 등반이 첫 산행으로 정해졌다. 우공의 산행 경험이 보태져 든든했다. 서로를 확인하듯 탁탁거리는 지팡이 소리에 까닭 없는 웃음이 얼굴에 피어났다. 그 미소는 물색이었고 산색이었다.

— 대승령에서 발원한 지리곡^{支離谷}은 이십여 리 이어지는 수려한 계곡이오. 약초 산꾼으로 살아오면서도 혼자 가기 버거웠던 곳까지 이번 기회에 창공과 함께 갈 수 있으니 든든하다오. 더구나 사마천과 장자의 문장을 안고 서로 논하며 길을 간다는 건 꿈에도 생각지 못했던 홍복이 될 것 같소.

십이선녀탕, 쏟아지는 폭포는 시원하고 우렁찼고 소^沼는 푸르다 못해 검은 물빛을 띠고 있었다. 와소^{窪沼}가 이어져 있는 계곡은 의외로 오르기엔 길이 막힌 곳이 많아 능선으로 우회했고, 우공의 촉을 따라 약초가 있을 만한 곳은 깊숙이 파고들었다. 한참을 앞서거니 뒤서거니 오르다 보니 어느새 대승령이다. 가슴이 탁 트였다. 영^嶺 중에 으뜸 이어서 이름값 하는 풍광이 펼쳐졌다.

— 창공! 이곳에서 대승 폭포를 그냥 지나치면 후회하게 되니 이왕이면 계곡 건너편 장수대까지 치고 나갑시다.

— 나야 급한 것 없고 구경할 것도 많으니 우공 뜻대로 하시게.

험한 산세와 기장^{奇壯}한 바위, 폭포와 계곡 물길을 기록해가며 그의 뒤를 따랐다. 우공의 안내대로 하산 길을 택해 장수대로 향하자 대승 폭포의 장쾌한 물소리를 만났다. 만장^{萬丈}의 무명 치마를 드리운 듯 떨어지는 물길에 황혼빛이 투영되고 황혼에 비친 물보라가 색동저고리 오색 무지개를 만들어내고 있었다. 멋쩍은 환호성보다 묵시하는 즐거움이 더 큰 곳이라는 우공의 설명이 없었다면 나는 환호성을 아끼지 않았을 것이다.

—우공! 저 황혼에 깃든 폭포가 담장가인淡粧佳人 같지 않소. 여리게 붉은 화장을 한 아름다운 여인처럼 말이오.

—천부당만부당하오. 창공께서 이리 슬픈 표정을 짓다니요. 규방에서 맞은 첫날 밤이 생각나기라도 한 것이오? 하여간 창공의 감성은 알아줄 만하오.

나는 황혼이 슬프다. 분명 황혼은 아름답지만, 황혼에 물든 물상들은 나를 아프게 했다. 돌아가야 할 집이 생각나고 그리움의 대상들이 떠올라 스스로 힘들었다. 황혼이 걷히면 새들도 독하게 제 집을 찾아간다. 영원히 깨지지 않을 나의 숙제였다.

서부로 이어진 능선을 타고 바라보는 설악의 기골은 장대했다. 높이가 다른 산봉우리, 바람과 세월이 빚어낸 계곡들이 각각의 선경으로 풀어낸다. 폭포가 만들어놓은 소는 물방울 매듭처럼 만물을 불러들이고 또 다른 전설을 만들어갔다.

설악의 정상 상청봉上靑峰이 기운차고 흥겹게 솟아 있다. 크고 작은 바윗덩어리 사이에 푸른 전나무들이 제 몸을 땅바닥에 가까이 낮추었다. 혹독한 비바람을 견디며 자랄 수밖에 없는 까닭이고 항상 푸르게 보여 청봉이라 이름 지어진 이유다.

산길이 잡히지 않아 앞으로 나가기가 영 위태롭고 험했다. 거친 숨소리와 간간이 불어오는 바람 소리만 교차해서 들릴 뿐, 그 흔하던 새소리마저 인색하다. 고산의 적막을 그 어디서 맛볼 수 있을까? 더없이 고요하고 쓸쓸하기에 더 위대하다.

나는 걸망 속에서 접어두었던 한지를 꺼냈다.

—이 문장은 자네 조부인 삼연께서 연행길에 오르는 동생 창업刱業을 위해 지은 시문일세.

—아니, 창공이 어찌 내 할아버님 문장을 가지고 다닌단 말인가?

길 위의 인연

─등반 여행 중에 내 의지가 꺾일 때마다 꺼내 보며 힘을 얻곤 하던 문장이네. 설악산 정상에서 우공에게 보여주고 싶어 어지간히 참고 있었네.

인생길 견문이 적으면 아니 되니
안목이 커져야만 생각도 가슴도 넓어진다네
산하를 직접 보고 느끼며 깊어지는 것이
십 년 사서史書 읽음보다 나음을 알 것일세
人生不可少所見 大目方令胸頭壙
山河觸目懲感深 可知勝讀十年史

─사내대장부라면 여행을 통해 얻는 산지식이야말로 골방에서 십 년 동안 서책을 달달 외우는 것보다 낫다 했지. 가슴을 틔워주고 생각을 넓게 만드는 여행의 가치를 온몸으로 느끼고 오기를 바라는 형의 마음을 담은 글이네. 멀리 떠나는 동생을 위해 문장을 지어주며 나누는 형제간의 남다른 정이 부러웠다네.

우공에게 삼연의 시를 선물했다.

─설악의 정상에서 할아버님의 시문을 받다니 정말 고맙소.

─내 생명의 은인 아니오. 사실 이 시문은 스승 청천께서 길 떠나는 나를 위해 써준 문장이었다네. 그런데 그 손자에게 이 문장을 건네주게 될 줄은 꿈에도 몰랐구려.

흉중에 남아 있을 미련을 드넓은 산하가 주는 후련함으로 대신할 수만 있다면 그 또한 대장부의 삶이라. 스승의 말씀이 떠올랐다.

─인연이 인연을 낳는다고 하더니 우리 경우가 그런 것 같소. 창공! 스승께서 이 시문을 두고 더 해주신 말씀이 없으셨소이까?

나를 따라 우공이 하늘을 올려다보며 말했다.

―스승께서는 아름다운 산하를 마음에 두고 떠돌았을 삼연의 호탕한 기상과 자유로운 성정性情을 이 시에서 보는 것 같다 하셨소. 어디 그뿐인 줄 아시오? 삼연께선 집안이 화를 당하기 전부터 『장자』와 사마천 『사기』를 통해 마음이 트이는 깨달음을 얻으시고는 세상사를 뒤로하고 산수를 정처 없이 떠돌아다니며 많은 문장을 남기셨소. 하지만 유독 금강산에 대한 유람기는 남기지 않으셨더군.

―그것까지는 미처 생각을 못 했네.

―삼연께서 부친(김수항)이 사사되는 슬픔을 잊기 위해 여러 가지 답을 찾을 법도 한데, 유독 강원도 산하를 찾아다니며 방랑하시면서 왜 그 어르신이라고 금강산 비로봉을 오르고 싶지 않았겠는가! 그러나 금강산에는 결코 가지 않으셨더군. 당시 수많은 양반이 가마를 타고 부리는 종과 악사까지 거느리며 금강산을 오르던 허세들이 보기 싫어 아니 가셨다 들었네.

―내 집안 내력을 이리 속속들이 알고 있는 자네 취미가 고약하기가 이를 데 없네.

―하하, 나는 누구를 비트는 고약한 사람이 아닐세. 삼연께서 그리 당당하게 맞서지 않았다면 청나라 속국이 되었을지도 모르지. 우공 자네 집안은 강골로 소문난 집안이야!

우공은 아무 말도 하지 못했다. 그는 범에게 물려 죽은 노비 때문에 스스로 세운 결계를 깨뜨린 할아버지의 명예를 지키고자 이곳에 머무는 이유를 운운했던 자신을 부끄러워했다.

초여름부터 늦가을까지 설악 곳곳을 빠짐없이 찾아들었다. 누비고 다녔다는 표현이 맞았다. 수렴동 계곡에서 청봉을 가로질러 천불동으로, 가야동 계곡에서 마등령 넘어 계조암까지, 갔던 길도 우회하고 가로질러 이름 없는 깊은 산속 으슥한 골짜기까지 약초를 벗 삼아 다녔다.

자연스럽게 설악산 전체가 내 몸 안으로 들어왔다. 천불동, 수렴동, 가야동, 구곡담, 탕수동 계곡. 설악을 에두르고 솟아 있는 기암절벽은 하나같이 승경 아닌 곳이 없었다. 조선 명산의 고봉이었다. 수탉이 머물러 있을 만한 곳을 찾지는 못했지만, 점봉산 중턱에서 곰을 만났고 마등령 너머 바위에서 범도 만났다. 다행스럽게도 서로 비껴가 큰 탈은 없었다.

우공과 창공, 우리 두 산꾼은 때때로 읍내에 나가 약초를 팔고 곡물과 필요한 물건들을 사 왔다. 꿈같은 시간이었다. 그러나 우공은 알고 있었다. 내 눈빛이 저 멀리에 있는 다른 산을 보고 있다는 것을. 이미 내 마음은 묘향산과 백두산, 한라산까지 앞서가 있다는 것을. 진달래 가지 끝에 또다시 분홍빛이, 물색이 돌기 시작하면 창공이 떠날 때가 머지않았다는 것을⋯⋯.

휘파람 소리에 까마귀 날다

설악산 어딘가에 품겨 있을 수탉의 울음소리를 우공과 함께 그토록 찾아다녔건만 어디서도 그 흔적을 찾을 수 없었다. 용아장성 어딘가 수탉이 웅크리고 있을지도 모른다는 미련만 남겨둔 채 '아직 때가 이르지 않은 것 같다. 수탉의 울음소리가 들리면 바로 연통을 넣겠다'고 우공은 약속했다.

그렇게 집에 돌아온 지 두 계절이 지났을 때 이상한 일이 일어났다. 누군가 던진 돌에 맞아 피를 흘리며 발버둥 치고 있는 수탉을 치료해준 적이 있었다. 정통으로 맞은 한쪽 눈 상처엔 딱지가 달라붙어 그대로 애꾸가 되어버렸다.

그 사건 이후 수탉은 내 주위를 맴돌았다. 내가 마을 밖으로 나가면 지붕 위에 올라 밖을 주시했고, 내 모습이 보이면 긴 꼬리를 치켜올리고 목을 길게 빼고 홰쳤다. 그 소리가 우렁찼다. 검붉은 맨드라미 같은 벼슬 아래 길게 찢어진 눈매에 무인의 기운이 서려 있었다. 여느 수탉이 아니었다. 노인들이 수탉을 보고 은혜를 아는 동물이라고 이를 때마다 내심 설악산의 수탉이 나를 찾아온 건 아닌지 상상하곤 했다.

그런 수탉이 문 앞을 가로막고 부리로 바짓가랑이를 물어 당겼다.

여행 준비를 마치고 집을 나서려던 참이었다. 필시 무슨 연유가 있을 터……. 이틀을 지체하고서야 문밖을 나설 수 있었다.

이번 기행 계획은 화사 최북*과 함께하는 금강산 등반길이다. 그와 만난 지도 벌써 삼 년이 지났다. 묵은 약속이었다.

'사내대장부의 약속은 무수히 넘겨야 하는 달의 기울기와 상관없이 지켜야 한다. 약속한 날 그 장소에 오지 않으면 죽어서 못 오는 것밖에 없다!' 하고 얼마나 호기를 부리며 잡았던 약속이던가? 몇 날 며칠 어디에서 보자 정했다. 한양에서 출발한 최북은 지금 어디쯤 와 있을까?

— 그동안 두타산, 오대산, 두류산, 태백산 등 명산에 오른 뒤 그 절경을 말로만 들려주며 똑같이 그려내라 다그치지 않았던가? 그러니 자네도 혼자만 즐기지 말고 꼭 한번 데려가주게. 천하제일 승경들을 설명만으로 그리는 것은 그림에 대한 모독일세. 아무리 잘 그린들 죽은 그림일 수밖에 없다네. 붓끝이 살아 있는 그림이 되려면 내 눈으로 봐야 할 것 아닌가?

더 이상 그림 부탁을 들어줄 수 없으니 다른 화사를 찾아보라는 그의 엄포에 못 이겨 성사된 기행이었다. 나 역시 이번 금강산 기행에 대한 기대가 사뭇 달랐다.

청풍, 수돌과 함께 삼척에 도착했다. 그런데 삼척 읍내가 아수라장이었다. 흉흉한 분위기에 겁을 먹었는지 수돌은 청풍에게 꼭 붙어 걸었다. 알고 보니 보름 전 왜구들이 들이닥쳐 재물을 빼앗고 사람들을 해치는 변고가 있었던 탓이라 했다.

수탉이 바짓가랑이를 붙잡고 늘어졌던 것이 떠올랐다. 왜구들이 나타날 것을 어떻게 알았을까? 그 예지력은 어디에서 오는 것일까? 혹시 실명한 눈으로 본 건 아닐까? 내면을 들여다볼 수밖에 없으니 예지의 샘과

연결된 것이 아닌가 싶었다. 천생 내 눈에는 애꾸 수탉이 은혜를 아는 것도 모자라 갚을 줄 아는 영물로 보였다. 영락없는 설악산 수탉의 환생이었다.

최북도 애꾸다. 처음부터 그랬던 것은 아니었다. 어느 사대부가 시종을 앞세워 다짜고짜 산수화를 그려 달라고 그를 찾아간 적이 있었다. 하지만 오늘은 그림 그릴 기분이 아니니 함자나 남겨두고 가라 했더니 못된 욕과 함께 뺨을 맞았다. 분을 참지 못한 최북은 붓으로 오른쪽 눈을 찌르고 호탕하게 웃어 그들을 식겁하게 했다. 그 소문은 여염 사이로 퍼져나갔고 그는 기이한 화원이라는 별칭을 얻었다. 그 누구도 그에게 그림을 독촉하지 못하게 되었지만 그는 한쪽 눈을 잃고 말았다.

이런 일화만 들어서는 이상하기 그지없는 광인이지만, 최북은 그림에 관한 한 천부적인 재능이 있다. 그림은 그의 자존심이었다. 그는 거침없는 붓질로 속기 없는 그림을 그려내 인정받았다. 비록 도화서에 들지는 못했지만 거친 선에 담긴 표현과 절제된 담채는 최고라 평가받았다. 글씨가 여물지 않아 화제를 남에게 부탁해야만 했지만, 화폭에서 생략된 거친 풍경을 실눈 뜨고 자유로이 감상할 줄 아는 사람들이 최북을 찾았다.

최북을 만나면 애꾸 수탉과의 인연과 이번 삼척에서 겪은 이야기를 전해주고 그 또한 애꾸이기에 예지할 수 있는 능력이 있는지 물어볼 참이다. 만약 한쪽 눈과 예지력을 맞바꿀 수 있다면……. 괜한 생각이 떠올랐다. 이 몰골에 애꾸까지, 자조 섞인 웃음에서 바람이 빠져나갔다.

우리는 내금강 승람 초입 단발령斷髮嶺으로 향했다.

─조선 최고 등산가와 금강산을 오르는 이 복은 도대체 어디에 있는지 모르겠구먼. 난 복이 지지리도 없다고 생각했는데, 정말 고마우이.

최북은 나보다 열세 살이나 많다. 하지만 우리는 신분을 떠나 허물없이 호형호제하며 지냈다.

— 바로 애꾸! 애꾸 때문일세.

— 대체 무슨 말을 하는지 모르겠네.

나는 하하 웃음을 터트렸다.

— 율곡께서 이르길 금강산은 하늘에서 떨어져 나온 것으로 결코 속세에서 생긴 것이 아니라고 칭송을 아끼지 않았네. 대문장가 율곡마저도 금강산의 비경을 글로 적다가 멈추고 '본 것을 말로 전하기 어렵구나眼看口難言' 다섯 글자로 축약하고 말았지. 금강산 승경을 직접 본 사람조차 느낀 소감을 그대로 전달하기 어렵고 게다가 철마다 다른 모습을 보여주는 그 경이로움을 어찌 말로 다 표현할 수 있겠는가? 신비를 가늠할 수 없음이 아니겠는가? 시인이나 화원의 붓을 허락하지 않았던 게지.

— 금강산의 비경을 보고 그 뜻만이라도 간직한 그림을 그려야 할 텐데 걱정일세.

— 금강산의 뜻이라……. 자네 손에 하늘이 낸 재주가 더해진 붓끝이라면 금강산은 다시 빛을 보리라 믿네.

금강산은 철마다 이름을 바꿔 부른다. 금강석과 같이 아름다운 보석에 비유되는 봄철의 금강산, 여름 한철 녹음방초 우거진 골짜기와 봉우리가 명아주 줄처럼 짙은 풀빛을 띠어 신선들이 구름 타고 노닌다는 봉래산, 기암절벽 푸른 소나무가 붉게 물든 단풍과 어우러져 풍악을 울린다는 풍악산, 겨울철 기기묘묘한 바위들이 구석구석 뼈대를 드러낸다는 개골산, 거기에 덧붙여 아름다운 비경이 흰 눈을 덮고 잠이 든다는 설봉산까지. 이 벅찬 이름들을 과연 다 담을 수 있을까!

내금강을 한눈에 조망할 수 있는 단발령에 이르렀다. 신라의 마의 태자가 이곳에서 머리를 깎았다는 전설이 아니더라도 금강산의 절경에 마음을 빼앗겨 자기도 모르게 머리를 깎고 세상을 등지고 싶어진다 해 이

崔北先生像
英祖人字聖器号星花文三奇亭善畫

작자 미상, 〈최북 초상〉. 체구는 왜소하지만 기이한 오기가 만상에 서려 있다. 초상화를 볼 때마다 뜬 눈보다 애꾸눈이 더 평화로워 보이고 콧대가 일품이다. 꽉 다문 입술에서 "깨어 있는 자여! 한 동이 술을 짊어지고 내게로 오라" 일갈이 튀어나올 것만 같다.

최북, 〈금강산 표훈사도〉. 38.5×57.5cm, 한국데이터베이스산업진흥원 공유마당. 금강산의 표훈사와 그 주변의 산세를 묘사한 것이다.

최북, 〈금강산전도〉. 50.7×60.7cm, 평양 조선미술박물관. 토산(土山)은 점묘법으로, 바위산은 날카로운 선으로 금강산의 전경을 표현했다.

름 붙여진 단발령이다.

이곳의 운무는 가히 신선의 세계였다. 영嶺 하나를 두고 별천지와 세속으로 나뉘어 있는 것이다. 이렇게 긴장해 있는 최북을 본 적이 없었다. 그림 가치조차 모르는 양반들이라며 핀잔을 주며 화폭을 찢어대던 오기가 서린 그 최북이 아니었다.

마른침 넘기는 소리가 들렸다. 바로 앞에 벽하봉이 보이고 그 아래 장안사가 자리하고 오른편으로 선유대가 눈에 들어왔다. 저 멀리 위세를 떨치며 서 있는 비로봉 아래 기묘한 형상의 봉우리마다 비경을 뽐내고 있었다.

—역시 금강산이네. 우리가 주유할 곳들이지.

정양사에 올라 비로봉을 응시하고 헐성루에 올랐다. 한눈에 전체를 조망하는 금강산 일만 이천 봉의 모습은 선경이지 인간의 세계가 아니었다. 백미였다. 내금강의 모습은 눈부시게 아름다웠고 걷잡을 수 없는 감동으로 다가왔다. 이전의 느낌과는 또 달리 보였다. 화선지를 펼치고 오랫동안 승경을 응시하던 최북이 나를 바라보았다.

—일만 이천 봉의 기이함과 깊이를 알 수 없는 계곡의 중첩을 작은 화폭에 담아내기가 쉽지 않고, 기암괴석을 자랑하며 서 있는 수많은 봉우리의 멀고 가까움의 차이를 먹의 농담만으로 구분해 표현하는 것도 어려워 보이네. 그 많은 화공이 왜 금강산 비경을 그리다 포기했는지, 왜 눈물을 보였는지 알 것 같네.

—금강산이 보여주는 비경과 자네가 가지고 있는 재주가 서로 맞서 있다는 것을 알고 있네. 이곳 헐성루에서 바라보는 금강산을 사생해내지 못하면 이번 금강산 기행의 의미가 없지. 그동안 그려왔던 수많은 그림은 오늘을 위해 그려왔다고도 생각하게. 난 자네를 믿고 있네.

—내 눈에 비치는 승경이 선경이라면 화폭에 담기는 산수도 선경이 되

어야 비로소 진경산수라 말할 수 있지.

자세를 고쳐 앉은 최북이 마른 붓에 여린 먹을 풀어갔다.

—우선 투시력에 의한 구도로 원근의 묘를 살리고, 다음은 확연히 다른 농묵의 차이와 굵고 가는 필선의 붓놀림이 더해져야 비로소 기묘한 비경들을 담아낼 수 있을 것 같네.

조선 최고 승경 앞에 애꾸눈을 지그시 감아가며 사생을 이어나가는 최북의 모습은 어느새 풍경으로 피어나고 있었다. 아름다운 장관을 붓끝으로 담아내려는 눈빛과 진지함 앞에 어떤 토씨가 필요하겠는가? 저 모습 하나면 됐다. 고마운 사람, 최북! 어떤 금강산 모습이 그려지든 개의치 않으리라. 앞으로는 그림을 그려 달라 안달하지 않으리라.

얼마나 지났을까? 수려한 내금강의 아름다운 비경들이 화폭으로 이어왔다. 비로봉 아래 금강산의 웅장함이 살아 있되, 서로 다른 승경들이 조악하게 머리를 내밀지 않고 적당히 생략되었으면서도 어느 승경 하나 소홀함이 없이 살아 있었다. 붓끝에 전해지는 숨소리에서 배냇냄새가 났다. 마치 군무를 이룬 학 무리가 금강산 위를 높이 날며 봉우리 하나하나를 부리로 집어다 화폭 위로 옮겨다 놓는 것 같았다. 최북의 이마에 흥건하게 땀이 맺혔다.

—이 감동을 누구와 나눈단 말인가?

나는 무릎을 치며 감탄했다.

—서화에 조예 깊으나 칭찬에 야박한 창해께서 이리 상찬해주시니 몸 둘 바 모르겠네. 아름다운 승경에 들떠 있는 관념을 경계하며 실경 그대로 그려 보려 했지. 금강산이 품고 있는 비경을 구경하고 금강산을 조망하는 전도까지 그렸으니 이제는 여한이 없네.

다음 날 금강산 최고봉인 비로봉을 오르고 원통암 골짜기로 내려와 만폭동 너럭바위에서 휴식을 취했다. 마하연 쪽에서 흘러내리는 계곡물과 원통암 계곡물이 서로 만나 골마다 폭포를 이루었으니 그 부딪힘은 만폭이란 이름 그대로였다. 너럭바위에 적힌 봉래풍악원화동천蓬萊楓嶽元化洞天 글씨가 눈길을 끌었다.

─이 글씨는 옛 선비 양사언楊士彦 초서로 그 또한 경치 좋은 곳을 지나치지 못하고 일필휘지했지.

─셀 수 없이 많은 계곡 중에 소용돌이치며 솟구치는 변화가 으뜸인 곳이니 그 흥을 누가 말릴 수 있겠는가?

마하연 계곡으로 접어들수록 드넓게 펼쳐지는 절경이 웅장하다. '티끌 같은 세상에서 사람들을 뛰쳐나오게 만드는 절.' 율곡이 젊은 시절 출가해 수행했다는 마하연이 주는 승경은 어떨까? 고려 말 문신이었던 이제현은 마하연을 두고 "대낮에도 이슬이 마르지 않아 미투리를 흠뻑 적시네! 옛 절이라 스님이 살지 않고 뜰에 흰 구름만 가득하구나"라고 시를 읊었다.

마하연은 운무에 싸여 있었다.

─예전에도 발끝조차 보여주지 않고 등 떠밀더니 오늘도 운무만 보여주는군.

─감추고 있어 더 신비롭네. 언제 또 이곳에 와보려나…….

우리는 아쉬움을 뒤로하고 외무재령을 넘어 은선대에 이르러 십이폭포를 바라보았다.

채하봉과 소반덕 두 봉우리가 십이폭포를 마주 잡고 늘어진 모습이 기발하고 열두 번 꺾이며 떨어지는 내적 구성이 기막히다. 천상의 가락을 타듯 묘한 즐거움이 일어났다.

이틀이나 노숙할 요량으로 한 동이 술을 짊어지고 옥류동 계곡을 찾았다. 비봉 폭포와 무봉 폭포가 함께 만들어내는 연주담 비경을 감상하고

길 위의 인연

더 위로 올라가자 아홉 마리 용이 산다는 구룡연에 다다랐다. 폭포 뒤로는 옥녀봉이 우뚝 솟아 있다. 상팔담에 모인 계곡물이 폭포로 떨어져 구룡연에 머물다가 해금강으로 흘러간다.

비단실을 풀어놓은 듯 쏟아지는 물줄기를 받아내는 맑은 소, 그곳에 비친 하늘과 같은 물빛. 오목하게 감싸인 구룡연의 풍경은 달과 구름, 바람이 쉬이 쉬어가게 만들고 있었다. 천상에서 바라보는 풍경도 이와 다르지 않을 것이다. 목숨을 구해준 은혜를 갚겠다며 사냥꾼에게 사슴이 일러준 금강산의 연못 선녀탕, 그곳이 바로 여기가 아닐까 싶다.

절경에 취하고 술에 취하니 폭포마저도 취해갔다. 사무치는 기개를 감당하지 못하고 울다가 웃어젖히는 최북의 목젖이 간간이 보일 뿐, 모든 것들이 취해 쏟아져 내리는 폭포 속으로 빨려 들어갔다. 다만 하늘 위로 까아악 까악 까마귀 소리만 구룡연을 돌아 나오고 있었다.

—출신 성분도 취해 흘러갔고, 환쟁이도 흘러갔고, 가난도 빨려 들어갔다. 이제 자유다. 명산대천 금강산이 내준 세상은 이렇게 광활하게 넓고 향기로운데…….

—그렇지. 천 번을 가르치고 만 번을 가르쳐도 가르쳐야 하는 것은 자연이라千敎萬敎敎之自然는 만고의 진리가 이곳에 펼쳐져 있지 않은가?

—천 번을 배우고 만 번을 배워도 배워야 하는 것은 참된 사람 아닌가千學萬學學之眞人?

우리는 이미 바닥나 보이는 술동이를 기울여 한잔 술로 만들어 나눠 마셨다.

—오늘만큼은 잔뜩 취해서 그간 세상에서 받은 조롱과 질시를 다 날려버리게. 자네야말로 하늘이 낸 기인 아닌가? 중국 여덟 신선 중 황산으로 유람 나왔다는 한상자•와 다를 바 없네.

—하하! 그럼 자네는 장과로•겠군.

서로 신선이라 치키며 기이한 상대 몰골을 보자 누가 먼저랄 것도 없이 웃어대기 시작했다. 딱 보기에 술에 떡이 된 상이라 기이해서 웃고, 거침없이 웃어대는 그 모습을 따라 꺼이꺼이 기이한 웃음소리는 끊이지 않았다.

애꾸눈에 키 작은 외모만큼 성품도 별난 최북을 키 크고 잘생긴 한상자와 비교하지 말라고 자빠지며 웃고, 청노새를 거꾸로 타고 다닌 적이 없다고 우기는 나를 장과로와 비유했다 해서 화내면서 웃고. 참 웃을 일도 많다. 본인의 기이한 몰골은 생각지도 않고 상대만 보고 꺾여 넘어가는 웃음소리는 어느새 귀신 소리가 되어가고 있었다. 주위를 배회하던 까마귀들도 신기한지 하나둘 모여들어 자리를 틀었다.

중국 신선이 황산에 매료돼 나귀를 거꾸로 타기 시작했다는 유명한 고사가 떠올랐다. 신선주神仙酒를 만드는 재주가 있는 한상자가 황산黃山에 노닐러 나왔다가, 기기묘묘한 바위와 소나무에 매료되어 피리를 불었다. 그러다 여덟 신선이 모이기로 한 날이 다가왔다. 나귀를 타고 황산에 같이 내려왔던 장과로가 이만 돌아가자고 권유하자, 한상자는 "황산은 선경보다 나으니 평생 이곳에서 살게 해 달라"며 돌아가려 하지 않았다.

장과로는 "신선의 법을 어기면 신선 명단에서 제외된다"며 화를 내며 여러 번 설득했다. 참선에 든 자신의 모습을 지로암指路巖에 남겨두고 모임이 끝나면 황산에 다시 와도 좋다는 약속을 받고 나서야 그들은 황산을 떠났다. 나귀를 타고 앞장선 장과로도 황산에 매료되기는 마찬가지라 무시로 고개를 돌리다, 아예 거꾸로 나귀를 타자 황산 풍경을 다 볼 수 있었다. 이때부터 장과로는 나귀를 거꾸로 타기 시작했다.

—내 비록 중국 황산에 가보진 못했지만, 금강산 승경이 으뜸일세!

—조선 최고의 탐험 여행가 창해 선생 의지라면 언젠가 중국 오악은 물론 황산에도 갈 수 있을 것일세. 보통 사람은 엄두도 못 내는, 천만금을

주고도 살 수 없는 심장을 가졌는데 무언들 부러워하겠는가?

—승경을 대할 때마다 심장이 뜨겁게 달궈지고 선경에 들어앉는 반복이 내가 살아갈 수 있게 만드는 곡기일세. 하지만 산수를 그려내는 자네 재능이 난 부럽네. 붓끝에서 피어나는 자연! 이 얼마나 아름다운가?

—붓끝이라. 붓끝으로 먹고사는 가난한 환쟁이라 해두세.

—붓끝에서 환생하는 천하 명인 최북, 붓끝이 보살인 호생관일세.

—나 또한 그림 그리는 것을 좋아했고 천직으로 여겨 스스로 쓸모 있는 사람이 되자고 유용有用이라 호를 지었네. 세 가지 기이한 재주가 있는 사람이 되고자 삼기재三奇齋라 부르게도 한 적이 있었지. 만물의 밑뿌리 암자란 기암箕庵이라 부르다가, 내가 사는 곳이 별처럼 빛나라고 성재星齋로 지었다가, 세상에 염증을 느껴 앉아서 은둔하고자 좌은坐隱이라 했었네. 하지만 이제는 호생관이라 불리는 것이 가장 좋다네.

최북은 울고 있었다. 환쟁이라 천시받는 세태에 굴하지 않으면서도 붓에 담긴 뜻을 이해하는 양반들과는 스스럼없이 호탕하게 화의를 논했다. 강세황•, 허필•, 심사정, 남공철, 이용휴, 김홍도• 등과 교류하며 화사로서의 자긍심은 누구보다 컸다. 그 이유는 화폭을 자유로이 넘나드는 꿀리지 않는 재능이 있기에 가능한 일이었다.

잘 그린 그림인데 헐값을 쳐주면 그림조차 모른다고 그림을 찢어버렸고, 못 그림 그림인데 값을 후하게 쳐주면 그림 볼 줄 모른다고 핀잔을 주며 그림을 찢어버렸다. 그러니 궁핍할 수밖에 없었다.

지금의 눈물은 궁핍했던 지난날들 때문이 아니었다. 그는 그 어떤 주선 못지않게 술을 좋아했다. 가진 것을 모두 팔아서라도 술을 마셔야 직성이 풀리며 취하면 잠에 빠지는 하지장•을 닮았다. 바닥 난 술동이를 들어 탈탈 털어 마신 최북은 울고 웃다가 두 팔을 휘적거리며 어슬렁거리더니……

―나는 천하 명인이다! 마땅히 천하 명산에서 죽어야 한다!

갑자기 최북이 구룡연으로 뛰어들었다. 손쓸 겨를이 없었다. 내가 물에 뛰어들어 옷고름을 낚아채서야 겨우 넓은 바위 위로 끌어낼 수 있었다. 옷을 풀어 헤치고 가슴을 눌러 숨이 트이자 이제 살았다는 안도감에 기운이 빠져나갔다.

얼굴을 덮고 있던 젖은 머리카락을 쓸어 올리자 안대가 벗겨졌다. 세상을 향한 독선과 고집이 눌어붙어버린 애꾸눈이 드러났다. 최북의 애꾸눈을 처음 보았다. 갖은 곡절과 시련이 지나갔을 파란만장한 일생을 살아온 삶이 애처로워 한동안 끌어안았다. 콧잔등이 시큰하고 눈시울이 뜨거웠다.

얼마나 지났을까? 누워 있던 최북의 얼굴에 곧 온기가 돌자, 그가 갑자기 벌떡 일어나 상팔담 위로 보이는 옥녀봉을 향해 휘파람을 불기 시작했다. 방금 죽다 살아난 사람이 아니었다. 쇳소리 같은 휘파람이 허공을 갈랐다. 심장이 오싹해지고 뼛속까지 서늘해지는, 소름 돋는 소리였다. 그 소리가 어찌나 높고도 길면서 낮았던지 깊은 산속 까마귀들까지 놀라 하늘로 솟구쳐 올랐고, 깊이가 가늠 안 되는 구룡연 바닥 아홉 마리 용까지 깨우고 있었다.

―사람 놀라게 하는 재주하고는……. 자네의 호기가 부럽네. 자네야말로 하늘이 낸 기인이야.

어쩌면 그 휘파람 소리는 온전치 못한 세상을 향한 포효였는지도 모른다는 생각이 들었다.

―그런데 말일세, 누워서 바라보는 폭포는 쏟아져 내리는 것이 아니라 소에 있는 물이 하늘로 빨려 올라가는 것처럼 보이네. 내 몸도 저 소에 있으면 하늘로 올라갈 것 같아 나도 모르게 뛰어들고 말았네.

김홍도, 《해산첩》 중 〈구룡연〉. 견본담채, 30.4×43.7cm, 개인 소장. 김홍도가 정조의 어명으로 그린 작품 중 하나로, 상팔담 계곡물이 구룡연으로 떨어지는 풍경을 묘사한 것이다.

쇳소리 같은 휘파람이 허공을 갈랐다. 심장이 오싹해지고 뼛속까지 서늘해지는, 소름 돋는 소리였다. 그 소리가 어쩌나 높고도 길면서 낮았던지 깊은 산속 까마귀들까지 놀라 하늘로 솟구쳐 올랐고, 깊이가 가늠 안 되는 구룡연 바닥 아홉 마리 용까지 깨우고 있었다.

깊이를 알 수 없는 구룡연에 몸을 던지고도 살아나는 것을 보니 살아날 운명을 예지하고 몸을 던졌는지 모를 일이다. 애꾸 수탉과 애꾸 최북, 어쩌면 애꾸이기에 내면 어딘가에 뭉쳐 있을 예지력이 아닐까. 애꾸 수탉은 나를 구했고 나는 애꾸 최북을 구해주었다.

금강산을 빠져나오며, 죽다 살아난 최북이 서늘하게 불어대던 휘파람 환청이 길게 남아 뒤돌아보았다. 이참에 장과로처럼 거꾸로 청노새를 타볼까?

한양에 들었다. 금강산 기운이 가시기 전에 홍심을 만나 약속을 지켜야 했다.

―어르신들, 오셨습니까?

오랜만에 만났지만 그녀의 시선은 내 봇짐에 가 있었다. 빨리 보여 달라는 간절함인 것 같아 나는 장난기가 동했다.

―어허, 금강산도 식후경이라 하지 않는가.

―술부터 내오시게! 술!

최북이 휘파람을 불더니 크게 웃었다.

애태우는 것도 잠시, 자리에 앉자마자 봇짐을 풀었다. 최북이 헐성루에 올라 그린 금강산 진경을 보여주자 홍심은 탄성하며 눈물을 찍어냈다. 그녀 스승이 묘향산에 올라 운검무를 춘 것처럼, 그녀도 금강산 정양사에서 기도를 드린 후 헐성루에 올라 운검무를 추는 것이 평생소원이라 했다.

홍심이 최북의 손을 덥석 잡았다.

―금강산 잔영이 어르신 손에 남아 있는 것만 같습니다.

홍심은 최북의 눈과 내 눈을 번갈아 보았다. 서로의 눈빛을 피하지 않았다. 광기가 교차되어 금강산을 부르고 있었다.

구룡연의 취기가 떠오른 것일까! 몇 순배 들이킨 최북이 손바닥으로

　　　　　　　　　　　　　　　　　길 위의 인연

무릎을 두드리기 시작했다. 빨라지는 손장단에 추임새까지 넣으며 흥얼거렸다. 취하기는 술이 먼저나 광경에 취하기는 그만이었다.

옷을 갈아입은 홍심이 최북의 추임새에 맞추어 사뿐사뿐 발걸음을 앞뒤로 옮겨가며 그림 속 헐성루에 올랐다. 현란하게 움직이는 검광에 금강산 일만 이천 봉우리가 낯을 가리고 멈춰선 칼끝에 비로봉이 걸렸다. 내리치는 칼날에 마하연 구름이 갈라지며 금강산 속살이 드러났다.

양손으로 휘두르는 그녀의 칼끝에 진달래 꽃잎이 두 동강 나고 연이어 또 다른 꽃잎이 두 동강 나는 환상이 보였다. 나를 비웃던 조롱이 그 꽃잎 하나하나에 실려 만폭동 계곡 폭포 속으로 빨려 들어가고, 구룡연 아홉 마리 용들이 구름을 부르며 최북의 설움을 보듬어주었다. 비가 내렸다.

홍심은 빗물인 듯 눈물인 듯 울고 있었다.

─이제 여한이 없습니다. 스승님은 진달래꽃, 영변 약산 진달래를 가장 좋아하셨습니다. 두견화주杜鵑花酒에 취해 진달래꽃이 만발한 약산에서 천하 명기 운심이 죽는다면 더 바랄 것이 없다며 약산 절벽 아래로 몸을 던졌지요. 마침 일행이 붙잡지 않았다면 그대로 황천길에 올랐을 겁니다.

놀란 얼굴로 최북을 돌아봤다. 내가 금강산 구룡연에 몸을 날린 최북의 이야기를 하자 고수들만이 누릴 수 있는 기인들의 경지라며 홍심은 부러워했다.

─운심이야말로 진달래꽃을 예견한 낙화落花의 아름다움이었지.

무심하게 중얼거린 최북이 자작하고 술을 들이켰다. 술에 취하고 승경에 취해 몸을 던졌다. 최북이나 운심이나 광기狂氣 불룩한 사람들이다.

인재를 품어내는 묘향산

강물의 꽃은 물안개다. 한 송이 두 송이 낱낱의 꽃이 아니라 강줄기를 꽃대 삼아 대지를 감싸는 거대한 꽃이다. 강바닥에서 끌어올리는 마찰음의 속살이다. 달걀 속껍질에 붙어 있는 얇은 막처럼 살아 있는 모든 생명체의 심장을 감싸고 속삭인다. 그 속삭임은 물안개를 만들고 강물은 천하지 않은 생명들을 잉태하고 키워내는 의식을 반복한다. 동이 트면 안개는 사라지고 사방 심장 뛰는 소리가 들려오기 시작한다. 이른바 태동이다.

아련한 물안개 사이로 청노새 방울 소리가 길을 낸다. 강줄기 따라 마릉을 나섰다.

'괴나리봇짐 하나 달랑 매고 관서행 천 리 길을 마다치 않고 주유하듯 즐기고 다녔으니 그 또한 병중의 병통 아닌가? 게다가 그리 떠돌다가 집에 돌아와서는 능청스레 시 백여 수 글을 덜렁 내어놓으니 어느 집에서인들 환영하겠는가?'

태생부터 몸이 약하고 다리를 절지만, 가슴 속에는 자연을 동경하는 시 만여 편이 들어 있는 방랑 시인이자 원색 산수병자. 그렇게 불만 섞인 하소연을 하던 혜환을 떠올렸다. 혜환의 사위 허만이 철원에 있다고 했다. 그를 만나 평양을 거쳐 묘향산에 함께 오르기로 했다.

우리는 만나자마자 서로 이가 드러나도록 웃어 보였다. 산을 동경하는 산사나이들의 순박한 정이다. 설악산에서 우공을 만나 어울렸던 일이나 최북과 금강산에 올랐던 이야기를 해주자 허만은 함께 가지 못한 것을 못내 아쉬워했다. 애꾸눈 수탉에 얽힌 기이한 일에는 믿을 수 없다는 표정을 지으면서 등산 여행길에 만나는 새로운 인연들을 부러워했다.

여행자들이 그냥 지나치지 못하는 곳이 역사 유적지다. 영광스러웠던 한 시절과 멸망이라는 시대적 아픔이 깃들어 있으면서 더러는 재건된 곳도 있으나 폐허로 남겨진 곳도 있다.

우리는 평양 고구려 시조 주몽의 동명왕릉을 먼저 찾았다. 주몽은 졸본卒本 도읍지에 왕검성을 짓고 영토를 넓혀나갔다. 동명왕릉은 삼단 정방형 돌 축대를 쌓고 그 위에 봉분을 쌓아 만든 돌무지무덤積石塚으로 왕릉이 주는 위용과 믿음은 단단했다.

석등, 문관 무관상에 피어난 돌이끼는 오랜 세월이 지났음을 말해주고 왕릉 주위로 노송들이 즐비했다. 신하들이 능을 향해 몸을 기울여 읍揖하는 형상이었다. 우리는 예를 갖추고 손바닥으로 석벽을 스치며 능 주위를 돌았다.

―장수왕이 압록강 너머 요동까지 고구려의 영토로 넓히면서도 도읍지를 국내성으로 그대로 유지했다면 어찌 되었을까?

―장수왕이 넓힌 영토는 분쟁이 많은 지역입니다. 더구나 대치하고 있던 선비족은 거칠고 사나웠지요. 이곳에 사는 백성들이 두려움에 떨며 칼과 창을 손에서 놓지 못했을 겁니다.

―그래도 사백 년 넘게 고구려 영토를 유지해왔고 장수왕 치세에는 방대한 영토와 병력을 가지고 있었지 않은가.

―당시 국내성 입지 조건을 보면 압록강을 뒤에 두고 적과 싸우는 형

국이 병법에 어긋나지요. 그래서 남쪽 평양 땅으로 천도했을 겁니다. 적들이 도읍지를 침범하려면 일차적으로는 압록강을 건너야 하고 다시 청천강을 건너야만 하는 까닭에 이중 방어벽을 두는 이점이 있습니다.

─감히 도읍지를 넘보지 못하도록 자연 요새를 방어책으로 이용한 것이로군.

─그러합니다. 을지문덕 장군이 살수대첩에서 수나라를 물리쳤고 강감찬 장군의 귀주대첩으로 거란을 대파한 것도 압록강을 전술적 요새로 활용했기에 가능한 대승이었습니다.

산수에만 밝은 것이 아니라 역사에도 해박한 허만이었다. 허만은 순암 안정복*을 이 시대 최고의 역사가로 꼽았는데, 그는 늦은 나이에 성호 이익의 제자가 되어 고착화된 기존의 역사 계통을 비판하고 오류를 바로잡고자 『동사강목』*을 저술한 인물이다. 허만은 자신의 역사관도 그의 영향을 받은 것이라며 자신감이 넘쳐났다.

─도읍지와 다르게 시조 왕릉은 고구려 건국의 상징일 터인데 굳이 옮길 이유를 자네는 어찌 보는가?

─『삼국사기』 기록에 따르면 장수왕의 선대 왕릉이 두 번이나 파헤쳐지는 모욕을 당했다고 나와 있습니다. 고구려를 침략한 선비족 모용외가 서천왕 능을 파헤쳤고, 미천왕릉에서는 백골까지도 훔쳐 달아났습니다. 고구려 왕조가 패망했다는 것을 공표하기 위해 왕릉을 훼손시키고 부장된 금은보화를 털어 전쟁 비용으로 충당하려 했던 것입니다.

─패악한 무리들이로군…….

─그러다 보니 전쟁이 나면 왕릉이 가장 먼저 위태롭게 노출되기 마련입니다. 오랑캐로부터 지켜내기 위해 시조 동명왕릉도 새 도읍지로 천장했을 테지요.

─장수왕이 후대에 일어날 일들을 예견한 것이군.

―시조의 능이 파헤쳐지는 날이 고구려가 멸망하는 날로 본 것 아니겠습니까? 고종도 고려 때 몽고군이 말발굽을 앞세워 떼로 밀려오자 강화도로 천도하면서 태조(왕건)의 능을 비롯해 왕릉을 다 천장했었지요.

―임진왜란 때 성종과 중종의 능도 훼손되었단 이야길 나도 들은 적이 있네.

적들에 의해 시조 왕릉이 훼손될 것을 알면서도 그곳에 그대로 둔다는 것은 왕손으로서 도리가 아니었을 것이다.

―그래도 의문인 것이 있네. 동명왕릉을 천장한 뒤에도 장수왕이 졸본으로 다시 사행을 떠났다는 기록들이 남아 있지 않은가?

―왕릉을 옮겨 갔더라도 졸본은 옛 도읍지였고 시조의 건국이념과 신화가 담긴 성스러운 곳이니 그 기운을 잇고자 함이 아니었겠습니까?

시대를 거스를 수 없는 게 역사이지만 남겨진 흔적에서 말 없는 역사적 흐름을 반추할 수도 있다. 팔백 년 전에 미리 앞을 내다본 장수왕의 고심을 이렇듯 동명왕릉에서 읽어내고 있다. 이런 내밀한 즐거움을 어느 것과 비견할 수 있겠는가!

왕릉 원찰*인 정릉사 옛터로 내려가는 호젓한 소나무 숲길이 스산하다. 고구려 신 삼족오의 기운인가! 왕릉을 조성하면서 만들었다는 팔각 돌우물 앞에 걸음을 멈췄다. 고구려 옛 우물을 그대로 볼 수 있다니. 어쩌면 저 땅 깊은 우물 바닥에 샘솟는 물이 백두산 천지와 맞닿아 있기에 지키려는 자도, 무너뜨리려는 자도 기꺼이 마시지 않았을까. 샘물은 차고 달았다.

대동강 변을 따라 펼쳐진 아름다운 부벽루 누각과 연광정에서 바라보이는 절세의 경치들을 뒤로하고 우리는 묘향산으로 향했다. 묘향산에는 스무 살 안팎의 젊음이 연상되는 푸른 정기를 간직한 비로봉이 우뚝 솟아 있다. 단군대, 향로봉을 향해 만폭 계곡을 거슬러 가기로 했다. 처마처

동명왕릉. 고구려 시조 주몽의 왕릉. 장수왕은 평양으로 도읍지를 옮기고 졸본에 있던 동명왕릉을 평양으로 천장했다.

동명왕릉은 삼단 정방형 돌 축대를 쌓고 그 위에 봉분을 쌓아 만든 돌무지무덤으로 왕릉이 주는 위용과 믿음은 단단했다.

석등, 문관 무관상에 피어난 돌이끼는 오랜 세월이 지났음을 말해주고 왕릉 주위로 노송들이 즐비했다. 신하들이 능을 향해 몸을 기울여 읍하는 형상이었다.

럼 삐져나온 넓은 너럭바위를 지붕 삼아 만든 금강암, 들떠 지나가는 나 그네의 발길을 잡아 쉬어가게 만든다.

만 개의 폭포를 한 개의 계곡으로 품어 이름이 만폭동이다. 이곳에 단군 신화가 깃들어 있다. 어느 곳이나 빼어난 승경이 있으면 으레 비유되는 것이 신화이고 설화다. 도교와 불교의 영향으로 이어져 일부에선 숭배의 대상으로 삼는 것이 못마땅하나 신심信心이 강한 민족인 것을 어쩌랴. 가파르게 아래로 흐르고 흐르다 절벽을 만나서는 폭포를 이루는 형상이 반복된다.

허만과 나는 물고기처럼 계곡을 타고 거슬러 올랐다. 비늘 털이가 강할수록 계곡은 가팔랐다. 만폭이 진동하는 소리를 내어 단군을 유혹한 걸까! 폭포 소리에 이끌려 단군이 귀를 내어준 걸까?

국조國祖로 받드는 태초의 왕이 자리했던 단군대 위로 올랐다. 예서 듣는 소리는 아래서 듣던 폭포 소리와 판이했다. 계곡에서 듣는 폭포 소리는 호랑이의 포효처럼 우렁차서 귀를 막게 했다면, 단군대에서는 젊은이들의 함성이었다가 또다시 환호성으로 되울려 오는 맥놀이 울림으로 들려왔다.

그렇다. 단군대는 소리를 거두어 가질 수 있는 음봉音峰이었다. 왜 단군이 지상의 정점이자 하늘의 하점下點인 비로봉 정상에 걸터앉지 않고 이곳에 가부좌를 틀었는지, 기꺼이 그곳에 올라 소리를 들어본 자만 알 수 있다. 느낀 자의 감흥을 설명으로 풀어내는 것은 어리석은 짓이다.

이곳에서 듣는 사계절의 음률은 어떨까! 눈 쌓인 겨울은 백설이 포근할 것이고, 한바탕 비라도 뿌려주는 여름에는 묘향산 몸통을 두드리는 웅장함이, 옥빛 계곡물에 비친 단풍은 미묘한 여운으로 남아 싱그러울 것이다. 겨울과 봄의 경계는 가장 분명하다. 계곡에 봄바람이 일렁이면 얼음장 밑으로 태동하는 물소리와 쌀눈 틔우는 나무들의 숨소리가 다른 세상을 만들어낼 터다. 이 신비로움은 누리는 자만의 온전한 자유다.

비로봉으로 향하는 산길은 위태로웠다. 눈앞이 아찔해 느릿느릿한 나와는 달리 가파른 바위에 몸을 기대가며 한 발 한 발 걸음을 옮기는 허만의 몸놀림은 가벼웠다.

정상과 가까워질수록 묘향산이 주는 위용은 낭림산 줄기에서 뻗어 나온 백두대간다웠다. 향로봉, 천대봉, 비로봉을 차례로 차고 오르는 우리의 여정은 다소 버거웠다. 없는 길을 찾아 헤맬 때보다 절벽 벼랑을 더듬고 더듬어 넘어갈 땐 모골이 송연했다.

예서 천길 아래로 떨어질지도 모른다는 생각도 들었지만 그에 대해서는 말을 아꼈다. 다만 산들이 너울져 보이는 발아래 경치에 대한 감탄사만 쏟아냈다. 이 엄청난 승경을 탐하는 건 우리뿐일 것이다! 자화자찬을 아끼지 않으며 허만도, 나도 묘향산도 하나가 되어갔다. 한세상 스스로에게 몰입하다 보니 두려움은 사라진 지 오래, 정상으로 향해 나가는 길이 한가롭다.

비로봉 정상에 올라 장활長闊하게 펼쳐진 조선의 산하를 바라보았다. 가슴이 뜨겁다. 동쪽으로 칠성봉과 호항령이, 서쪽으로 원만봉, 천탑봉, 향로봉, 법왕봉이, 남쪽으로 문필봉, 관모봉, 백산 등이 키 재기를 하듯 발아래 뾰족뾰족 하늘을 향해 솟아 있고 안주, 개천, 영변, 정주, 박천, 운산 지역이 그 아래로 아득하게 펼쳐져 있다. 이곳을 떠나지 못하는 주문에 걸리는 건 아닐까? 염려 나름이다.

원만봉에서 천태동과 비로동을 양옆으로 끼고 하산했다. 폭포 소리가 우렁차다. 이십 길이 넘는 물줄기를 쏟아낼 때마다 솟구치는 물보라가 장쾌壯快하다. 천태 폭포의 웃음소릴까! 폭포 상단에 둥근 바위가 천태봉 목젖처럼 위태롭게 걸쳐져 있다. 듣기에 따라 달라진다는 팔색조 폭포 소리의 비기祕記가 저 목젖 때문이라며 수량에 따라 폭포 소리가 달라진다는 허만의 설명이 그럴싸하다.

―이곳이 보연대寶蓮臺입니다. 태조太祖에게 홀대당한 독성獨聖 나한 한 분을 봉안한 곳이지요.

―도를 깨친 나한이 홀대를 당하다니?

―왕위에 오르기 전 태조가 함경도 길주吉州 은적사에서 천일기도 드리며 하루에 나한 한 분씩 천 분의 나한을 만들었습니다. 그리고 다시 석왕사에서 천 일 기도를 이어가며 만들어놓은 나한을 하루에 한 분씩 모셔 왔지요. 마지막 날 귀찮은 마음에 두 분을 한꺼번에 모셔 왔는데 그때 나한 한 분이 발끈 성을 내며 날아갔습니다.

―성미가 참으로 까칠한 나한이지만 자리 하나는 제대로 잡았군. 그래서 태조가 찾아 나섰다가 이 보연대를 지었는가?

―아니지요. 보현사 승려 꿈에 나타났답니다. 이상하게 여긴 승려가 꿈속에서 보았던 곳에 앉아 있는 나한상을 발견하고는 그 자리에 보연대를 지은 것입니다.

―태조가 왕의 기를 받으면서 흠집 하나를 내었군. 성을 냈던 나한이 분을 풀지 않으면 화를 입을 수도 있지 않겠는가.

―그래서인지 이곳 사람들은 왕자의 난이 일어나고 숙부가 조카를 왕위에서 몰아내는 끔찍한 사건들이 여기서 비롯된 것이라 믿고 있습니다.

―나한의 화 때문이라고 하기엔 너무 가혹하지 않은가 싶네.

―조정에서도 그리 생각되었는지 화의 근원을 다른 것에서 찾았지요. 결국 세종의 능이 잘못되었다며 여주로 천장하는 것으로 막았다 합니다.

허만의 해박한 지식에 혀를 내둘렀다.

저 멀리 청천강이 햇빛에 반짝이고 용문산 너머 산 너울이 개운하다. 얼마나 아름다운 곳이었던지 호랑이가 사람들을 이곳으로 안내해주었다는 전설을 간직한 인호대引虎臺, 경치에 마음 내주고 커다란 암석 위에 펄

썩 주저앉은 상원암, 승경은 그리움을 만들고 그 그리움은 사람들을 불러들인다. 아침에 눈을 뜨면 호연한 기분이 저절로 생긴다는 능인암能仁庵에서 서산대사西山大師는 호연지기를 키웠다.

서산대사는 이곳에서 그리 멀지 않은 안주安州에서 태어났다. 승려의 본분에 대한 고민 끝에 금강산, 태백산, 오대산, 두류산, 묘향산 등지를 떠돌며 선禪 수행에 몰두하다, 대동계大同契를 조직하고 평안도까지 세를 넓혀나가던 정여립과 교류를 했다.

정여립이 모반으로 쫓기다 자결하자 서산대사도 누명을 쓰고 투옥되었다가 선조의 친국을 받고 무죄로 풀려났다. 그런 후 선조와 서산대사는 서로 시를 주고받으며 신의를 확인했고 그 뒤 서산대사는 묘향산에서 간화선을 수행했다.

―선조가 서산대사를 역성 모의자로 몰아 처형했다면 조선의 앞날은 암담하게도 일본의 속국이 되었을지 모릅니다.

―그렇다고 보아야겠지. 선조는 후궁의 태생이 아닌가? 정통성에서 밀리고 더구나 왕실 관상감인 백경의 왕이 되어서는 안 될 관상이란 평을 듣고 피해망상에 사로잡혀 보위에만 집착하던 때였지.

―더욱이 그때 정여립이 목자木子＝李는 망하고 전읍奠邑＝鄭이 일어난다는 문구를 옥판에 새겨 지리산 석굴에 감추었다가 우연히 발견한 것처럼 꾸며 세상을 놀라게 하지 않았습니까?

―선조께서 가장 놀랄 만한 일이었지. 그리고 정여립 모반 사건 조사를 맡은 서인 정철이 삼 년여 동안 천여 명을 죽음으로 몰아가는 정치적 혼란 속에 임진왜란이 일어났으니 어찌 되었겠는가? 속수무책으로 조선 팔도를 유린당하고 임금은 제 몸 살자고 피난 다니기 바빴으니……. 참으로 암울한 시기였지.

너무나 참혹한 왜란이었다. 절명의 위기에서 나라를 구하는 데 앞장섰던 서산대사의 공을 이야기할 때는 신이 났지만, 선조의 소심함과 끊임없는 의심, 게다가 당쟁을 이용했던 상황을 논할 때는 누가 먼저랄 것 없이 분개했다.

전국 각지에서 의병들이 들고일어났을 때 승려들도 전투에 참여했다. 그러나 그때까지 승병들을 총지휘하는 계통은 없었다. 피난길에 오른 선조는 나라를 구할 수 있도록 승군僧軍을 일으켜 달라며 서산대사를 찾았다. 서산대사는 전국 각 사찰로 의승군義僧軍을 모집한다는 격문을 보내 궐기를 호소했다. 해서 지방은 의엄義嚴, 금강산에서는 유정惟政, 호서 지방에는 영규靈圭가 규합한 승병 오천여 명이 전투에 나서기도 하고 관군을 돕게 했다. 서산대사 자신도 법흥사에서 천여 명이 넘는 승군을 조직해 평양을 되찾는 데 큰 공을 세웠다.

선조는 벼슬을 내려 그를 곁에 두고자 했다. 하지만 서산대사는 나이를 앞세워 사양하고는 제자 유정에게 자리를 물려주었다. 그 후 명나라의 속임수에 당한 왜적이 남쪽으로 철수하게 되자 서산대사는 한양까지 선조를 호위한 후 미련 없이 묘향산으로 떠났다. 그 기개는 어찌 보면 묘향산이 길러낸 것이었다.

보현사普賢寺 팔각다층탑 풍경 소리가 정겹다. 간들바람이 불어왔다. 두류산의 웅장함과 금강산의 수려함을 함께 갖춘 젊은 산, 서산대사의 화두 구자무불성拘子無佛性이 깃들어 있는 묘향산은 신비로운 만큼 이야기도 많았다. 같은 곳을 바라보는 동지이자 도반, 역사에 밝은 허만과 의기투합 세상을 굽어보고 비판할 수 있었던 이번 여정은 행운이었다.

미안하고 미안하다

며느리는 땅만 보고 걸었다. 어깨가 들먹거리고 손이 자꾸 눈가로 갔다. 울고 있었다. 아들 기동의 무덤. 떼가 아직 자리를 잡지 못해 성글고 나지막한 봉분. 흙냄새가 채 가시지 않았다. 가슴이 저며왔다. 며느리 앞이라 눈물을 보일 수 없어 쿨럭거리며 울음을 삼켰다.

아내는 기동을 잃고 한恨이 천추에 걸린 듯 서럽게 울었다. 자식을 지키지 못하고 앞세운 신세가 원통해서 울었고, 홀로 남겨진 며느리가 불쌍하고 미안해서 끌어안고 울었다. 아들 기동에게까지 아비의 산수병이 전염되기만 하면 그날로 머리 깎고 절에 들어가겠다고 엄포도 놓았던 사람인데…… 이젠 다 부질없게 되었다.

술 한 병 허리에 차고 다시 기동의 무덤을 찾았다. 먼 길까지 배웅하면서 청풍의 머리를 쓰다듬어주고 나와 함께했던 동자들에게는 귓속말로 이 못난 아비를 부탁하던 아들, 가뜩이나 어렵던 집안을 떠맡아야 하는 힘겨움은 내색하지 않고 몸 건강히 잘 다녀오시라 인사하던 기동의 모습이 아련하다.

그동안 가족의 끼니를 책임져야 하는 중압감에 얼마나 시달렸을까? 아비 없는 가장이었다면 어쩔 수 없는 책임감으로 버텼을 것이다. 하지만 두 눈 버젓이 뜨고 살아 있는 아비가 당장 땟거리 걱정을 앞에 두고도 집을 나서는 모습을 보고 또 보았다. 얼마나 비정하게 느꼈을까? 철없는 아비의 야속함이 얼마나 원망스러웠을까!

─기동아.

이름을 한 번 불렀을 뿐인데 목이 잠겼다. 오르면서 꺾어 든 들꽃 향기가 코를 자극했다. 나는 빈 잔에 술을 따르고 먼저 무덤 앞에 내려놓았다.

'네가 가장이었으니 내가 자식이다. 같은 운명의 샘에 뿌리를 내렸지만, 순서가 틀렸다. 내가 순서를 바꿨으니 사흘 동안만이라도 네 곁에서 지내고 싶다.'

하지만 이 또한 내 마음 편해지자고 하는 것은 아닌가 싶어 고개를 흔들었다.

'너를 지켜주지 못해 미안하다. 가정을 꾸리느라 마음 놓고 글조차 읽지 못했던 한 많은 세상을 살다 간 내 아들 기동아! 지금 내 속은 곤죽이 되어버렸는데 네 속이야 오죽하겠느냐? 뜻 많았던 지난 고된 날과 아비에 대한 원망은 이 한잔 술로 잊어버리고 이제 편히 쉬려무나! 이슬 같은 인생길, 나 또한 오늘은 취하고 싶구나!'

밤새 사슴 우는 소리가 가련히 어둠을 가른다. 한 줄기 빛의 힘으로만 어둠을 가르는 줄 알았는데 소리 죽여 삼키는 흐느낌도 어둠을 하얗게 만들었다.

기동을 서당에 보내지 못하는 형편을 안타까워하던 처남은 다른 이들의 책을 베껴서 글공부를 도왔다. 낮에 일하고 밤에 학문을 이어가면서, 과거 급제로 집안을 일으켜 세우고 싶어 하는 조카를 늘 안쓰럽고 대견하게 여겼다. 그런 애통함에 처남은 함께 공부하기로 했던 책들을 일일이 필사해 칠등귀독편漆燈歸讀編(칠흑처럼 어두운 무덤 속에서 등 밝히고 읽어야 할 책)을 만들고 등잔과 함께 무덤 속에 넣어주었다.

글 읽기를 좋아하던 기동을 위해 나는 무엇을 했던가? 벼슬은 부질없는 짓이다, 저 높은 태산이 벼슬이다. 그런 궤변만 늘어놓았었다.

아버지가 그리워진다. 아들 손에 쥐어진 암행어사 마패를 간절히 보고 싶어 했던 아버지는 나를 이르게 서당에 보내고 서책을 필사하고 집안은 걱정하지 말라며 도산서원에 보냈다. 아버지에 비하면 나는 매정한 애비일 뿐이다. 아버지는 "네가 아니 되면 기동이가 과거 급제할 수 있도록 챙겨라" 하시며 유언까지 남기셨는데…… 아버지가 원했던 미래와 기동이 꿈꾸던 미래 사이에서 내가 한 것이라곤 아무것도 없다.

대代를 물려 불효를 저지르고도 밥숟가락 드는 내 꼬락서니가 기가 찬다. 탄식하는 것조차 밉다. 나를 대하는 일가친척들의 반응은 몹시 차가웠다. 가장 볼 면목이 없기로는 사돈댁이었다. 앙상하게 뼈만 남아서도 무책임한 시아비의 끼니를 잊지 않고 챙겨주는 며느리의 뒷모습에 서글펐고, 마을 어귀에서 배웅하던 아들의 마지막 모습이 시리게 겹쳐져 나는 방 벽에 머리를 찧으며 괴로워했다.

고창 선운사의 마애미륵불 배꼽이 떠올랐다. 노승이 내게 말했다.

—배꼽에는 세상을 바꿀 비결과 미래를 알 수 있는 비기가 숨겨져 있다네. 자네 방랑벽도 바로 배꼽에서 비롯되지.

동한* 말기 권신이었던 동탁董卓은 무소불위의 권력으로 사람을 무자비하게 죽였는데, 초선이란 미녀를 놓고 여포와 다투다 죽임당했다. 사람들은 사리사욕을 위해 수단과 방법을 가리지 않았던 동탁의 만행을 비난했다. 그의 사악한 기운을 없애기 위해 그의 배꼽에 심지를 꽂고 불을 놓아 몇 날 며칠을 태우고 또 태웠다.

내 몸에 산수병이라는 고질병이 기생할 곳은 배꼽밖에 없다. 오기와 똥고집으로 자식 잡아먹은 배꼽을 태워버리면 이 산수병을 고칠 수 있지 않을까!

시뻘건 부지깽이를 단단히 쥐었다. 생살 타는 냄새와 함께 연기가 솟아올랐다. 통증은 사치다. 내가 잘할 수 있는 거라곤 등산밖에 없는데……. 그 산수병 정수리에 비수를 꽂은 것처럼 쓰라림과 무지막지한 통증이 몰려왔다. 하지만 그 고통은 오히려 모든 것을 잊게 했다.

비가 억수처럼 퍼붓기 시작하고 그동안 느껴보지 못했던 평온이 찾아왔다. 죄인의 발목에 채워지던 형구인 차꼬[•]처럼 나를 옥죄던 고질 산수병이 녹아내리고 툭 튀어나온 이마에 각겨 있던 고집이 허물처럼 벗겨지는 것 같았다.

이제 몸과 마음을 다 바꿔야만 한다. 집에 돌아오기만 하면 응시하던 하늘을 올려보지 말아야 하고 마음속에 각인된 이 땅 산하의 모습도 지워버려야 한다. 등산 장비는 이미 광 속에 처박았다.

배꼽에 닿은 화기는 물집을 키우고 덧나더니 곪아갔다. 살을 파고드는 쓰라린 아픔이 살 속으로 더 깊이 파고들었지만 아무런 내색도 할 수 없었다. 주위에선 탯줄에 불까지 놓았다고, 이제는 미쳐가고 있다고 수군거렸다. 하지만 개의치 않았다. 달포가 지나자 상처도 차츰 아물어갔다. 나는 논과 밭에 거름도 뿌리면서 집안일을 챙겼다. 청풍이 내 얼굴을 보고 땅바닥을 긁으며 안달할 때도 나는 고개를 돌렸다.

이제 산에 대한 미련이 사라진 것이냐? 정말 그런 것이냐? 사람들이 재차 물어오면 대답 대신 고개만 끄덕였다.

그렇게 집안일에 몸과 마음을 붙이느라 안간힘을 쓰던 어느 날, 아침 상을 물렸을 때다. 며느리가 보자기로 싼 보따리를 내놓았다.

―이것이 무엇이냐?

의아한 얼굴로 보자기를 풀자 풍차^{風遮}(모자)와 양말이 가지런히 놓여 있었다.

―아버님께서 산행을 마치고 잠시 돌아오시면 드린다며 서방님이 마련해둔 것입니다. 추운 겨울바람을 피할 수 있도록 귀까지 덮을 수 있는 방한용 겨울 모자와 속에 솜을 덧대어 만든 버선입니다. 그리고 산에 대한 아버님의 열정을 이해하라는 당부도 잊지 않았답니다.

짧게는 보름에서 길게는 이 년 가까이 밖에서 겉돌았다. 집에 돌아와 머물러도 그동안 가족의 생계를 책임지느라 힘들었을 아들과의 대화는 한정되어 있었다. 나는 그저 아들이 짊어지고 있는 가장의 무거운 역할에 고맙다고 말뿐인 치하를 하면서 정작 그 아이의 마음을 살필 줄 몰랐다. 어리석게도 스스로의 열정에 도취된 채 산행 중에 받아 온 문장가의 글과 이름난 화가의 그림들을 보여주며 여행이 주는 묘미와 조선 땅에 대한 예찬만 늘어놓았었다.

아들은 그저 묵묵히 내 이야기를 경청하며 가끔은 엷은 미소로 응대할 뿐, 이해한다는 표정은 아니었다. 그런 아들이 나를 위해 산행에 필요한 행장을 준비해둔 것이다. 아들이 내게 남긴 기대였고 속마음이었다.

한동안 침묵이 흘렀다. 먼저 간 이 아이를 위해 할 수 있는 일이 무엇일까! 심장 한가운데에서 소용돌이 바람이 거세게 일었다. 실망시켜서는 안 된다. 이십 년 넘게 이어온 나의 등반 여행을 완성시켜야 한다. 더 꺼릴 것도, 더 잃을 것도 없다. 내게 주어진 시간이 얼마나 될까! 발길 닿는 대로 무작정 떠나던 주유는 더는 무의미하다. 시간이 많지 않으니 목적을 분명히 해야만 한다. 그래, 떠나자! 내 걸음은 의미가 있고 고귀하다.

안산을 향해 길을 나섰다. 청풍을 앞세웠지만 짐은 단출했다. 지난날 나아갈 길을 밝혀준 혜환 이용휴를 만나 묘비명을 부탁할 생각이었다.

그간의 상황을 혜환에게 들려주었다. 하지만 산수병을 쫓겠다고 불에 달궈진 부지깽이를 들이댔던 배꼽 이야기는 차마 꺼내지 못했다.

길 위의 인연

—산천을 주유하기 시작했을 때 아들 기동이 태어났습니다. 그 후 열여덟 살에 세상을 뜰 때까지 수없이 밖으로 떠도는 아비를 보아왔고 혼례를 올린 지 일 년이라 후사를 잇지도 못했습니다. 그 때문에 대가 끊겨 조상 뵐 면목조차 없겠다며 주위에서 동정과 비난을 함께 하고 있음을 잘 압니다. 우습고도 가당치 않은 일은 처음부터 제 잘못이었습니다.

—너무 자책하고 상심하지 말게나. 하늘의 명은 그 누구도 거역할 수 없지 않은가? 게다가 자네 아들 기동은 천성이 착하고 효성스러운 아들이었음을 알고 있네. 그 덕에 지금까지 자네가 자유로이 산천을 주유할 수 있었던 것 아니겠는가?

—청컨대 묘비명을 써주십시오. 어르신께서 지어주시는 글이라면 그 아이 혼백이 허허롭지 않을 것 같습니다. 부디 아비의 애틋한 정이라 여겨주시지요.

혜환이 붓을 들어 묘비명을 쓰기 시작했다. 오랜 교류 탓에 더 묻고 답할 것이 없었다.

지극한 효심을 실천했음에도 오래 살지 못하는 까닭을 이해할 수 없다. 다만 상식에 비추어 기동의 지극한 행실을 백성들의 본보기로 삼아야 한다. 하늘이 기동을 일찍이 거두어간 것은 애초에 정해진 일이 아니라 기동이 보여준 하염없는 효와 가장으로서의 책임을 다한 행실을 백성들에게 널리 알리려는 까닭이다.

기동은 어릴 때부터 성품이 남달라 부모의 뜻을 미리 알아차려 받들었고 부모님 말씀에 메아리처럼 반응했다. 극진한 부모 공경 속에서 오직 책을 좋아했으나 이를 다하지 못한 것을 한으로 여기며 임종에 이르러서는 그 아내 조趙 씨에게 시부모님을 잘 섬기라 이르고 책을 함께 묻어 달라 한 후 눈을 감았다.

명銘을 짓는다. 눈 한번 감으면 한 톨의 욕망조차 사라져 만사가 끝난다. 그대는 아내를 자식으로 삼고 책으로 수의를 삼아 뜻을 이루었도다! 경전에 이르기를 지극한 정성은 쉬는 일이 없고, 군자의 마음은 죽어도 그치지 않는다 했다. 그대가 그런 사람이다.

아, 슬프도다! 산길에 사람 발길 끊어지고 해가 숲에 걸려 어둑해지기 시작하면 문 앞에서 아버지를 기다리는구나! 달빛 처연하고 바람이 시려 나뭇가지 흔들리고 새가 우짖는 것은 어쩌면 밤늦도록 책 읽는 그대의 목소리일 테지.

해가 어둑해지면 문 앞에서 아버지를 기다리고…… 밤늦도록 들리는 책 읽는 목소리…… 콧등이 시큰거리고 눈시울이 뜨거워졌다.

―산수병에 걸린 이 못난 아비는 묘비명에서 왜 빼셨습니까?

―못나고 잘나고는 자네 몫이네. 백두산에서 한라산까지 금강산에서 대동강까지, 조선 팔도를 모두 접수하시게. 유산이 되게 하라는 말일세.

고마웠다. 나를 미더워하고 거침없이 기동의 넋을 달래는 묘비명까지 지어주며 응원해주었다.

―그래, 이제 어디로 갈 생각이신가?

―조선 지리에 가장 밝은 여암 신경준•을 찾아가려 합니다.

―잘 생각했네. 마침 제주 부사를 마치고 한양에 머물고 있다 하더군. 내 간찰을 써줄 터이니 내 뜻이라도 전달한다면 적잖은 도움이 될 걸세.

혜환은 알고 있었다. 호랑이를 만나고 산적과 마주치는 것보다 걸어온 길에 대한 자신감이 떨어질 때 내가 힘이 빠진다는 것을. 아들의 죽음으로 상심의 구렁텅이에 빠진 내게 일어설 수 있도록 어깨를 내어주었다는 것을. 절망의 나락에서 간신히 상심으로 접어든 나를 위로해주고 있다는 것을……. 이제 내가 가야 할 길은 외롭고 두렵지 않을 것이다.

길 위의 인연

《송도기행첩》의 산수를 찾아가다

지난밤 폭설로 온 세상이 하얗게 변했다. 기동의 무덤에도 흰 눈이 쌓였다. 봉긋한 봉우리는 세상 중심에 있다는 수미산보다 높았다. 혜환이 지어준 묘비명을 읽어 내려갔다. 한 마디, 한 구절 날카로운 파편으로 심장에 박혔다. 한 번 더 읽었다.

최북이 그려준 〈금강산전도〉와 첩을 해낭 속에 넣고 길을 나섰다. 표암 강세황을 뵙고 그동안 미뤄두었던 송도를 둘러보고 백두산과 한라산을 등반하기 위한 조언과 정보를 얻기 위해 조선 최고 지리학자 신경준을 찾아갈 계획이다.

청풍이의 방울 소리를 앞세워 마을로 들어섰다. 개 짖는 소리가 들리더니 이내 멈추었다. 순해 보이는 누렁이였다. 청풍이 오는 것을 기다리고 있었다는 듯 꼬리치며 뛰쳐나온다. 청풍도 그런 순둥이가 싫지 않은지 이를 드러내며 웃었다. 그 모습이 할배 같았다.

표암 강세황. 그는 시서화에 대한 균형 감각이 당대 최고였으며 예술 분야 식견만큼은 그에 견줄 사람이 없었다. 높은 안목과 감식안이 널리 알려지자 그림 평을 받으러 찾아오는 이들이 늘어갔다. 글과 그림을 수집

하는 것이 유행하던 시기였던 만큼 표암의 화평이 달린 그림을 소장하는 것을 최상으로 여겼으며 또한 완상玩賞의 즐거움을 완성해주었다.

─임금(영조)의 성은으로 궁중 사포서˙ 별제˙직에 제수되셨다 들었습니다.

─예순 넘어 궁중 일이라니 생소하네만 다행으로 사포서에 제자 김홍도가 있어 많이 의지하고 있다네.

─김홍도가 도화서가 아닌 사포서에 배정되어 있다니요?

─사포서는 녹봉 없는 명예직이지만 실질적으론 궁중의 그림을 그리는 것이 그의 주 업무라네. 그래, 자네는 어인 일인가?

─지난 가을 최북과 함께 금강산에 다녀온 적이 있습니다. 최북이 그린 〈금강산전도〉 그림에 강평을 받고자 합니다.

─자네 열정을 누가 말리겠는가? 자네와 함께 금강산에 올랐으니 풍악산의 진수를 다 보았을 최북이 부럽네.

그림을 한동안 바라보더니 표암이 고개를 가로저었다.

─최북만의 거친 붓질이 없는 것이 아쉽네. 한마디로 기가 빠져 있어. 이리 얌전한 그림을 그릴 최북이 아닌데…… 그에게 무슨 일이라도 있었는가?

─누룩 향이 떨어져 그런가 봅니다. 헐성루에서 금강산 전경을 한동안 바라만 보고 쉽게 붓을 잡지 못했습니다.

─허허~ 천하의 최북도 기가 눌릴 때가 있다니 믿어지질 않네.

천하의 명인은 마땅히 천하 명산에서 죽어야 한다며 구룡연에 뛰어든 일과 심장이 오싹하고 뼛속까지 서늘해지는 휘파람 소리에 놀라 하늘로 솟구쳐 오른 까마귀들 광경까지 기이한 경험담을 늘어놓았다.

─그만이 가능한 일일세. 일전에는 붓으로 자기 눈을 찔러 사람을 기염을 토하게 하더니만 하여튼 기인은 기인일세! 그런 기인을 곁에 둘 수

있는 사람이 몇이나 되겠는가?

─기인이 아니라 저는 심장 떨어지는 줄 알았습니다.

─적어도 옳고 그름이 분명하니 주위가 혼란스럽지는 않지. 그렇지 않은가? 그래 자네는 이제 어디로 갈 참인가?

─이번에 송악산과 고려 옛 도읍지 송도를 탐방하며 무엇 때문에 매월당 김시습이 폐허를 찾아 자유롭다고 했는지 알고 싶습니다.

─나도 십 년 전에 송도를 다녀온 적이 있네. 묘한 인연이었지.

표암은 눈을 감았다. 이십 년 전⁽¹⁶⁹⁵⁾ 그의 아버지 강현姜鋧이 도승지로 있을 때 서파西坡 오도일吳道一 역시 제수되어 두 사람은 도승지로 만났다.

─서파가 내 부친을 위해 축병문逐病文을 지어주었었지.

─축병문이라면 질병을 물리치는 부적 같은 문장 말입니까?

─그럴 수도 있지만 서파의 축병문은 잡신을 쫓고 재앙을 물리치기 위해 몸에 지니거나 집에 붙이는 부적과는 다르네. 몸 안에 들어 있는 질병 귀신에게 이제 그만 나가 달라고 부탁하는 문장일세.

─그 덕에 질병이 물러갔나요?

─아닐세. 손을 든 것은 서파였지.

─사람과 질병 귀신이 문장으로 상충한다는 것이 참으로 익살스러운 장면 아닙니까?

─자네도 알겠지만, 박지원이 쓴 「호질」*과 비슷한 유형이라고 보면 될 것일세.

표암은 문집 속에서 필사한 종이를 꺼냈다.

─이 필사본은 내 아버님이 소중히 여기시다 귀양길에 오르면서 잘 간직하라 내게 부탁하신 문장이라네. 서파가 이른 새벽에 머슴을 시켜 고기와 술로 제상을 차리게 한 뒤 성심껏 절하고 질병 귀신한테 고한 글이지. 들어보겠나?

병자년(1696) 유월, 내 그대와 오랜 세월 함께했소. 먼 길 떠나갈 그 대를 위해 변변치 않은 고기와 술을 차려놓고 공손히 작별하고자 하는데 이제 떠나주시겠소.

이야기하듯 간찰을 읽는 그의 말속에 이별을 고하는 해학 같은 장난기가 들어 있었다.
—그러자 질병 귀신이 답을 보내왔지. 이렇게 말이야.

내가 자네 곁에 붙어 있는 것은 아프게 하려는 것이 아니라 자네를 복되게 하려는 것이네. 자, 생각해보게. 자네는 어려서부터 오만하고 사물을 가벼이 보고 옹졸했으니 남들과 다툼이 얼마나 많았는가? 그런 자네가 몸을 낮추게 하고 평정을 찾아준 것이 나였네. 그러고도 툭하면 마음에 들지 않는다고 성깔 부리고, 속 좁으니 너그럽지도 못하고 용서는커녕 화만 내는 자네의 몸에 붙어서 산 내 속은 어찌 되었겠나? 그런데도 나는 자네를 위해 못된 성질을 유순하게 이끌어주고 마음까지 잡아주었는데 이제 와서 몸이 좀 괴롭다고 나를 서둘러 내쫓으려 하는가?

이렇게 고기에 술까지 올리며 나가 달라 부탁했는데도 결코 호락호락하지 않는 질병 귀신의 일리 있는 답이 기막히다.
—자신이 붙어 있는 것이 오히려 복이라는 질병 귀신의 답이 재치가 있습니다. 그래서 서파는 어떻게 대처했습니까?
—그냥 당할 서파가 아니지. 바로 답을 했지.

아니다. 그대 말이 틀렸다. 그대가 내 몸에 들어오면서 성질이 괴팍

해졌다. 머리가 띵하고 온몸이 열에 끓고 배 속은 쓰려 먹을 것도 못 먹고 잠자리도 들 수 없게 만들었으니 내 의지와 상관없이 예민해져 신경질을 부리게 된 것이다. 그런데 오히려 복이라 여기고 쫓지 말라는 말이 가당키나 한가. 삼 년 동안 날 지긋지긋하게 괴롭혔으면 이제 나가는 것이 도리 아니냐?

—서파의 문장도 일리가 있어 보입니다.
—하하, 그런가. 내가 보기엔 질병 귀신이 써준 다음 문장 속에 정답이 들어 있네.

자네가 아픈 것은 내가 아니라 자네 스스로가 아프게 한 것일세. 사람의 몸은 천지 균형을 맞추어 만들어진 것인데. 자네 몸 균형을 누가 깨뜨렸나? 먹고 자는 것이 제멋대로여서 가래가 끓고 종종 온몸이 쑤시고 온갖 걱정으로 얼굴 찌푸리며 총명함마저 잃어버리고 오장육부가 제 기능을 못 하는데 내 어찌 자네 몸에서 빠져나갈 수 있단 말인가. 자네가 규칙적으로 생활하고 혈기 왕성하다면 내가 왜 자네를 아프게 하겠는가? 그때는 그깟 제물 안 차려줘도 난 주저 없이 떠날 것이네. 제 몸은 돌보지 않고 날 내쫓으려고만 하니 참 딱하기만 하오.

언제 읽어도 기가 막힌 논리라며 무릎을 치는 표암의 몸짓에 당신 아버지들이 나누었음직한 우정이 배어 있었다.
—남 못되게 방자하게 구는 사람들이 얼마나 많은가? 내 몸 불편하게 만드는 병이 오히려 제도濟度하고 있으니 내 부친께서 서파 문장에 반한 건 당연한 일이었지.
부친을 회상하듯 표암의 말투는 차분했다.

─그 뒤로 두 분은 어울려 서로 오가는 횟수가 많아졌고 아들들에게 우리의 우정과 인연이 대물림되기를 바라면서 어려울 때 외면하지 말라 간곡히 당부하셨지만, 자네가 알다시피 우리 집안은 가세가 기울어갔지.

표암의 가세가 기울어진 연유는 나도 잘 알고 있었다. 부친 강현이 예조판서로 있을 때 아들 강세윤이 과거 시험 부정 사건에 연루됐다. 아버지는 파직되어 귀양 가고, 아들은 유배를 떠난 이후 가세가 급격하게 기울었다. 당시 성리학이 기본이었던 조선의 분위기는 어떤 이유나 명분보다 체면이 우선시되는 사회였다. 그렇기에 한솥밥을 먹지도 않는 팔촌까지 공동 책임을 져 평생 과거에 응시하지 않는 것이 관례였다.

젊은 날에 벼슬길이 막혀버린 표암은 가난을 견디지 못하고 처가가 있는 안산으로 내려올 수밖에 없었다. 궁핍한 살림에도 그가 거문고를 벗하며 학문과 회화 예술에 정진할 수 있었던 것은 부인 유 씨 덕분이었다. 빈곤한 살림살이에도 처남 유경종의 배려와 보살핌으로 수많은 문인과 교류하며 높은 안목과 학식을 키울 수 있었다.

─서파 도승지의 아들 오수채吳遂采가 송도 유수留守로 있을 때 어른들의 유언에 따라 말과 사람을 보내 날 초청했지.

─그 오랜 세월 이어온 아버님들의 우정을 기억하고 초청한 거군요?

─그렇지. 한여름 그곳 송도에 머물면서 극진한 대접을 받고 송도 명소를 유람하는 호사도 누렸었네. 하지만 마음이 편치만은 않았어. 물론 내 조부와 부친께서 정2품 이상 벼슬을 한 집안이었지만 가세가 이리 기울었으니 난 죄인 된 기분이었네.

─그 심정이 이해됩니다. 신원 회복이 조금 더 빨리 이루어졌으면 얼마나 좋았겠습니까? 하지만 뒤늦게라도 임금(영조)께서 기로소연회耆老所宴會를 기억해주셨고 조정에 나가게 되셨으니 그나마 다행입니다.

─전하의 성은에 감읍할 따름이지. 그런데 말일세. 송도에서 그림 산

수병에 걸린 사람을 만났지 무언가?

산수병? 내가 짊어지고 있는 병이 산수병인데 그림 산수병이라 한다면 산수화에 미친 사람을 말하는 것 아닌가?

—오언사吳彦思라고 오수채의 손자일세. 회화에 식견을 가지고 있고 집안이 온통 그림첩뿐이었네.

—그림 산수병이라면 와유臥遊를 말씀하시는 것인지요.

—그렇다네. 전국을 몸소 유람하는 것이 어렵다는 것을 알고 문밖출입하지 않은 채 방구들 짊어지고서 그림 속 산수만 구경하는 고질 산수병이지. 중국의 영향을 받아서인지 괴석 그림들이 많더군.

—그래서 어르신도 송도 풍경을 화폭에 담으셨겠군요.

—오언사의 성화에 못 이겨 안 그릴 수가 없었네. 아침저녁으로 기이한 문장과 화제를 가져와 뜻을 구하는 열정은 처음 보았네. 나는 송도와 북쪽 성거산聖居山, 오관산五冠山, 천마산天摩山 주변을 비롯해 열여섯 장을 그리고 발문도 달아두었지. 아직도 대흥사大興寺 관음굴에서 보낸 한여름 밤의 정취를 잊을 수가 없네.

—그것도 그림으로 남기셨겠군요? 저도 한번 보고 싶습니다.

—송도에 가면 오언사를 찾아가게나. 화첩을 볼 수 있을 것이네. 후에 만나게 되면 감상한 소회를 내게 꼭 들려주게.

표암은 송도에 초대받아 갔던 일을 항상 가슴에 담고 살았다. 삼 년 뒤 오수채가 세상을 떠나는 바람에 답례할 기회조차 잃어버렸음을 안타까워했다. 송도로 향하면서 오언사가 어떤 사람인지, 어떻게 그린 송도 그림이기에 감상한 소회를 꼭 말해 달라 당부하는지 궁금했다. 무엇보다 《송도기행첩》*이 보고 싶다.

한마디로 오언사는 그림광이었다. 방 안 절반이 화첩과 풍경 산수화로 꽉 차 있었다. 사방탁자는 칸칸이 화첩들로 쌓여 있었고 서탁書卓 위에는 족자와 그림들이 켜켜이 말려 있었다. 오른쪽 벽면은 중국의 기이한 풍경들이, 중앙에는 겸재가 그린 〈금강산전도〉와 한강에 배 띄워 산수를 즐기는 한유閒遊 그림이 걸려 있었다.

─창해일사 정란입니다.

─잘 오셨습니다. 표암 어르신께서 조선 천지에 발자국을 남기려는 사대부 등반 여행가가 있다 하시면서 한 번은 만나게 될 거라 하셨습니다.

인연은 또 다른 인연을 기다리게 만든다. 오도일과 강현의 우정이 오수채와 표암의 인연으로, 나와 표암과의 인연이 오수채의 손자 오언사를 만나게 했다.

─예전 금경禽慶과 상장尙長은 자연을 직접 봐야 한다며 다리품 파는 고생만 했는데 창해께서도 그와 다를 바 없어 보입니다.

─허허, 나는 그림첩만으로도 감히 자연의 뜻을 나눌 수 있다 하는 공이 놀랍습니다. 하지만 명산대천은 직접 찾아가는 수고로움이 있어야 산수의 맛이 살아나지요.

─저야 보고 싶은 산수가 있으면 언제든 첩만 펼치면 볼 수 있으니 아무리 생각해도 제가 한 수 위 같습니다만.

산수병 동지이기에 서로의 말과 눈길 속에 정감과 장난기가 가득했다. 찻물이 미처 식기도 전에 산수화 첩을 서둘러 펼쳐 든 그는 그림 속 풍경이 실제 풍경과 같은 모습인지, 그곳 풍광이 계절 따라 어떻게 달라지는지, 꼭 가봐야 할 곳은 얼마나 되는지, 지금까지 가본 곳은 어디인지, 금강산은 몇 번 올랐는지 두서없이 물어왔다.

─사람들이 결코 흉내낼 수 없는 정직함이 자연 속에 있습니다. 사람의 발길이 닿지 않은 신비로움을 어떻게 이해하시렵니까? 화원이 그린 그림만 보고 마치 눈으로 본 것처럼 상상하는 것은 우물 안 개구리가 바

길 위의 인연

깥세상을 이야기하는 것과 다를 바 없습니다.

　—하하, 저도 그림 속 풍경이 실제와 같은 것인지 늘 의구심을 지울 수 없었습니다. 그런 점으로 볼 때 직접 산하를 주유하는 공의 용기가 부럽습니다.

　《송도기행첩》이 서탁 위에 놓였다. 어떤 필치의 그림들일까! 첫 장을 넘기자 송도 전경이 펼쳐진다. 남대문 뒤로 이어진 대로의 끝 쪽으로 송악산이 아스라이 우뚝 서 있고 뒷장에는 화담, 백석담, 백화담, 대흥사, 청심담, 영동통구, 대승당, 태종대, 박연 폭포, 태안승경인 낙월봉과 태인창 태안석벽과 만경대가 차례대로 그려져 있다. 표암의 성품 그대로 담백한 붓질의 송도 풍경들이 첩 속에 담겨 있다.

　—바위가 어우러진 그림이 많군요.

　—바위 같은 믿음, 저희 집안 가풍입니다. 변치 않는 신의를 중대시하셨던 조부께서 표암 어르신을 송도로 초청하신 것도 그렇고, 삼척 부사로 계실 때 죽서루 암벽에 글자를 새겨놓은 것도 그런 뜻 아니겠습니까?

　알고 보니 바위 예찬론자 집안이었다. 밥상 위에도 바위 반찬이 놓일 정도라 하니, 기이한 수석을 좋아해 괴석으로 정원을 꾸미고, 방 안에도 들이는 중국 사람 못지않았다. 그림을 부탁받은 표암이 바위와 못이 많은 승경을 그릴 수밖에 없었던 이유도 여기에 있었다.

　오언사는 그림 속 풍경 현장을 안내했다. 그림을 따라 실경을 찾아가는 역기행은 처음이었다. 송악산은 이름대로 산 전체가 바위와 소나무로 어우러져 있었다. 동남으로 흘러내린 청룡 기운보다 서남으로 흘러내린 백호 기운이 강해 명재상이 드물고 무신들이 자주 싸움을 일으키는 풍수다. 성거산과 천마산을 오르며 태종대와 박연 폭포에 이르자 《송도기행첩》을 펼쳐 들고 비교하는 오언사의 모습은 물 만난 물고기였다.

　"이 첩은 세상 사람들이 일찍이 한 번도 보지 못한 것이다此帖世人不曾一

目擊." 표암의 발문에 이러한 평이 적혀 있었다. 무엇 때문에 내게 그림을 본 소회를 들려 달라고 했는지가 비로소 이해되었다. 지금까지 본 적 없었던 원근법과 맑은 담채를 사용한 시대를 앞서간 그림들이었다.

오언사의 집에서 나온 뒤 황폐해진 고려 옛 궁궐터 만월대滿月臺로 향했다. 왜 김시습은 이곳을 거닐며 자유롭다 했을까? 스쳐 지나가는 바람에 걸리는 것이 없어서일까? 눈을 감고 길가에 버려진 사육신의 시신을 노량진 언덕에 묻으며 예를 다하는 승려의 모습을 머릿속에 떠올렸다.

머리는 깎고 수염을 기른 승려. 웅성거리며 쳐다보는 사람들에게 승려가 일갈한다.

—머리를 깎은 것은 세상을 등지기 위함이요, 수염을 기른 것은 장부의 기상을 나타내기 위해서다!

시신을 옮기느라 의복과 온몸은 피와 땀으로 범벅이 된다. 마침내 개울에 들어가 피를 흘려보내며 눌러 참았던 통곡을 풀어놓는다. 그 소리가 골골을 메워나간다. 젖은 옷을 그대로 입고 체온으로 다 마를 때까지 상중이라며, 스스로를 방외인方外人이라 부르며 울부짖는다.

시속에 개의치 않고 통속에 빠지지 않는다는 것을 알리기 위해 시커먼 벙거지를 뒤집어쓰고 길을 떠났던 김시습. 그는 첫 방랑지로 송도 만월대를 택했다. 고려 흥망의 허무함을 시로 짓고 왕이 찬탈에 대한 울분도 시로 지었다. 그리고 불태우며 껄껄 웃었다.

그래도 다 토해내지 못한 미련에 울컥했을까? 뒤틀어진 심사를 내려놓고 할 수 있는 저항이라곤 시를 짓는 것뿐. 또 한 번 휘갈겨 쓴 비애가 목울대를 치고 나가고, 옹골찬 저항의 글이 되어 임진강 물에 띄워졌다.

폐허가 된 황궁 터에서 비로소 스러진 것을 받아들인다. 김시습은 울분을 가라앉히고 자유를, 나는 새 삶을 얻는다. 김시습이 찾았던 자유로

길 위의 인연

움은 권력 무상이자 정처 없는 유랑이었지만, 내가 찾고 걷는 자유로운 발길은 동경이자 출발이다. 나나 김시습이나 떠나지 않았으면 어떻게 삶을 지탱했을까? 미쳐 울부짖지 않았으면 한평생 곰삭은 꽁생원이 되었을 것이다.

둥지를 찾아 떠나는 새소리가 들렸다. 떨어지는 석양은 다시 내일이 온다는 것을 아는 것처럼 느긋하다. 노을빛으로 얼굴을 씻자 보랏빛 향기가 났다. 천재의 몸부림에 대비되는 우둔한 소걸음이지만 결코 허공을 가르는 헛발질은 아니 될 것이다.

강세황, 《송도기행첩》 중 〈송도 전경〉. 종이에 담채, 1756, 32.8×53.4cm, 국립중앙박물관.
상단 중앙의 송악산과 그 앞에 펼쳐진 송도 전경 그리고 맨 아래에 남문루가 묘사되었다.

《송도기행첩》 중 〈박연 폭포〉. 송도삼절 중 하나인 박연 폭포와 대흥산성의 북문인 성거관, 문루 등 주변의 경물이 모두 묘사되었다.

송악산은 이름대로 산 전체가 바위와 소나무로 어우러져 있었다. 동남으로 흘러내린 청룡 기운보다 서남으로 흘러내린 백호 기운이 강해 명재상이 드물고 무신들이 자주 싸움을 일으키는 풍수다. 성거산과 천마산을 오르며 태종대와 박연 폭포에 이르자 《송도기행첩》을 펼쳐 들고 비교하는 오언사의 모습은 물 만난 물고기였다.

제발 집으로 돌아오라

백두산 생각뿐이다. 내가 죽기 전에 백두산에 오를 수 있을까? 일전 백두산을 가볍게 보고 오르려다 첩자로 몰려 불귀의 객이 될 뻔한 적이 있었다. 아무리 철저하게 준비한다 해도 성공을 보장하지 못하는 곳이다. 넉넉잡아 일 년은 족히 걸리는 멀고 험하고 위험한 여정. 어쩌면 마지막 도전이 될지도 모른다.

송도를 떠나 마릉으로 돌아오면서 한양 도성 안에 들었다. 을미년(1775) 겨울, 궐 안 사정은 심상치 않다. 임금(영조)이 병환이 날로 깊어가자 세손에게 대리청정을 맡기려 했는데, 좌의정 홍인한이 노론의 의견을 규합해 '죄인의 아들은 군주가 될 수 없다. 차라리 도끼에 베어 죽는 한이 있더라도 결코 받들어 행할 수 없다'며 왕위 계승을 반대한 것이다. 집권 세력인 노론과 등 돌린 외척들이 세손의 왕위 계승을 막기 위해 협박하고 암살을 모의한다는 소문까지 무성하게 나돌았다. 무관심해지려 할수록 머릿속은 호두알들이 부대끼는 것처럼 요란스러워 머리를 털며 도성을 빠져나왔다.

마릉으로 향하는 발걸음이 무거웠다. 게다가 바람은 차고 날씨는 매서워졌다. 겨울이 오기 전에 등반 여행을 마쳤어야 하는데, 송도의 옛터에서 해찰하며 뜸 들인 것이 그만 달포 넘게 지체되었다. 이 정도 추위에는 이골이 날 만도 했으나 이번 계절은 유난히 고생스럽다.

겹으로 이어진 산 그림자가 고향 뒷산을 닮았다. 저 골 아래 내를 건너면 내 집이 눈앞에 있을 것만 같은데…… . 아들 기동이 죽고 집에는 아내와 며느리밖에 없으니 살림은 궁색할 터이고, 이 엄동설한을 어찌 버티고 있는지 궁금투성이다.

춥고 배고프면 더 서글퍼지는 법. 생각해보면 내 주위에는 힘들고 고생하는 사람과 동물뿐이다. 이 신세는 살아서 갚기는 틀렸고 다음 생을 기약해야겠다. 아쉬운 대로 내 말가죽 신을 팔아 노잣돈을 마련하고 동상에 걸리지 않도록 여정을 늦춰가며 마릉에 이르렀다.

비록 허름한 농가지만 머물 곳이 있다는 것만으로도 행복하기 그지없다. 정처 없이 떠돌다 보니 더욱 간절하다. 오래전 도착한 듯 주인을 기다리며 누렇게 변색된 동향의 벗 조술도의 간찰이 눈에 띈다. 지기의 얼굴을 보는 것처럼 반가웠다.

노형! 매화나무 가지 끝에 봄소식이 무르익었는데 노형은 어느 곳에 여장을 풀고 계신지요. 아무리 추운 날씨라 해도 꽃망울 터지면 봄이 오건만 노형의 발걸음은 예측하기 힘들더이다. 지금은 어디입니까? 예전 신의 한 수라 자랑하던 여주의 마릉입니까? 아니면 김천의 금석金石 옛집입니까? 계획을 세워 움직이는 노형이니 분명 명산을 등반하고 역사 유적지를 탐방하고 있겠지만 혹 홍수나 가뭄이나 비바람을 만나지는 않는지…… .

일전 가고 싶다던 송도를 거쳐 평양 동명성왕 능을 들른 후 묘향산을 오르고 내친김에 의주까지 당도해 계신 것인지, 아니면 계획을 바꾸어 굽이치는 동해 낙산사와 고성 총석정을 지나 금강산 비로봉 안개

속에 신선으로 있는 건 아닌지……. 어느 곳으로 노형의 발끝이 튈지 모르니 소식 전하는 사람만 궁금해 죽을 지경입니다.

조선 팔도가 좁다 한들 동으로 서로 남으로 북으로 내쳐 달려도 두려워하지 않는 그 배포는 도대체 어디에 숨어 있는 겁니까? 스스로 방랑벽을 없애버리겠다며 부지깽이로 그 근원을 찾아 배꼽을 지질 때 만해도 이제 가장으로서 집에 있겠다 싶었는데 어느새 평안도, 함경도, 강원도……. 도저히 감 잡을 수 없게 되었소이다.

평생 가족 생각하지 않고 주유만 하렵니까? 규방을 지키며 장탄식 늘어놓는 안사람이 눈에 밟히지도 않는단 말이오? 혼례 후 얼마 되지 않아 청상과부 된 며느리에게 미안하지도 않소? 잠 못 이루고 좁은 어깨를 들먹거리며 숨죽여 우는 그 한스러움을 무심하게 지나친다면 어느 누가 올바른 대장부라 이르겠소이까!

내친김에 한마디 더 해야겠소. 만경 석연년은 술배가 너무 커서 적은 녹봉으론 도저히 취할 수 없음을 한탄하며 술을 실컷 마시는 환상에 젖어 살면서 입 안에 침이 마를 정도로 늘 불만이었소. 그처럼 만경에게 전염된 사람이 노형 말고 누가 있겠소? 세상에는 중도中道라는 선線이 있소. 그 선을 넘어섰는지 미치지 못했는지 한평생 사마천의 옛글을 읽으신 노형이 '나는 모르는 일이오'라고 발뺌하지는 않으시리라 믿으며 이만 줄입니다. 너무 과했다면 이는 남겨진 가족의 뜻이니 어찌하겠소.

만곡 조술도 경배

매화 가지에 봄기운이 무르익었다는 것으로 보아 찬 기운에 봄바람이 섞인 이른 봄인 듯하다. 아마 반년이 다 되어가는 간찰일 것이다.

글씨체에서 화가 많이 나 있음을 알겠다. 정갈하던 그의 글씨가 간찰

길 위의 인연

중간을 넘어서면서부터 먹물 찍어내는 것이 성급해지고 붓끝이 과격하게 꺾였다.

청년 시절 청량산에서 우연히 만나 인연을 이어오다 조카딸을 출가시키며 사돈까지 맺게 되었는데…… 조카사위이자 내 아들이 이른 나이에 세상을 뜨고 조카딸은 청상과부가 되었다. 귀한 딸을 내어준 형제에게 고개를 들지 못할 처지가 되었으니 근심을 섞어 빨리 돌아오라 독촉하는 것도 당연했다. 수일 내 돌아가지 않으면 이곳까지 찾아올 기세였다.

여장을 풀고 붓을 들었다.

나의 벗 만곡! 간곡한 부름에 답하오.

송도와 송악산으로 떠나기 전 표암 강세황 어른을 찾아뵈었소. 그 어른은 선대 어른들의 좋은 대물림 인연으로 송도에 머물면서 초청에 보답고자 송도의 명소들을 그려 남겼는데 그 집안에서는 《송도기행첩》으로 만들어 귀하게 보관하고 있었소. 나는 운 좋게도 그 첩을 감상하며 그림 속 명소들을 탐방할 수 있었다오. 그러한 운과 복은 떠나지 않으면 얻지 못하는 것들이었소.

그대가 내 처지를 빗대어 말한 기인 만경처럼 나는 불만에 차 있는 사람이 아니오. 단지 산천과 역사에 대한 욕심이 조금 과할 뿐이라오. 어서 집으로 돌아오라 독촉하는 사돈의 마음이야 잘 아오만 난 아직 조선의 영봉인 백두산과 한라산 정상을 밟아보지도 못했소. 두 영산을 오른 다음 그 이후를 생각해볼 참이오. 면목 없기가 어제오늘만이 아니구려.

창해일사 정란 경배

얼마 후 마쟁이에서 군부로 승급한 상칠이 인사차 찾아왔다. 그의 뒤에서 누군가가 불쑥 얼굴을 내밀었다.

—어르신, 오랜만에 뵙습니다!

수돌이었다. 얼마 만에 보는 얼굴인지! 최북과 함께 올랐던 금강산을 끝으로 수돌이를 마릉으로 돌려보냈었다. 어엿한 청년이 된 수돌은 마쟁이를 대물림하며 장가를 들어 벌써 남매를 두고 있다 했다.

수돌이를 알아본 청풍이 반갑다고 배를 드러내고 뒹굴었다. 수돌이도 활짝 웃으며 청풍을 마구 쓰다듬었다. 하기야 오랜 시간 내 수행 동자 노릇을 하며 한양에서 황해도, 평안도, 묘향산, 함경도까지 함께했고 관동대로를 따라 원주, 횡계, 강릉, 삼척, 평해, 울진, 부산까지 갔다가 동해안을 돌아 오대산, 태백산, 함백산, 두타산, 청옥산, 설악산, 금강산까지 함께 누볐으니 그럴 만도 하다.

자식 자랑하는 수돌의 말투에 흥이 묻어났다. 살아 있었다면 아들 기동도 자식을 보고 내게 저렇게 자랑했을 터인데……. 기동 얼굴이 떠올라 목울음을 삼키었다. 마릉 식구들과 그간의 회포를 풀면서도 내내 허전한 마음이 지워지지 않았다.

성급한 봄바람이 불어올 무렵, '옥새를 왕세손에게 전하라'는 임금의 전교傳敎가 들려왔다. 결국 오십일 년간 군림하던 영조가 승하하고 대리청정하던 세손이 왕위에 오른 것이다.

—세손께서 즉위하면서 '나는 사도세자의 아들이다'라고 천명했다지. 외척과 노론 세력들이 어찌 될지 눈에 선하네.

민심은 피바람이 불어올까 싶어 앞으로 전개될 상황을 궁금해했고, 마릉은 궁금해할 새도 없이 바쁘게 돌아갔다. 조선 팔도로 파발마를 띄우는 일이 많아지자 조정에다 말을 공급하던 이곳도 덩달아 바빠진 것이다.

말들은 주로 한양까지 이어진 뱃길을 이용해 옮겼는데, 사람 손에 민

길 위의 인연

감한 말의 특성상 한양 옆 마장동까지 마쟁이들이 따라나섰다. 이 일에 말 다루는 솜씨가 뛰어난 수돌이 차출되기 일쑤였다. 일 처리 또한 능수 능란해 신망도 높았다.

수돌은 어릴 때 나를 따라 조선 팔도를 유람하며 배운 살아 있는 경험 때문이라며 겸손해했다. 하지만 팔도를 유람하는 동안 제대로 먹이지도 씻기지도 못해 손발이 부르트고 까칠했던 지난 어린 모습이 떠올라 애잔 하면서도 한편으론 대견스러웠다.

그사이 경상도 영양에서 심부름꾼이 도착했다. 그는 조술도의 간찰을 전달해주며 말했다.

—어르신을 만나거든 반드시 답을 받아 오라 하셨습니다.

—잠시 요기하며 기다리게. 선뜻 돌아가겠단 답을 주지 못하니 자네의 발품이 아까울 뿐이네!

노형! 일전 간찰에 보태 한마디 더 해야겠소. 늘 술병을 허리에 차고 다니며 취해 살면서 이웃들에게 삽을 들리고는 자신이 죽거든 묻어 달 라 호기를 부렸던 백륜伯倫이란 이는 광달曠達한 사람입니다. 그 백륜과 비교해도 노형이 뒤지지는 않을 것이오.

늘어놓은 김에 한마디 더 해야겠소. 보병步兵이란 이가 있었소. 천성 이 방달放達해 마음 닿는 대로 수레를 타고 다니다가 길이 막히면 통곡 하며 돌아오고는 했다오. 노형은 정신 나갈 정도로 열심히 다니기를 반복하는 보병을 닮아가고 있는 듯하오.

나는 고리타분한 서생 같은 그런 사람이 아니오. 우리가 정해놓고 사는 경계는 늘 아슬아슬한 법, 넘치더라도 눈감아줄 수 있는 정도라 는 것이 있소이다. 이것마저 나는 모른다 하지는 않을 것이오.

만곡 조술도 경배

냉큼 집으로 돌아오라는 독촉 속에 원망이 담겨 있었다.

─그 어르신은 요즘 무얼 하고 계시느냐? 따로 부탁한 것은 없더냐?

나는 심부름꾼에게 근래 근황을 앞뒤 없이 물어보았다. 하지만 그는 아는 것이 없었다.

날 아무리 책망하고 원망해도 나는 자네 간찰을 읽는 것이 반가울 뿐이네. 바로 붓을 들어 답한다네. 오월이 오면 여암 신경준을 찾아 뵐 생각이네. 백두산과 한라산 지리에 대한 자료와 정보도 얻고 자문을 구한 다음 백두산을 오를 계획이네. 자네의 뜻대로 모든 것을 포기하고 돌아가겠노라 답을 못해 미안하네만 두 영산을 떠나기 전에 고향 집에 들러볼 참이네. 면목이 없어 이만 줄이네.

창해일사 정란 경배

집으로 서둘러 돌아가겠다는 시원스러운 답을 하지는 못했지만 여운은 남겼으니 내 심중을 이해해줄 것이다. 벌써 내 나이 쉰다섯 살이다. 더 이상 지체할 시간도 여유도 내게는 없다.

신경준이 순창으로 낙향했다는 소식을 들었다. 백두산이 나를 기다리고 있다. 영산의 기다림을 그냥 지나치는 것은 도리가 아니다. 발끝으로 힘이 전해졌다.

길 위의 인연

제3부

조선의 바람 백두산을 뒤덮다

손안에 조선을 담다

―절 기억하시겠습니까?

새까맣게 그을린 얼굴에 볼 양쪽으로 툭 튀어나온 광대뼈와 움푹 팬 눈두덩이. 이국적인 내 모습을 보자 그는 놀란 표정을 지었다.

―백두산 등정하다 첩자로 몰렸을 때 제 누명을 벗기고 방면해주시지 않으셨습니까? 창해 정란이옵니다.

―아니, 이 사람 아직 살아 있었나? 눈빛만 형형하게 살아 외골수의 진상처럼 그렇게 산을 좋아하더니……. 예서 이리 만나다니.

망건 옆으로 귀밑머리가 희끗 삐져나왔을 뿐 겉으로 풍기는 기풍이 남다르고 기골 장대한 풍모는 여전해 보였다. 여암 신경준이다. 그는 제주 목사를 지내고 순창에 머물러 있었다. 육 년 만의 재회였다.

여암은 조선에서 지리에 가장 밝은 일인자다. 산천을 사람의 뼈와 살로 비유해 기가 흐르는 생명체로 보았고, 대간과 정맥으로 구분해 한 치 오차도 없는 정확한 지도 제작에 심혈을 기울인 실천가이자 실학자였다. 그런 지리적 전문 지식과 재능을 영조에게 인정받았다.

병조참지*로 봉해지며 조선 팔도 지도를 만들라는 어명을 받은 그는 정항령*이 그린 지도를 바탕으로, 조선 산하와 삼백삼십여 개의 군현을 세로 칠십육, 가로 백삼십일 선의 좌표로 나눠 동일하게 축소해 〈동국여지도東國輿地圖〉를 그려냈다. 이어 조선 팔도별 군현을 표기한 〈열읍도列邑圖〉까지 만들었다.

그가 만든 대축척 지도를 각기 연결하면 조선 팔도 땅 모양이 온전히 펼쳐졌다. 게다가 한양을 중심으로 한 각 군현 방위를 가늠할 수 있을 뿐 아니라 거리까지 정확하게 측량할 수 있는 기밀한 정보들을 확인할 수 있었다.

이후 여암은 북청 부사로 있을 때 〈강화이북해역도江華以北海域圖〉(214~215쪽)를, 강계 도호부사로 있을 때 〈북방강역도北方疆域圖〉(218~219쪽)를 실전에 맞게 만들었다. 그 지역들이 청나라와의 영토 시비 문제로 한날한시도 긴장을 늦출 수 없는 지역이었기 때문이다.

나는 마흔여덟 살이었을 때 여암과 만났다. 영산 백두산을 오르기 위해 압록강을 거슬러 나아가다가 그만 첩자로 몰렸는데, 당시 강계 도호부사였던 여암이 나를 직접 심문했다.

국경 지역을 허락도 없이 어슬렁거리고, 국가 중대 기밀문서로 취급되어 함부로 소지할 수 없는 지도가 행낭 속에서 나온 내가 수상했을 것이다. 또 당시는 이국에서 밀파된 첩자들이 좀 더 정확한 지도를 그려가기 위해 빈번히 출몰하던 민감한 시기였다.

그는 내 행장을 세세히 수색했다. 그때 가죽 주머니 속에는 산행 여정을 적은 산유기山遊記와 평생 산을 오르는 것을 예찬한 글, 몸 건강히 잘 다녀오라는 지인들의 격려 문장이 함께 묶여 있었다. 그중에 문장가로 이름난 강세황, 이용휴, 이가환이 지어준 글도 있었음은 말할 것도 없다.

여암은 한 글귀를 반복해서 읽으며 나를 살폈다.

"지금 가고 있는 길은 결코 헛되지 않은 것이니 정진하고 또 정진하라.

언젠가 백두산을 오르게 되면 그 감흥을 자신에게도 들려 달라."

사족 없는 깔끔한 문장과 필체가 돋보이는 이용휴의 글이었다. 여암의 눈빛은 이국적인 몰골에 비렁뱅이나 다를 바 없는 행장으로, 대체 무슨 연관으로 명문장가의 찬문까지 받아 소지하고 떠도는지에 대한 의문과 호기심으로 가득 찼다. 또한 소중히 여겨 잘 철한 글들은 이미 십여 년에 걸쳐 기록된 것들이었다. 겉보기와 행동거지도 첩자의 기민성과는 거리가 멀어 보였는지, 여암은 약초를 캐는 심마니도 아닌데 산을 헤매는 연유가 무엇인지 하문했다.

내 자초지종을 듣던 그는 어이없게도 산에 미친 산쟁이라며 포박을 풀게 하고 방면하라 일렀다. 게다가 내가 산행을 무탈하게 이어갈 수 있도록 허가증까지 써주며 "반드시 뜻을 이루라"는 말도 잊지 않았다.

다시 만난 여암에게 혜환이 써준 간찰을 올렸다.

여암께 몇 자 적습니다.

우선 오랜 기간 닦은 학문을 실용에 접목시키는 실천적 물음에 존경을 표합니다. 조선의 지리를 꿰뚫어 보는 안목과 〈동국여지도〉 제작과 그에 따른 많은 저술은 칭송되어야 마땅합니다.

제 주위에는 타고난 역마살을 주체하지 못하고 조선 천지의 산천을 두 발로 누비는 사람이 둘 있사온대, 하나는 제 사위 허만이고 또 다른 이는 창해 정란이란 자이옵니다. 천하태평 한량 같은 이자들이 평생하는 일이란 조선 팔도 산이란 산은 다 주유하며 자신들의 발자취를 남기는 일입니다.

일전 창해가 백두산을 주유하다 첩자로 몰려 위험에 봉착해 있을 때 제 글을 읽고 방면해주시어 목숨을 부지케 하였다는 이야기를 들었습

니다. 그리고 이번에 순창에 계신 여암을 찾아뵙는다 해 경의를 표하
고자 붓을 들었습니다.

산중의 산인 백두산과 한라산은 함부로 오를 수 없는 신성한 곳이
기에 늘 가슴에 품고 있을 뿐 가벼이 접근하기 어렵습니다. 더욱이 남
과 북 끝단에 있어 오를 수 있는 기회 또한 적을 수밖에 없을뿐더러 한
번 실패하게 되면 몇 년을 헛되이 지나치게 됩니다. 이들이 모든 산 정
상을 찍었다고 그 뜻을 다 취했다 할 수는 없겠으나 조선 산천을 가슴
에 품고자 하는 야망의 발로는 기특하지 않습니까? 조금만 뒤집어보
면 조선에 대한 사랑이겠지요. 그 열망을 내치지 마시고 고귀한 자료
와 경험담을 익히 일러주시고 가르침을 베풀어주신다면 훗날 큰 빛을
보게 될 것입니다.

추가로 적습니다. 창해에게는 기동이란 외아들이 있었는데 지난해
열여덟 나이에 홀연히 죽고 말았습니다. 그런 연유로 평생 이어온 산
행의 뜻이 꺾일까 염려했으나 이제야 상심에서 벗어난 듯합니다. 잘
극복할 수 있도록 따듯한 위로와 격려 주시길 당부드립니다.

혜환 이용휴 경배

혜환의 간찰을 읽어 내려가는 두 눈이 빛났다. 혜환의 학식과 명망은
누구에게나 널리 알려져 있다. 그런 그에게 뜻하지 않게 손수 쓴 문장까
지 받아 읽게 되었으니 감동이 몰려오는 것은 당연해 보였다.

—그래, 아직도 청노새를 끌고 두 발로 조선 천지를 누비고 다니는가?

여암은 아랫사람을 부르더니 방에 불을 들이고 술 한 상 마련하라 일
렀다.

—여전합니다. 산수에 미친 버릇을 버리지 못하고 방랑하고 있습지요.

—내 한 번은 꼭 다시 만나고 싶었네. 언젠가 날 찾아줄 줄 알았지.

곧 정갈하게 차려진 술상이 들어왔다.

—호기롭게 세상 주유를 꿈꾸는 사람들은 어르신 가문의 명성을 칭송하며 닮고 싶어 합니다.

내 말이 끝나기 무섭게 여암의 목소리가 일순 격앙되었다.

—자네, 명성이라 했는가?

되물어오는 그의 눈두덩이 미세하게 떨렸다. 아차 싶었지만 이미 엎어진 물이었다.

수양대군이 단종을 폐위하고 왕위에 오르는 일에 일등공신이었던 신숙주에게는 신말주라는 동생이 있었다. 그러나 그는 형과 달리 신하 된 도리란 두 임금을 섬기지 않는 것이라며 지체 없이 벼슬을 버리고 처가인 순창으로 낙향했다. 혈육보다 충신의 절의가 우선이었던 신말주의 10대 손이 바로 신경준이었다.

그런데 조선 최고 지리학자와 술잔을 마주하고 있다는 믿기지 않는 기분에 취해 그만 출세와 관직보다 명예를 존중해온 것을 깜빡하고 가문의 명성 운운하는 결례를 범하고 말았다. 여암은 말없이 술잔을 비우고 다시 채우고 또 비웠다. 그 움직임이 흔들리는 불빛을 따라 문 창호지에 투영되었다.

수양대군과 신숙주는 속 터놓고 지내는 동갑내기 오랜 지기다. 단종이 즉위하자 수양대군은 명나라에 즉위를 알리는 사은사*를 자처하며 신숙주와 동행했다. 권력에 대한 욕심이 없다는 것을 공공연히 알리려는 의도였다. 일 년 후, 계유정난으로 실권을 장악한 수양대군은 단종을 상왕으로 올리고 왕위에 올랐다. 그라곤 신숙주를 주문사*로 내세워 자신의 즉위를 명나라에 알렸다.

세종의 총애를 한 몸에 받던 성삼문과 신숙주는 문장이 뛰어난 집현전 학자였다. 훈민정음 창제 작업에 함께 몰두했던 두 사람은 한림학사

황찬黃瓚을 만나기 위해 열세 번이나 명나라를 왕래하며 훈민정음의 음운을 함께 고민하고 연구하는 동지로서 우정을 쌓아왔다. 하지만 정치적으론 두 사람이 가는 길이 전혀 달랐다.

성삼문은 수양대군의 왕위 찬탈이라는 불의에 온몸으로 맞서다 처형된 반면, 신숙주는 수양대군을 도와 병조판서, 우의정을 거쳐 영의정까지 승승장구했다.

민심은 정직했다. 죽음으로 의리를 지킨 성삼문은 충신의 대명사로, 신숙주는 수양대군을 곁에서 역모를 도왔다는 이유로 변절자의 표상이 되었고, 백성들은 녹두에 싹을 내서 먹는 나물인 두아채豆芽菜를 쉬이 상하는 숙주로 빗대어 불렀다.

이것으로 모든 것이 물거품이 되는구나! 무거운 침묵 속에 온몸의 기운이 빠져나가며 달떴던 희망이 절망으로 떨어지고 있었다. 그때 여암이 술잔을 내려놓았다.

─우리 가문의 허물인 것을 누굴 탓하겠는가? 내 속이 좁아 드러내지 말아야 할 소인배 모습을 보이고 말았네. 취기가 더하기 전에 자리를 옮기세.

노송이 줄지어 있는 오솔길을 따라 귀래정歸來亭에 올랐다. 신말주가 자신의 호를 따 이름 짓고 불사이군不事二君의 절의를 지키며 은둔 생활을 했던 곳이다.

파란 하늘을 배경으로 버선코처럼 치켜 올라간 처마 끝에는, 단단하면서도 고집스러운 가풍이 엄하게 서려 있었다. 아래로 사방이 확연한 가운데 강천산에서 발원한 경천鏡川 강물이 황혼을 받아내 붉게 물들고 대숲사이로 신씨 가문의 세거지世居地 모습이 아늑하게 자리하고 있었다.

─제가 그만 환대에 들떠 경솔을 범하고 말았습니다.

수백 년간 내려온 충절에 대해 우를 범한 죄스러움이 고스란히 드러난 내 얼굴을 바라보던 여암이 입을 뗐다.

─더 이상 개의치 말게. 이런저런 생각으로 지내던 차에 최고 문장가 혜환의 글까지 받았고, 세상이 비좁다 주유하는 등반 여행가가 내 눈앞에 있으니 더 바랄 것이 무엇이겠는가?

어색하던 분위기는 그의 후덕한 억양에 묻혀 사라졌다.

─우리는 사림과 유교라는 형식에 너무 얽매여 지내고 있지. 좀 더 실용적이고 실천적인 요구가 필요하면서도 유교에 집착해 한 생각 한 걸음도 앞으로 나아가지 못하고 있는 것이 안타깝다네. 하찮은 시문조차도 당파 논쟁에 휩싸이게 되면 피를 부르는 게 현실 아닌가. 당쟁을 접고 상생하는 시대를 갈망했으나 이제는 노구의 몸일 뿐, 어찌하는 것이 내 삶을 잘 갈무리하는 것인지 늘 고민이네. 그래, 자네의 스승이 뉘신가?

─청천 신유한이옵니다.

─청천이라……. 그는 서얼 출신이면서도 문과에 장원급제해 세상을 놀라게 한 천재로 알고 있네. 시사에 능해 통신사 제술관 자격으로 일본에 다녀와 저술한 『해유록』은 커다란 업적이라 할 수 있지. 서얼 출신만 아니었다면 그의 문장력으로 동방에 이름을 날렸을 것이야.

─외람된 말씀이오나 스승께서는 『해유록』을 보여주시며 『해동제국기』*는 사행 길에 오르는 사람이면 누구나 읽어야 할 필독서라 말씀하셨습니다.

여암은 생각에 잠긴 듯 고개를 들어 귀래정 처마 끝에 달린 풍경을 한참 응시했다.

『해동제국기』는 세종의 명을 받은 신숙주가 통신사 서장관으로 일본을 다녀온 뒤 저술한 책이다. 그 안에는 일본의 산천 경계와 중요 지역을 꼼꼼하게 그려낸 일곱 장의 지도와 외교 관계상 지켜야 할 조항들까지 기술되어 있다. 잠시 침묵이 이어졌다.

—여행은 대장부로서 할 만한 가치가 있는 것이라 기회가 되면 일본 통신사나 청나라 동지 사행길에 합류해 새로운 세상을 견문하라 당부하셨는데……. 아직 때를 만나지 못하였습니다.

—뜻을 가지면 기회는 반드시 오게 되어 있네.『해유록』은 섬세한 관찰을 바탕으로 유려한 문장을 보인 기행문이지. 자네가 한 번이라도 청나라를 견문했다면 세상 보는 눈이 달라졌을 것이야. 의식이 깨인 사람마다 청나라의 앞선 문물을 받아들여야 한다고 기록하고 이야기하는 것을 보더라도 청나라의 실용적 학문 이론과 실천으로 옮기는 개혁을 받아들이지 못하는 것은 안타까운 일일세.

—그 연유가 무엇이라 보십니까?

—주자학을 신봉하고 유교의 문풍을 중시해오던 기조 때문 아니겠는가? 청나라의 새로운 변화에 대한 이해와 반응을 거부했다고 볼 수 있지. 더욱이 기존의 권세가들이 변화의 바람을 맞이하길 꺼렸기 때문이야.

술잔을 내려놓으며 말을 이어갔다.

—세간에서 선대 어르신을 숙주나물로 빗대 부르고 있다 들었네만 나는 그 어른의 대국적 안목과 업적을 높이 사고 있다네. 일본에 다녀와 세종께 올린『해동제국기』를 아는가? 나도 조선 팔도 지형을 세세히 지도로 그리라는 어명을 받았을 때 이『해동제국기』에 실려 있는 내용을 보고 많이 참고했지.

—그뿐이겠습니까? 신숙주 대감께서『훈민정음해례본』*과『동국정운』* 편찬도 주도하시지 않으셨습니까?

—자네도 잘 알고 있군. 내가 어명을 받아 훈민정음 문자의 음과 뜻을 정리하는 작업을 수행할 때 선대께서 일궈놓으신 그 업적 위에『훈민정음운해』*를 저술하며 자긍심이 일었지. 선대 학문의 길을 따라가고 있는

나 자신이었어…….

신숙주는 세종부터 성종까지 여섯 임금을 모시면서 사직을 돌보고 정사를 안정되게 이끌었다. 삼백 년이 흐른 뒤 여암 신경준이 신숙주가 그렸던 지도를 바탕으로 또 다른 지도를 그리고, 훈민정음 음운을 정리하는 작업을 맡았던 일은 거부할 수 없는 대물림 업적이자 숙명이었다.

여암은 탁자 위에 지도를 펼쳤다. 세로 두 자 반에 가로 아홉 자에 이르는 해안이 그려진 대형 지도였다. 그동안 조선을 두루 돌아다녔지만, 해안이 그려진 지도는 처음 보았다. 나도 모르게 몸이 앞으로 당겨졌다.

―이것은 강화 이북 해안 지형과 섬을 그린 해역도일세. 강화도에서 압록강까지 해안의 지형과 크고 작은 섬들까지 한눈에 볼 수 있도록 그렸지.

―물가 쪽에 해초와 암초까지 표시하셨군요. 이 귀한 지도를 볼 수 있게 해주시니 감격스럽습니다.

―이 섬들이 압록강 하구에 있는 대하도大蝦島, 소하도小蝦島, 신도薪島네. 한양에서 배를 타고 의주로 가려면 이 지도에 그려진 해로海路를 따라가기만 하면 되는데 곳곳의 거리와 암초까지 상세하게 표시해두었으니 날씨만 받쳐준다면 그리 어렵지 않게 당도할 수 있지.

―한강에서 압록강 하구까지 배를 타고 갈 수 있는 물길까지…….

―육상과 해상이 함께 그려진 지도라 볼 수 있지.

여암은 국가 기밀에 해당하는 자료들을 거리낌 없이 보여주며 설명까지 곁들였다. 그 속에는 조선의 최고 탐험 등반가가 되기를 바라는 염원과 그 꿈을 이루고 싶었던 자신의 미련이 담겨 있었다. 좀 더 많은 것을 알려주고 싶다는 듯 다소 말이 빨라지는 여암의 모습에 나는 감동을 주체하지 못하고 일어나 예를 표했다. 불처럼 일어난 존경심이자 그에 상응하는 굽힘이었다.

이런 내 반응에 여암은 가볍게 손을 내젓더니 또 다른 한지를 펼쳤다. 종이가 여느 것과 달리 다소 두꺼웠는데 산과 강을 이어주는 선들이 세밀하게 채색된 관방지도였다.

─이것이 백두산부터 황해도에 이르는 지역을 그린 〈북방강역도〉일세. 숙종께서 청나라와 상업 교류가 활발해지고 국토 분쟁과 마찰이 빈번해지자 경계를 나타내기 위해 백두산정계비를 세웠지. 하지만 정작 북방 지역 전체를 나타내는 지도는 부실하기만 했네. 하여 군사 목적으로 상세하게 다시 그려낸 것이지.

─희고 높이 솟은 봉우리를 보니 백두산임을 알겠습니다. 백두산은 함부로 대할 수 없는 신선의 영역이라는 것을 강조하신 것 같습니다.

─잘 보았군. 백두산을 신령스럽게 나타내고자 했네. 자세히 표현된 부분들을 보면 군사용 지도라는 것을 알 수 있을 것이네.

─압록강 남쪽으로 설치된 요새들인 파수把守는 물론 압록강 너머 청나라 지명까지도 상세하게 기록하셨군요. 저는 백두산 부근의 진보•와 도로에 관한 정보를 얻고 싶습니다만 백두산 정상에 이르는 길은 표시되어 있지 않은 듯합니다.

─잘 지적했네. 대략적인 지도상에는 산과 강이 있고 고을을 이어주는 길이 있지. 그것만으로 거리를 알아내고 산세 등을 판단할 수 있어야 하는데 실제와 맞지 않는 경우가 많다는 것을 잘 알 것이야. 이 지도는 청나라와의 국경 방어에 초점이 맞춰진 지도로 보면 옳네. 백두산 등정을 목적으로 만든 지도가 아니라는 것이지.

내심 세심하게 그려진 백두산 천지를 오르는 자세한 산길 지도를 기대했는데 못내 아쉬워하는 표정이 그만 얼굴에 나타나고 말았다.

─허술하게 그려진 지도는 백두산 깊은 산속에 들어가서는 한갓 종잇장에 불과할 뿐 아무런 쓸모가 없어. 게다가 잘못 표시된 지도를 믿다가

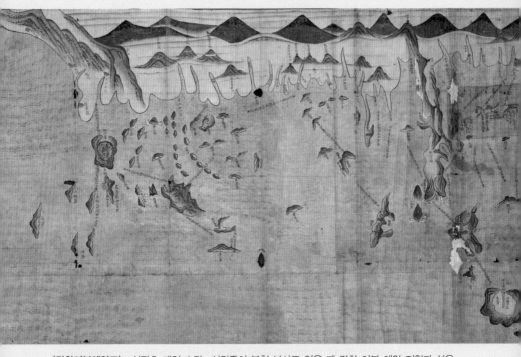

〈강화이북해역도〉. 신장호 개인 소장, 신경준이 북청 부사로 있을 때 강화 이북 해안 지형과 섬을 그린 해역도다.

세로 두 자 반에 가로 아홉 자에 이르는 해안이 그려진 대형
지도였다. 그동안 조선을 두루 돌아다녔지만, 해안이 그려진
지도는 처음 보았다. 나도 모르게 몸이 앞으로 당겨졌다.
—이것은 강화 이북 해안 지형과 섬을 그린 해역도일세. 강화
도에서 압록강까지 해안의 지형과 크고 작은 섬들까지 한눈에
볼 수 있도록 그렸지.
—물가 쪽에 해초와 암초까지 표시하셨군요. 이 귀한 지도를
볼 수 있게 해주시니 감격스럽습니다.

는 낭패를 보기 십상이야. 백두산은 산신이 허락해야만 오를 수 있는 산이라는 것을 잊어서는 안 되네. 백두 영산의 두려운 경외심이지.

여암은 역시 엄하고 선이 강직했다. 아니, 매서웠다. 쉽게 범접할 수 없는 장백의 기운까지 전해져왔다. 북청 부사와 강계 도호부사, 제주목사를 지내며 적과 대치한 긴장된 세월이 그를 단련시킨 것 같았다.

이튿날 나방 눈썹처럼 아름답다는 아미산峨眉山으로 향했다. 이미 천관산을 거쳐 온 뒤라 시간을 내 아미산으로 이어갈 요량이었는데 이 산행을 여암이 동행해주었다. 그와 함께 오르는 길이라 걸음마다 훈훈한 감동이 밀려왔다. 그리 높지 않은 산이었지만 누구의 환심을 사고 누구의 귀여움을 받으려는지 필봉처럼 우뚝 솟은 시루봉이 어서 오라 손짓하고 있었다.

―내가 젊었을 때는 산을 날아다니듯 했지. 아무리 창해라도 상대가 안 되었을 것이야.

가파른 암벽을 능숙하게 오르는 여암의 뒷모습은 칠순의 노인이 아니었다. 호탕한 웃음소리가 아미산을 휘저어 나갔다.

―자네의 길을 두려워해본 적이 있었는가?

―외람되오나 맘속에 붙어 있는 흥이 깨질까 그것이 두렵습니다.

―흥이 깨진다는 것은 무엇을 의미하는 말인가?

―산수병에 걸려 가족을 내팽개치고 산하를 유람한다고 손가락질을 받아가며 이 길을 걸었습니다. 길 위에서 싸우고 다투는 건 결국 저 자신이자 제 내면의 흥이었습니다. 흥이 깨지면 갈 곳조차 잃어버릴 것 같습니다. 누구의 도움도 없이 혼자 힘으로 등정했을 때 온몸에 흐르는 짜릿한 쾌감이 또 다른 미지의 세상을 꿈꾸게 했습니다. 저만 누리는 보상입니다. 제게 있어 산행의 첫 번째 원칙은 '혼자의 힘으로 맞서자'였습니다.

―내가 오늘 제대로 된 사람을 만났네. 자네의 자유로운 영혼과 맞싸우는 내내 기운이 새로워지는 것 같네. 아무도 알아주지 않는, 어렵고 힘든 길을 걸어온 자네 기백이 부럽구먼…….

여암은 나를 돌아보더니 잠시 멈춰 섰다.

―가족 일로 너무 자책하지 말게. 그것이 오늘까지 산에 오르게 하는 최소한의 밑거름일 수도 있지 않겠는가? 초월하거나 초연해지면 모든 것이 밋밋해지는 법이거늘. 간절함 뒤에는 치열함이 있기에 오늘 자네와 내가 마주하고 있지 않은가?

운수가 열리는 개운함이 목덜미를 잡아당겼다.

―백두산과 한라산을 등정하려 한다면 이제 산과 무작정 승부를 가리는 엉뚱한 수를 두어서는 안 되네. 선배의 충고로 받아주게. 나이도 있으니 조금만 속도를 늦추고, 진심으로 자연에 대한 경배를 후학들이 이어갈 수 있도록 고민해주어야 하네. 선각자들의 역할, 미래의 씨를 떨구란 말일세.

여암이 내 두 손을 잡았다. 한 시대, 한 장소에서 만났다는 기쁨이 한평생 걸어온 길에 공감하는 여운이 믿음으로 전해져왔다.

정동야묘갈명鄭東野墓碣銘이라 적힌 봉투가 탁자 위에 놓여 있었다.

―이것은 졸지에 먼저 간 자네 아들의 넋을 위로하기 위해 묘갈명墓碣銘을 적어보았지. 자식을 잃은 자네의 아픔이야 어찌 말로 다할 수 있겠는가! 부디 자네의 뜻을 이루길 바라네. 우리가 언제 다시 만날 수 있겠는가? 다시 만나 세상을 달뜨게 만들 날을 기대하겠네.

―베풀어주신 이 은혜는 평생 잊지 못할 것입니다.

―참, 한 가지 당부하겠네. 백두산 일대는 험지 중의 험지일세. 수많은 사람이 백두산을 오르고 싶어 하나 대다수가 실패하지. 대부분 사전 준비

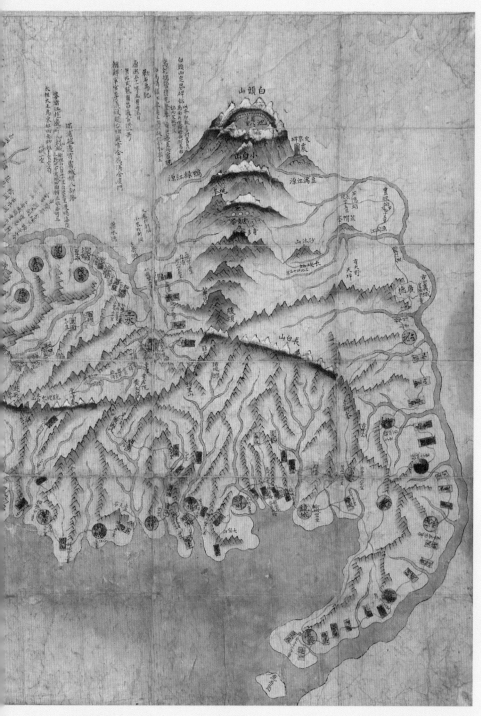

〈북방강역도〉. 신장호 개인 소장, 신경준이 강계 도호부사로 있을 때 청나라와의 국경 방어에 초점을 맞춰 그린 지도다.

가 부족하고 무모한 자신감에서 오는 자만과 조급증 때문이야. 자네가 첩자로 잡혔던 일도 마찬가지 아니겠는가.

여암의 얼굴이 상기되었다.

—자네가 놓친 절실한 부분은 백두산을 달관한 산꾼의 도움을 받지 못했다는 것이네. 그들 도움 없이 백두산 천지를 오른다는 것은 호랑이 밥이 되거나 길을 잃기에 십상이지. 마치 쥐뿔에 불붙이려 허둥대는 꼴일 터이니 말일세.

쥐는 뿔이 없다. 없는 뿔에 불까지 놓으려 하다니 헛되고 황당한 짓이라는 이야기다.

—함경도 강계에 가서 사냥꾼 두 사람을 만나보게. 한 사람은 백두산을 사냥터로 삼은 포수 박가이고, 또 한 사람은 매사냥꾼 휘파일세. 박가에게는 이 간찰을 전해주고 휘파에게는 이 시치미를 전해주면 도움을 받을 수 있을 걸세.

시치미는 소뿔을 네모꼴로 얇고 작게 잘라 주소와 이름을 조각해 넣고 두 개의 방울과 흰 깃을 달아 매의 꽁지 속에다 매어둔 것을 말한다. 길 잃은 매의 주인을 찾아주기 위한 하나의 약속된 증표였다. 시치미에는 함경도제일응사咸境道第一鷹師 휘파라고 적혀 있었다.

세상 온갖 곳에서 온갖 사람을 만나보았어도 오늘처럼 든든한 후원군은 없었다. 이미 눈치와 생고생에는 이력이 나 있는 몸이지만 스승처럼 끈끈한 배려와 뜨거운 환송에 몸 둘 바 몰랐다. 말귀를 알아들은 청풍이어서 가자고 방울 소리를 울렸다.

조선의 바람 백두산을 뒤덮다

다시 도진 불치병

여암 신경준과 헤어진 뒤에는 군위 본가로 향했다. 일전 조술도의 간곡한 청이 내내 마음에 걸렸다. 게다가 아들 기동이 떠나고 아녀자들만 남아 지키고 있을 집을 몰라라 할 수는 없었다.

집을 살피며 백두산 등반을 위한 산행 준비를 시작했다. 가장 든든한 지원군은 여암의 지도와 강계의 두 사냥꾼이었다. 여암이 속속들이 알려준 지도 속 지형과 산에 대한 설명을 머릿속에 새겨두었다. 자다 깨어나도 술술 그려낼 정도로 그리고 또 그렸다. 강계에 있다는 사냥꾼을 어디가면 만날 수 있는지, 그를 찾아가는 경로 또한 외우고 또 외웠다.

그리고 수친서壽親書를 수시로 펼쳤다. 등반과 여행에 필요한 도구 목록이 적혀 있는 수친서는 나의 여행 지침서다. 뒷면에 적혀 있는 나만의 등반 원칙을 다시 한번 상기하며 혹시 빠진 것은 없나 공들여 살폈다.

동서로 남북으로 명산대천을 누비며 그 감흥과 정기를 이어왔다. 한데 오직 백두산과 한라산에만 내 발자국이 없다. 일전 압록강을 따라 백두산으로 향하다 첩자로 몰려 실패한 적이 있고, 한라산은 바다 건너에 있어 기회를 잡지 못했다.

이제 때가 되었다. 백두산을 등정하고 이어 한라산 산행 또한 실행에 옮길 것이다. 백두산까지 가는 경로만도 사천 리는 족히 될 것이다. 만물 생성의 시작을 알리는 입춘 전에 떠나 눈이 내리기 전에 마쳐야 하는 긴 여정이었다. 어림잡아 네다섯 달 동안 평안도와 함경도 백두산 인근에 머물며 최대한 많은 곳을 탐방할 작정이다. 하늘을 우러러보며 입술을 깨물었다.

호롱불 아래 솜옷을 두껍게 누비고 있는 아내의 손이 눈에 들어왔다. 시집올 때의 가녀린 여인네 손이 아니었다. 날 대신했을 모진 고생과 눈물이 버무려져 있었다.

아내가 그리는 공그르기 바느질 땀은 일정하고 가지런했다. 한 귀 한 땀 바느질할 때마다 내 살가죽도 함께 누벼지고 있는 듯했다. 바늘 끝이 살갗을 헤집으며 구르듯 실을 뽑아냈다. 영영 벗어내지 못할 것 같은 솜옷이 만들어지고 있는 동안 간간이 이맛살을 찌푸리고 눈을 깜박거렸다. 침침해 잘 보이지 않으면서도 지아비 옷이라고 짓고 있다니 마뜩잖아 헛기침을 반복했다.

—겨울도 다 지나고 봄이 코앞인데 뭐 하러 솜옷을 누비는가?

—들리는 말에 백두산에는 일 년 내내 눈이 쌓여 있다고 합니다.

—누가 그런 소릴…….

—게다가 바람이 차서 피부 속까지 찬기가 파고든다고 하더이다.

그렇게 말하며 아내는 창밖을 올려다보았다.

—또 달을 보는가?

아내는 달을 좋아했다. 매일 똑같은 둥근 해보다 기울고 차기를 반복하는 달을 더 좋아했다. 달에 있는 토끼 이야기를 해줄 때면 신비한 절구를 갖고 싶어 했다. 지아비를 위해 불멸의 선약仙藥을 만들기 위해 절구질하는 자신의 모습을 상상하며 즐거워했다. 믿음이 강한 사람이다. 선약을 찧는 대신 무명 솜옷을 누비고 있는 아내를 보면서, 어쩌면 토끼가 찧던 공이가 닳고 닳아 바늘이 되었을지도 모른다 싶었다.

─매일 밤마다 왜 달을 올려보는지 궁금하기는 하나요?

그저 은은한 달빛에 취해 그러한 줄 알았다. 그런데 왜라는 물음에 생각이 막혔다. 깊이 생각해본 적이 없었다. 그럴 줄 알았다는 눈빛을 보내는 안사람 입가에 수줍은 미소가 연하게 비쳤다.

─기울어 있는 달을 보면 저 달이 차면 오시겠지, 저 달이 만월이면 기울면 오시겠지…… 제겐 기다림이었지요. 저 달이 없었으면 버티지도 못했을 겁니다.

아내를 품에 안았다. 혼롓날 밤, 달 이야기를 하며 토끼 옆을 지키는 든든한 계수나무가 되어주겠노라 굳건히 다짐했던 지아비는 어디 가고 삼백육십오일 기약 없는 기행을 꿈꾸는 산수병자가 되어 있으니 기가 찰 노릇이다. 말과 다르게 정반대로 살아가는 사람들만 모인 나라가 있다면 그곳에서 장원급제하고도 남을 인생이었다. 더욱이 아들 기동을 먼저 보낸 아내와 남편을 앞세운 며느리의 피골상접한 모습들을 보면서 당연한 희생으로 몰아가기에는 나는 너무나 잔인한 사람이었다.

며느리가 무명 주머니를 건넸다.

─아버님! 산에 오르실 때 요긴하게 쓰셨으면 합니다.

─이것이 무엇이냐?

─밤을 삶아 가루로 내어 말렸다가 꿀에 재워 환약처럼 만든 다음 다시 햇볕에 말린 것입니다. 등반 중 몸이 지치거나 기갈에 시달려 힘드실 때 드시면 기력이 회복되고 기갈도 해결하실 수 있을 겁니다.

─나는 필요 없다. 집에 놓고 비상약으로 쓰도록 해라.

─이 약제에 쓰인 밤은 그냥 밤이 아닙니다. 서방님 무덤 옆을 지키고

있는 산밤나무에서 구한 것입니다.

—기동이 말이냐?

목이 메었다. 가족에 대한 믿음의 경계가 어디까지인지. 며느리 눈을 똑바로 바라본 적이 없다. 미안한 마음이 앞섰지만, 그 아이의 눈 속에 담겨 있을 원망을 받아낼 자신이 없었다.

—언젠가 서방님께서 말씀하셨습니다. 아버님이 백두산을 오르실 날이 올 것인데 백두산은 험한 산이니 비상식량이 꼭 필요하다며 마련해드리라 하셨습니다. 서방님이 직접 키운 밤나무에서 마련한 것입니다. 이것을 들면서 백두산에 오르신다면 지하에 있는 서방님도 분명 크게 기뻐할 겁니다.

처음으로 며느리 눈을 바라보았다. 눈가에 물방울처럼 눈물이 고여 있었다. 참으로 선한 눈이다. 까만 눈동자에 눈망울이 참 깊다.

나는 엽전이 든 주머니를 꺼냈다. 등반 여행길에 번 돈이었다. 전갈을 전달하거나 간찰을 대신 써 연통을 넣어주거나 홍심에게 가죽 신발을 전달하고 유람기를 들려줄 때마다 받은 사례를 아껴 모은 것들이다. '한 집안의 어른이 이런 것이구나' 하는 생각에 나도 모르게 수염에 손이 갔다가 엽전 몇 푼에 알량한 마음이 든다 싶어 이내 귀밑머리를 매만졌다.

—안살림에 보태거라.

아내와 며느리가 내 얼굴을 바라보았다. 마지막일지 모른다는 불길한 생각과 많은 여비가 필요한 백두산 등정에 사용하라는 거절의 의사가 두 눈에 담겨 있었다.

—걱정하지 말거라. 반드시 등정하고 살아서 올 것이다.

스스로 만들어 지켜왔던 등반 원칙을 깼다. 전에는 동네 사람들이 기침하기 전에 동구 밖을 벗어났었다. 이제 그럴 필요가 없다. 죄지은 사람처럼 먼동이 트기 전에 마을을 벗어나는 일은 하지 않을 것이다. 당당해져야 한다. 이처럼 가족들이 응원해주는데 무엇을 부끄러워하랴. 가족의 배웅을 받으며 조선 최고의 등반가이자 여행가로 버젓이 출발할 것이다. 비록 가족을 잘 돌보지 못했지만 내가 가는 이 길이 헛되지 않다는 것을 보여주어야 한다. 더욱이 이번 목적지는 조선의 명산 백두산이 아닌가!

뒷산의 붉은 흙을 주머니에 담았다. 물에 개면 곱게 뭉쳐지는 이 황토는 가족의 이름으로 남겨질 것이다. 봄바람이 아무리 따뜻하다 하여도 내 마음만 할까?

'미쳐야 세상이 보인다. 미쳐도 제대로 미치기만 하면 된다. 이것을 우리는 광기狂氣라 부르지.'

최북과 나만의 은어隱語를 떠올렸다. 내가 웃고 있다.

말굽 소리 가득한 마릉에도 봄바람이 불고 있었다. 백두산까지는 먼 길이다. 능히 준비물 안에서 해결되도록 목록을 만들고 꼼꼼하게 챙기고 행장은 지극히 가볍게 했다. 미리 말려둔 말고기 육포와 곡식 가루를 비상식량으로 마련하고 눈밭을 걸어갈 방한화와 가죽을 덧댄 장갑과 거친 바람을 막아줄 말가죽 도포도 준비했다. 말가죽을 두 겹으로 꿰매 만든 해낭의 바늘땀을 조금 터서 지도를 돌돌 말아 넣었다. 유심히 보아도 눈에 쉽게는 띄지 않을 정도로 은밀했다. 여암이 써준 간찰은 억수 같은 비가 쏟아진다 해도 젖지 않도록 여러 번 말아 챙겼고, 시치미도 다시 한번 확인했다.

채비하기에는 마릉이 최고였다. 이번 백두산 산행이 청나라와의 경계선이라 운만 따라주면 통문도 넘을 수 있을 것 같아 기대감도 컸다. 하지만 무엇보다 오악五嶽과 황산이 보고 싶다. 오악을 보면 여산이 보이지 않고, 황산을 보면 오악이 보이지 않는다고 논했던 서하객•의 여로를 따라가고 싶다. 얼마나 아름다우면 그 많은 시인 묵객과 화인 과객이 문장과 그림으로 예찬했던가!

　서녘 산마루에 해가 걸치자 갑자기 농가가 북적였다. 군두에서 감목관
으로 승진한 대철과 갓바치 혁돌 그리고 군부 상칠이 날 찾아왔다. 장도
壯途에 오른다며 술과 고기를 가져왔다. 게다가 혁돌은 말가죽 깔개를, 상
칠은 말고기 가루를 환으로 대철은 청풍의 안장을 만들어 왔다. 내 평생
빚으로 안고 갈 순박한 사람들이다.

　―나리께서 마릉에 오신 지도 어느덧 이십 년입니다.
　―허허~ 벌써 그리되었나!
　옛이야기로 웃음소리가 떠나지 않는 마릉에도 밤은 깊어가고 있었다.

사냥꾼과 백두산

장도를 격려하는 혜환의 시문을 품고 황해도와 평안도를 지나 함경도 강계에 들어섰다. 풍경이 무겁게 내려앉은 들판 한쪽으로 막대기로 탁탁 덤불을 치며 가로지르는 꿩 몰이꾼들의 모습이 보였다.

장끼 한 마리가 하늘로 치솟아 오르자 어디서 나타났는지 매가 꿩을 낚아채 갔다. 장끼와 매가 떨어진 지점으로 배꾼이 달려 나가고 장끼를 떼어놓자 매는 털벙거지 사냥꾼의 손목 위로 날아가 앉았다. 잠깐 사이 눈앞에 일어난 꿩 사냥의 묘미였다. 그가 바로 여암이 일러준 함경도에서 이름난 매사냥꾼 휘파 응사鷹師였다.

— 꿩 잡는 실력이 조선 제일이구려.

— 뉘신지?

그가 의아한 눈빛을 보냈다. 나는 시치미를 건넸다.

— 이것은 여암 신경준 어른께 증표로 드린 시치미온데, 어떻게?

— 인사하겠소. 창해 정란이라 하오.

그간 여암과의 인연을 설명했다. 시치미를 손에 쥔 휘파는 입으로 불고 손으로 훔쳐냈다. 입김이 닿을 때마다 글자는 더 선명해졌다. 시치미를 이마에 대는 동작은 하나의 의식처럼 보였다.

─이 시치미는 여암 어른과 함께 꿩 사냥을 나갔던 초리라는 매에게
달아두었던 것입니다. 지금은 자연으로 돌려보냈는데, 눈꼬리가 날카로
워 초리라 이름 지었었죠. 사냥 기술도 최고였습니다. 누추하지만 소인의
움막으로 가시지요.

산 밑에 위치한 초막집에는 크고 작은 매들이 줄에 묶여 있었다. 휘파
는 그 매들이 아직 훈련 중이라 사냥하기에는 이르다고 하더니, 사람 대
하듯 매의 이름을 하나하나 부르며 소개해주었다.

─나리, 매들의 눈빛을 한번 들여다보시지요.

매의 날카롭고 옹골찬 부리가 두려워 내가 잠시 주춤거리자 그가 매의
줄을 한 손으로 움켜 감아 보였다.

─괜찮습니다. 이런 맹수도 사람은 알아본답니다. 하하하!

─이렇게 잡티 하나 없는 해맑은 눈동자를 가까이 보기는 처음일세.

─호랑이는 주려도 풀을 먹지 않듯, 매 역시 굶어 죽어도 벼 이삭은 먹
지 않는다 했습니다. 이러한 매의 자존심에 소인의 마음이 홀려 지금까지
이 길을 걷고 있습니다. 이 매들은 높은 둥지에서 떨어져 날개나 다리가
부러진 것들을 소인이 직접 산에서 데려다 키웠습니다. 먹이를 놓고 새끼
들끼리의 자리싸움에 밀려 둥지에서 떨어진 것들이지요.

─그럼 이미 생존경쟁에서 한차례 밀려난 것 아닌가?

─소인에게 발견되지 못했다면 아마 죽었을 녀석들입지요. 상처 입은
어린 매를 정성껏 치료하고 보살펴주다 보면 서로에 대한 믿음이 쌓이게
됩니다. 낙상 매는 다시는 밀려나 다치지 않으려고 더 강하고 사납게 성
장해가는 것이지요.

그 상처의 아픔이 사냥 기술로 연결되고, 최고의 사냥매 계보는 바로
낙상 매로 이어진다고 했다. 거침없이 설명하는 내공은 시치미 글귀대로
함경도 제일 응사다웠다.

—매사냥은 혼자서 할 수 있는 것이 아닙니다. 매를 다루는 응사를 중심으로 꿩 몰이꾼 네다섯 명에, 매가 사냥감을 쫓아 날아가는 방향을 봐주는 배꾼으로 구성되어 있습니다. 사냥 장소를 정한 응사가 높은 봉우리에 자리를 잡은 후 몰이꾼들이 꿩을 몰아오는데 그 꿩이 기척을 피해 위로 날아오르면 이때 응사의 매가 순식간에 하늘로 치솟습니다. 대부분은 사냥에 성공하지만 가끔은 매가 엉뚱한 방향으로 날아갑니다. 그럴 때면 재빨리 매를 찾아야 하는 배꾼의 민첩한 역할도 중요합니다.

휘파는 매 한 마리를 손목 위에 올리고 매의 턱 밑을 부드럽게 쓰다듬었다.

—이 매는 아직 어려 보이지만 사냥 재주가 남다르고 소인을 아주 잘 따릅니다. 한쪽 눈을 다쳐 이름은 애꾸이온데 나이는 이제 한 살입지요.

—그럼 한쪽 눈으로 사냥을 한단 말인가?

—가시에 찔린 눈이 짓물렀다가 아물면서 독이 바짝 올라 있어서인지 한번 포착한 사냥감은 절대 놓쳐본 적이 없는 지독한 본능을 가지고 있습니다. 애꾸가 날아가는 꿩을 공중제비로 낚아채는 장기를 부릴 때처럼 흥분되고 통쾌한 적이 없었습니다.

내 절친인 최북의 얼굴과 애꾸눈 수탉의 모습이 겹쳐졌다.

—그런데 사냥에 성공하면 매에게서 사냥감을 떼어내는 순간을 잘 포착해야 합니다. 맛보기도 전에 너무 빨리 떼어내면 화가 나 날아가버릴 수 있기 때문입니다.

—야생의 기질은 어쩔 수가 없나 보군.

—한량들조차 인생삼락人生三樂을 논할 때 제일이 매사냥一鷹이고 그다음이 승마二馬와 연애三妾라 합니다.

—하하하, 나도 들은 적이 있다네. 그런데 매사냥은 언제부터 시작했는가?

—어릴 적 야산에 올라갔다가 새 둥지에서 떨어진 새끼 매를 집으로 데려와 키우면서 인연이 시작되었지요. 그러다 매사냥 전문 관청인 고려 응방에서 가르침을 받고 이 길을 걷고 있습니다.

휘파는 신이 난 듯했다.

—처음으로 매를 받고 친해지는 것을 매풀기라 하는데 길들이기 위해 세 가지를 반드시 지켜야 합니다. 밤낮으로 떨어지지 않고晝夜不離手, 좌대 는 반드시 가까이 두고坐架側必, 사람들이 많은 곳에 데려가 낯설어 하지 않도록人衆多處 해야 합니다.

—매의 드센 본능을 제어한다는 것이 어찌 보면 불가능할 것 같은데, 그러고 보면 자네의 재주가 신통하네.

—저희에게도 불문율이 있습지요. 한 번 사람에게 놀란 매는 절대 길 들지 않습니다. 그럴 때는 아예 일찍이 포기하고 자연으로 돌려보내야 합 니다. 옹고집이란 말도 여기서 나온 거지요. 매는 성질이 불같아 화를 잘 내고 풀어지기가 쉽지 않아 살살 달래가며 교감을 해야 합니다. 시간을 가지고 밤낮으로 끼고 살지 않으면 절대 곁을 내어주지 않습니다. 애써 길들였다 해도 삐져서 날아가버리면 그만입니다. 그래서 잘 길들여 꿩사 냥을 잘하는 매의 값은 황소 한 마리 값과 맞먹을 정돕니다.

—평생을 함께하는 매는 식구들보다 더 가깝다 볼 수 있겠구려.

—그리되면 얼마나 좋겠습니까마는 매의 수명이 십오 년에서 이십 년 정도입니다. 그래서 보통 매를 길들여 사 년 정도 사냥을 하고는 자연으 로 날려보내고 있습니다.

—자연의 품으로 돌려보낸다……. 참으로 아름다운 관계구려.

한곳에 머물지 못하고 떠도는 방랑벽이 닮은 우리는 오래전부터 알고 지내오던 동지 같았다. 내가 자연이 주는 정서와 교감하며 일방적으로 다 가가는 경우라면, 휘파는 매와 교감하며 신뢰를 쌓아 주인과 종의 관계로 맺어진 양방이었다.

다음 날 꿩 사냥을 따라나섰다. 손목 위에 애꾸를 얹고 일사불란하게 사냥을 주도해가는 휘파의 뒷모습은 단단해 보였다. 꿩이 은신할 만한 곳들을 훑어 나가자 까투리들이 하늘로 날아오르고, 놓칠세라 애꾸가 공중 제비로 땅에 메꽂았다. 가히 일품이었다.

저녁상으로 진귀한 꿩 요리가 한 상 차려졌다.

—예기치 않은 객일 터인데 이리 귀한 대접을 해주니 잊지 않겠네.

—조선 팔도 지도를 만들기 위해 직접 경계를 둘러보시면서 굶주리는 백성은 없는지 일일이 묻고 걱정해주시던 여암 대감은 진정한 민생 감목관이셨습니다. 그분이 청하신 분인데 소홀할 수 없지요. 그분께서는 함께 백두산에 오를 때도 백성들에게 일말의 폐도 끼치지 않으셨지요.

—그럼 자네도 백두산 천지를 보았단 말인가?

—백두산 줄기에 터를 잡고 사냥하는 사람들은 거의 다 모여 여암 대감의 산행을 도왔지요. 그때처럼 흥겨운 적이 없었습니다.

휘파는 백두산 천지에 가본 지 오래되었다며 오히려 고마워했다. 무던한 사람이다. 나는 사냥꾼 박씨 이야기를 꺼냈다. 휘파와 박씨는 사냥터에서 만나 포획물을 교환하는 막역한 사이라고 했다.

이어 찾아간 사냥꾼 박씨는 움직임이 민첩한 사내였다. 눈빛에 경계심이 역력했다. 박씨에게 여암이 써준 간찰을 읽어주고 나서야 그는 나를 집 안으로 맞아주었다.

—이 고을에서는 사대부 양반네가 백두산에 오른다고 하면 치를 떨며 싫어합니다. 백여 명에 이르는 백성들이 노역에 동원되기 때문입니다. 대략 스무 명 정도가 일행보다 사흘 먼저 출발해 길을 내고 임시 머물 숙소까지 확보해야 할 뿐 아니라 각 참站마다 음식까지 수발 들어야 하니 고

을 백성들에게 미치는 폐해가 이만저만 아닙니다.

 —얘기를 듣자니 면목이 없네. 내게는 산행 길잡이만 부탁하면 아니되겠는가?

 사냥꾼의 촉이 발동한 것일까? 선수는 선수가 알아보듯 산 사나이는 산 냄새를 바로 맡는 법이다. 우리가 서로 의기투합하는 데 많은 시간이 걸리지 않았다.

 나는 육 년 전 첩자로 몰려 죽게 되었을 때 여암의 도움으로 방면되었는데 박씨는 사슴 무리를 쫓다 국경을 넘는 바람에 청나라군에 잡혔다가 여암의 포로 협상으로 살아 돌아왔다. 나는 조선군에 청나라 첩자로 오인받았고, 박씨는 조선군의 첩자로 청나라에 붙잡혔다. 공교롭고 운이 좋게도 죽을 고비에서 여암의 은혜로 살아난 두 사람이었다.

 휘파와 박씨는 백두산 천지에 오를 산행 순서도를 그려 보였다.

 부령富寧에서 차유령車踰嶺을 넘어 무산茂山을 거쳐 천평天坪, 작봉鵲峰, 삼지三池, 허항령虛項嶺, 연지봉臙脂峰, 감토봉廿土峰, 백두산 천지에 오르는 여정이었다. 갑산甲山과 산수로 오르는 길은 포기해야 했다. 통행증 없이 압록강을 거슬러 오르는 것은 위험천만하고 낭패를 볼 수 있기 때문이었다. 등산 일행은 청노새 청풍과 두 사냥꾼이 대동하는 사람을 포함해 아홉 명으로 정해졌다.

 무산을 지나 까치들이 무리를 지어 산다고 해 이름 지어진 까치봉우리를 넘었다. 여정은 길었으나 길이 완만해 별 어려움 없이 삼지연에 도착할 수 있었다. 온천이 솟아나는 삼지연 물은 따뜻했다. 곁에 임시 거처를 마련하고 몸을 담갔다. 백두산 우거진 배경은 신비로웠다. 오르는 동안 웅장한 모습에 압도되어 지나쳤던 세세한 풍경들이 눈에 들어왔다. 연록을 토해내는 새순 이파리 사이로 꽃송이가 보였다. 귀한 아름다움이다.

허항령은 백두산을 올라가는 문턱으로 사냥꾼들이 산신께 무탈하기를 고하는 장소다. 두 사냥꾼은 간단하게 제를 올렸다. 앞으로 나아갈수록 큰 나무뿌리가 굽어 서로 얽혀 있고 빙하까지 녹아 질펀거려 산길을 헤쳐 나가기가 만만치 않았다. 더디고 힘든 진행에 이미 토시까지 올린 방한화는 엉망진창이 되었다. 울창한 숲으로 하늘조차 보이지 않고 앞으로 나아가기가 여간 더딘 것이 아니었으나 산맥을 짚어나가는 두 사냥꾼은 노련했다. 산골짜기를 타고 밤낮없이 하루 꼬박 오르자 연지봉에 이르렀다. 다행히 이곳에는 산행하는 사람들이 쉬어갈 수 있는 거푸집 형태의 숙소가 있었다.

—백두산 날씨는 변덕이 심하고 심술을 잘 부립니다. 무서운 복병이나 마찬가지입죠. 호기 어린 선비들이 겁 없이 백두산을 찾았다가 낭패를 볼 때마다 이 숙소가 뭇사람들의 생명 수십을 구했습니다.

숙소 안은 보기보다 넓었고 여기저기 나무 둥치로 보수해놓아 탄탄해 보였다. 우리는 여장을 풀고 지친 몸과 장비를 추슬렀다.

—나리! 저기 보이는 세 봉우리가 백두산입니다. 백두산에 오르는 사람들은 이곳에서 부정이 타지 않도록 목욕재계하고 제문을 지어 치성을 드립니다. 나리께서 그간 돌아본 명산대천은 백두산 대간에서 뻗어나간 손아래 형제들이라 할 수 있을 겁니다.

—저곳이 바로 백두산 봉우리라고…….

—하여 나리께서 산신께 드리는 무사 기도문을 써주십시오.

감격스러웠다. 새로운 기운이 용 솟았다. 너도 애썼다 싶어 청풍의 미간 사이 콧등을 어루만져주자 입을 벌름거리며 꼬리를 흔들어댔다. 등허리를 툭툭 두드려주고 나는 지필묵을 꺼냈다. 어느새 제물이 차려지고 있었다.

군위 창해일사 정란, 드디어 백두 허리에 이르러 백두 삼봉을 바라봅니다. 그 감회는 도가니 속 붉은 쇳물처럼 끓어 넘쳐나고 있습니다. 평생 전국 산하를 돌고 돌았지만 오늘처럼 기쁜 날은 없었습니다. 대간의 정수로 흘러내려 금강산, 설악산에 이르러 허리 한 번 펴고, 태백산, 월악산, 소백산, 덕유산, 두류산에 이르러서야 큰기침하고 정좌하셨습니다. 백두대간을 동방의 기운으로 삼고자 하는 것은 쉬이 굽어보기 위함이고 그 팔과 다리는 아래 백성을 살피는 어머니입니다.

백두 품 안에 있는 동안 맑게 갠 모습만 보여주지 마시고 험한 모습, 우울한 모습, 마땅치 못한 모습도 보여주시되 분노한 모습만은 맞이할 준비를 할 수 있도록 예고해주시길 바라나이다. 그 예고를 우둔한 머리로 어찌 알까마는 지나고도 모른다면 평생 산에 대한 믿음을 심어온 한 백성으로서 말이나 되겠습니까? 예를 갖추어 믿음을 이어가려 합니다.

—나리! 평생 사냥으로 짐승의 생명을 취하며 살면서 그동안 많은 제문을 보고 들어왔지만 오늘처럼 산을 머리에 이고 살아온 것이 자랑스럽게 느껴진 적은 없었습니다.

박씨의 말에 휘파는 고개를 끄덕였다.

—자네도 그러한가? 나도 방금 같은 생각을 했다네.

—오직 산만 보고 걸어온 내 안의 울림을 자네들이 이리 공감해주는 것을 보니 우리는 산이 맺어준 형제들 같으니……

—쉰네들 같은 하찮은 이들과 형제라니요. 가당치 않은 말씀입니다요.

손사래 치며 난색을 표하는 두 사람의 얼굴에는 미소가 가득했다.

—그런데 나리! 산이 분노하셨을 때는 어떻게 해야 합니까?

—모든 것을 삼가며 멀리 물러나야 하지 않겠는가? 범해서 맞는 회초

리는 정말 아플 것이네. 인간의 한계를 넘어선 산에 대한 경외심이랄까 욕심을 버리면 산에 들고 나는 것이 편안할 걸세.

이제 삼십 리만 더 가면 백두산 천지다. 가까워 보여도 많은 시간이 소요되는 길이다. 내일 일찍 출발해야 할 것을 감안해 이르게 자리를 폈으나 몸이 달떠 도통 잠이 오질 않았다.

슬며시 밖으로 나왔다. 백두산 산중의 밤은 쓸쓸하면서도 고요했다. 그 적막함 안에서 뭇 생명들이 숨을 고르고 있었다. 구름에 가린 보름달이 언뜻 모습을 드러내면 푸른빛을 받은 산등성이 윤곽은 뚜렷하게 드러났고 풀벌레 소리는 별빛 속으로 스며들었다.

혜환이 지어준 시문을 꺼냈다.

제 둥지만 돌아보는 새와 같아서 원행 길을 망설이며 빙빙 도는 사람들에게 보란 듯 그대는 절세의 용맹함 지녀서 단칼에 세상에 묶인 그물을 끊어버렸네. 베개 위에서 코를 골며 하찮은 부귀영화나 꿈꾸는 어리석은 사람들은 그대가 등반한다는 말을 듣고선 되레 흉보네.

나를 조롱하고 비난했던 사람들에게 일침을 놓고 조롱하는 사람들의 입을 일순 막아버리고 그 뜻은 길할 것이라는 믿음이 담겨 있다.

산에 오름은 배움 길과 같아서 큰 고생 뒤엔 큰 즐거움 얻는 법. 오로지 하늘을 오르지 못할 뿐 천하 모든 땅을 내 발로 밟으리라.

이번에 혜환이 지어준 일곱 편의 시문은 내 등반 여정을 들여다본 것들이었다. 내게 있어 그는 산 위의 논객이었다.

박씨와 휘파가 인기척을 내며 밖으로 나왔다.

—나리! 백두산은 깊이 들어가면 갈수록 어머니 품속처럼 푸근해집니다. 그동안 오르셨던 다른 산은 어떠하셨습니까?

—산마다 느낌이 다 달랐네. 내 경험으로는 바위산과 토산의 차이라볼 수 있었지. 바위와 절벽이 많았던 묘향산과 금강산, 설악산과 청량산은 승경이 많은 만큼 여러 인물을 품어 길러냈고 두류산과 오대산 같은 토산은 인심을 후덕하게 감싸 안고 있는 것 같았네. 어느 산을 머리에 이고 있느냐에 따라 그 지역 인심이 달라진다면 믿겠는가?

—그렇다면 인물과 인심을 동시에 품고 있는 산은 없었습니까?

—왜? 자네가 그런 곳에다 터를 잡고 싶은가?

휘파가 농을 던지듯 박씨의 옆구리를 팔꿈치로 툭 건드렸다.

—궁금해서 그러지 않는가! 또 아는가? 그런 곳을 만나면 나도 떠도는 산꾼이 아니라 식솔들과 약초 캐며 살지…….

박씨의 의외의 답변에 휘파는 퍽이나 그러하겠다 싶어 비쭉거리는 표정이 능청스러웠다.

—두류산은 천왕봉과 반야봉 두 봉우리가 서로 자웅을 겨루고 있네.

—저는 두류산에 꼭 가보고 싶습니다.

휘파가 운을 떼었다.

—함경도 백두대간의 넓은 터를 앞마당처럼 누비는 두 사람이 백두대간의 종착지인 두류산에 오는 것을 기다리고 있겠네. 천왕봉의 백미인 일몰 석양과 월출, 해돋이를 하룻밤에 느끼고 남해안까지 내려다보는 여흥을 이어갈 수 있다면 나 또한 여한이 없을 듯하네.

새벽 공기가 싸늘하면서 상쾌하게 코끝을 스쳐 갔다. 덧옷을 껴입고 산행 준비를 마치자 비장한 느낌을 지울 수가 없었다.

앞서나가는 박씨는 험한 계곡을 피해 능선을 택해 돌아 나갔다. 하지만 산세는 갈수록 가팔랐다. 가쁜 숨을 몰아 고개를 치받아 오르면 능선

조선의 바람 백두산을 뒤덮다

이 나타났고, 한동안 능선에 난 산길을 이어가다 다시 가파른 고개를 치고 올라가는 형국이었다. 한 봉우리 산에 오르면 산 바깥이 그림자처럼 다시 나타났다.

두 사냥꾼은 일전에 지났던 산길의 흔적을 기막히게 찾아들었다. 소백산을 끼고 지나자 청나라와 국경을 표시하는 목책이 둘러쳐 있었고 거칠게 다듬어 세워진 비석이 보였다.

—이 정계비定界碑는 숙종 때 청나라와 국경을 정하면서 세워놓은 것입지요. 청나라 목극동이 옛 조약을 저버리고 경계를 정하는 바람에 힘 안 들이고 우리 땅을 빼앗아 갔습니다. 이 비석을 볼 때마다 확 뽑아버리고 싶습니다.

중국 천자의 명을 받은 목극동이 변방 경계를 조사하고 분수령에서 새겨 기록한다는 비문 내용이었다. 목극동의 계략에 말려 백두 영산의 반을 잃어버렸다고 애통해하는 박씨의 어깨를 쳐주었다.

조선 팔도에 돌이킬 수 없는, 어처구니없는 역사 현장이 얼마나 많았던가? 황폐해진 옛 도성을 바라보며 권력의 무상함을 느껴보았는가? 고구려 평양에서 고려 개성으로 다시 조선 한양으로 남으로 또 남으로 도성이 옮겨가면서 북방은 소홀해졌다. 발해의 꿈은 영영 사라지는 걸까!

백두산 영봉이 보이는 아래, 하루 유숙할 곳을 정했다. 찬바람과 밤사이 내리는 찬 이슬을 피할 곳이면 그만이었지만 혹시 모를 동물의 습격에 대비하여 나무 둥치를 덧대었다.

불을 지피고 저녁을 준비하는 사이 노을빛이 산마루를 붉게 물들이고 있었다. 설악 대승 폭포에 반사되던 노을빛이 연상되었다. 그곳에도 노을이 지고 있겠지. 우공의 모습이 떠올랐다. 보고 싶다. 산 너머로 해가 기울면 어둠이 몰려올 것이다.

—나리! 내일이면 백두산 정상에 오르실 수 있을 것입니다. 언제 다시

오겠다 기약할 수 있겠습니까? 날이 좋으면 예서 며칠 머물며 백두대간의 정기를 마음껏 누려보시지요.

― 말이라도 정말 고맙네.

드디어 백두산 정상이다. 내 나이 쉰셋에 수없이 꿈을 꾸고 주문하던 백두산 천지, 곤륜산 만 봉에서 뻗어 나온 장쾌함이 백두를 이루었다는 이곳에 내가 서 있다. 둘레만 이십 리가 넘는 넓은 정수, 천지. 장군봉에 반사되는 빛은 천기를 뿜어내는 안광이었다. 까마득하게 산봉우리들이 문을 열고 아득하게 드러난다는 천지 물색이 검푸르다. 하늘 못인데도 검은빛이라면 그 깊이를 짐작이나 할 수 있을까? 한가히 물 마시는 사슴 무리와 하늘과 구름을 담아낸 수면 위로 날고 있는 한 쌍의 새가 선경을 더하고 있었다. 한 임금 아래 양반 천민 남녀노소 할 것 없이 이십 리가 넘는 둘레에 털퍼덕 주저앉아 태평주 한 사발에 풍년가를 부르는 장면을 떠올렸다. 임금이 웃고 있었다.

시흥詩興이 일었다. 나는 산에 미친 서생, 창해 정란이다. 미숙하나 세상의 이치를 알 만큼만 글을 깨우친 서생으로서 시 한 수 없다면 어찌 산수에 미친 선비라 말할 수 있겠는가?

하늘을 받치는 장백봉 동쪽은 어둑한데 단 한 번 휘파람 소리에 능허가 팔굉에게 고개 숙이네.

땅은 곤륜산에서 형세가 일어나고 물은 성수해에서 신령하게 통했으리.

가리키는 손가락 끝은 삼한국이요 가로지른 구름은 만리성일세.

어느 누가 천만리 황무지를 개척해 나 같은 일개 서생에게 세상을 용납했을꼬.

조선의 바람 백두산을 뒤덮다

撑天長白鎭東溟 一嘯凌虛頫八紘

地自崑崙山起勢 水應星宿海通靈

彈丸域外三韓國 橫帶雲間萬里城

誰拓幽荒千萬里 世間容我一書生

'내가 만들어놓은 산하에 반해 평생 주유한 선비가 있었으니 나는 그대를 창해일사라 부르는 것을 허하노라.'

산수에 미친 서생에게 세상을 허한다는 조물주의 답이 듣고 싶었다.

백두산 최고봉 장군봉을 비롯해 향로봉, 제비봉, 백운동, 공석봉, 차일봉 등 스무여 개 봉우리들이 병풍처럼 천지를 둘러쌌다. 별천지 군상이 만들어놓은 거대한 성 같았다. 금강산의 기묘한 바위 군상들하고는 느낌이 달랐다. 미끈한 금강산 봉우리와는 달리 붉은 찰흙으로 칠해놓은 토기 같은 느낌이다.

봉우리를 볼 적마다 나를 이곳으로 이끌어준 스승과 빚을 진 사람들을 하나하나 떠올렸다. 장군봉은 신선이 사는 봉우리니 그 아래 봉우리부터 짚어나갔다. 향로봉은 스승이신 신유한, 차일봉은 이용휴, 제비봉은 신경준…….

휘파의 손끝에 석사자石獅子 바위가 걸렸다. 목을 빼 먼 곳을 바라보다 이름이라도 부르면 고개를 돌리며 콧바람을 내뱉으며 쿵 하고 일어설 것 같았다.

—여암께선 조선의 산맥 체계를 백두대간에 연결된 한 개의 정간과 열세 개의 정맥으로 정리해 산경도 도표를 만드셨네. 백두산에서 발원한 백두대간의 기세는 용의 등에 나 있는 돌기처럼 금강산, 설악산, 태백산, 소백산, 덕유산, 두류산까지 여러 산을 만들어놓고 두류산에 이르러서야 비

로소 멈추었지.

─조선 천지에 있는 산들을 주유하셨어도 아쉬움이 남을 것 같습니다.

─가장 아쉬우면서 가장 하고 싶었던 것은 백두산을 시작으로 두류산까지 백두대간을 따라 다 밟고 지나쳐 반야봉에서 남해 너른 바다를 바라보는 감격을 누리는 것이었네.

장군봉이 보이고 아래 천지가 잘 내려다보이는 곳에 행장을 풀었다. 백두산 정상에서 해야 할 두 가지가 있었다. 평평한 땅 위에 아버지와 어머니 이름, 창해일사 정란과 아내의 이름, 아들 기동과 며느리 이름을 쓰기 시작했다. 아니, 깊게 새겼다. 고향에서 가져온 붉은 황토로 글씨를 덮자 내 가족들의 이름이 드러났다. 월하노인의 붉은 실 인연처럼 내세에도 같이 태어나 이승에서 진 빚을 반드시 갚고 싶은 나만의 맹세였다.

작은 구멍을 파 내려갔다. 주먹만 한 돌 그보다 조금 작은 돌 그리고 더 작은 돌 세 개를 얹어 땅속으로 삼층탑을 쌓았다. 여주 수종사에서 등신탑을 마주하고 산 정상에 오를 때마다 쌓기 시작하던 작은 삼층탑이지만 땅속으로 탑 쌓기는 처음이었다. 바람에 흔들리지 말고 눈비 맞지 말고 온전히 지켜지길 바라는 염원 때문이었다. 아들 기동을 위해 지어온 글을 읽었다.

아들 기동아!

비판과 조롱은 견딜 수 있으나 이 백두산만은 포기할 수 없었다. 너의 죽음이 가슴 먹먹하게 남아 있지만 내 가는 길은 어둡고 암울하진 않았다. 되레 끊임없이 질문하고 답하며 이곳까지 올 수 있게 힘을 준 것은 내 심장 속의 너였다.

보아라! 저 백두와 천지의 웅장함을! 거센 눈보라에도 미동하지 않는 듬직함을! 내 심장 소리가 들리느냐? 이제 네 이름이 새겨진 심장

을 이곳에 내려놓으마. 깨어나라. 아버지의 이름으로

그리고 차마 읽지 못했던 편지도 꺼냈다. 『사기열전』을 읽으며 호기를 키운 어린 시절, 술잔을 왼손으로 잡는 습관……. 그 편지는 아버지와 닮은 점이 있어 그나마 다행이라는 이야기로 어렵게 운을 뗐다. 지난날은 아버지의 기대와 반대로 낮은 곳에 나를 두었으나, 이제 백두산 천지에 올랐으니 부디 역정을 푸시기를 바란다는 내용을 담았다. 나는 두 편지를 삼층탑과 함께 흙으로 덮으며, 극복하지 못할 것 같아 묻어두었던 책망과 미안함을 내려놓았다.

화선지 위 오방색 먹빛

─아니, 이런 경우는 없었소! 그 어떤 양반도 내게 그림을 강요할 수 없다는 것을 저잣거리 사람이라면 다 알 터. 하물며 가보지도 않은 백두산 절경을 그려내라 내게 되레 성까지 내다니! 어찌 백두산을 그대로 그려낸단 말이오? 천지를 보지 않고 물색을 논할 사람이 어디 있겠소이까? 내 붓이 요술이라도 부린단 말이오?

─그대 그림을 이십 년 가까이 보아온 사람이외다. 그간 우리가 함께 금강산에 올라 화폭을 적시고 틈나면 한양 주변 산들을 탐독하듯 훑고 다니지 않았었소. 그런 내가 그대 붓 가는 길을 몰라서 이러겠소?

내 말에 대꾸도 하지 않고 탁 돌아앉은 품새에 각 잡혀 있는 것이 성질머리 그대로다. 하지만 그가 어찌 달콤한 누룩 향을 비껴갈까! 메추라기 구이로 침을 발라볼까 싶어 나는 최북을 주막으로 이끌었다. 곱창 안주에 탁주가 나왔다.

─앞뒤 없이 대뜸 백두산 천지를 그려내라 다그치는 경우는 그대가 처음이오! 어서 술이나 따라보시오.

─어허, 화사 최북의 몸값이 이리 비싼지 내 미처 몰랐소. 백두산 천지를 가슴에 담고 온 나는 그 이야기를 아무에게도 해준 적이 없소이다. 왠

지 아시오? 백두산에 서려 있는 정기를 그대로 화폭에 온전히 옮기고 싶기 때문이오.

단숨에 술잔을 비운 최북은 자작하듯 채운 술잔을 높이 들고 벌떡 일어나 주막 안을 둘러본 뒤 소리를 높였다.

—이보시오들! 여기 이 사람은 조선 최고의 등반 여행가 창해일사 정란이오. 백두산을 올라 천지를 직접 보고 막 돌아왔다오. 모두 감축해주는 것이 당연하지 않겠소? 조선 사람 누구나 평생 한 번만이라도 구경하고 싶다 하는 금강산을 여러 차례 섭렵하고 묘향산을 지나 백두산 천지에 올랐다 왔으니 진정한 이 시대의 사내대장부가 아니겠소이까? 자, 오늘은 다 같이 취해봅시다!

—아니, 이 사람. 어쩌자고…….

여기저기서 박수와 환호성이 터져 나왔다. 술잔을 건네는 사람, 내 손을 잡아보는 사람, 청노새 한 마리 끌고 전국을 유랑하는 선비 그 이야기의 주인공이 이 양반이냐며 호들갑을 떠는 사람으로 주막 안이 시끌벅적해졌다.

—최북! 내 눈을 들여다보게. 그 속에 담겨 있는 백두산을 그려주면 아니 되겠는가? 내 눈 속에 담긴 뜻을 아는 예인은 자네밖에 없어 이러지 않는가!

—허, 이 사람 창해! 자네 울었는가? 자네 눈을 보면 내가 보이네.

술병째 병나발 불며 헝클어진 머리칼을 치올리다 눈가리개가 그만 풀어졌다. 꽉 다문 노파의 입맵시처럼 주름진 애꾸눈이 드러났다. 모진 환쟁이로 살아왔던 설움이 주름을 따라 뜨거워지고 있는 걸까! 금강산 구룡연에서 처음 보았을 때보다 주름이 더 굴곡져 있었다.

—우습지 않은가? 백두산은 자네가 올랐는데 그 감흥에 취한 건 나란 말일세.

나는 민망한 마음에 망건만 매만졌다. 탁주 적신 수건으로 애꾸눈을 훔쳐내고서는 눈을 다시 가리는 최북의 손놀림은 능숙했다.

─직접 보지도 않고 그리는 백두산 천지 그림이 후세에 자칫 비웃음을 살 수도 있다는 것을 그대도 알지 않는가?

─그렇다면 일전 날 위해 그려주었던 그림도 남의 시선까지 염두에 두고 그렸단 말인가? 갈필로 휘갈긴 거친 붓질이 아직도 눈에 선한데……. 그리 생각 말게. 거칠고 까칠하게 살아온 내 일생이 자네 붓끝으로 화폭에 담기지 않았는가?

─아름답지는 못해도 결코 추하지는 않았던 우리들의 삶이었지. 거친 눈보라에 아랑곳하지 않고 설산雪山에 오르려는 창해일사의 기상에 빠져 일필로 그린 그림이었지. 지금도 그때의 붓질이 그립네.

─화폭 속에 바람을 그리는 화원이 몇 명이나 되겠는가? 천하 명승에서 죽을 사람은 나뿐이라며 구룡폭에 뛰어내리는 그 호기도 결국 바람이었네.

내가 산 정상에 오르는 것이 최북의 기쁨이고, 최북이 그리는 득의작得意作이 나의 기쁨이었다. 이래저래 우리는 팔불출八不出로 겸연스럽다가, 팔불용八不用으로 의기양양하다가, 팔불취八不取로 서로를 추켜세우며 배꼽 잡고 웃었다.

─일전 세간의 이목을 끌었던 공산무인 수류화개空山無人 水流花開, 그 그림 속 계곡물에 꽃잎 하나 띄워주시게나. 흐르고 흘러 내 섬에 이를 수 있도록 말일세.

─갑자기 내 섬이라니 무슨 말인가?

─자네와 나는 각자 외로이 떠 있는 섬처럼 남의 눈치 보지 않고 살아오지 않았나? 자네의 섬에서는 원 없이 그림만 그리고, 창해일사 내 섬에서는 마음껏 산천을 주유하는 꿈을 꾸어왔지. 그렇게 각자 소신대로 잘살

조선의 바람 백두산을 뒤덮다

아왔으니 이제는 물밑에서라도 서로 만나야 하지 않겠는가?

─그렇지. 그 어떤 이도 허락되지 않았던 섬, 가슴속에 묻어두었던 신의 영역에서 우리 만나세나.

최북은 자기만의 섬이 생긴 것처럼 기뻐했다. 그 어떤 보상도 기대할 수 없는 긴 여정에도 이렇듯 마음 놓고 쉬어갈 수 있는 안식처가 내게 있다는 것은 또 다른 꿈을 꾸게 하는 원동력이 아닐까! 최북이 내게 바짝 다가와 앉으며 술잔을 내밀었다.

─창해일사가 바라보고 온 백두영산이라면 비록 거친 붓질이지만 그려야겠네.

그는 탁주 사발 서너 잔을 단숨에 들이켜더니 소매를 걷어붙였다.

─내 붓은 자네 눈에 담겨 있는 백두산 천지를 그려내게 될 것이니 자네는 딴생각하지 말고 백두산 천지에서 느낀 감흥만 떠올려야 하네.

─역시 최북일세. 그렇다고 내 눈에 비친 자네 모습이나 그리지는 마시게나.

그림 신을 불러들이는 신기가 떨어지면 안 된다며 다시 술병을 입에 물고 잠시 화폭을 응시하던 최북이 먹물을 크게 찍었다. 이내 거침없는 붓질이 시작됐다. 천지의 윤곽이 드러나고 백두산 봉우리들이 솟아났다. 어느새 최북은 천지 물에 붓을 담그며 먹물의 농도를 조절해나갔다.

아득하게 보였던 먹색이 오방색으로 보이기는 처음이었다. 먹물 하나로 산세와 물색까지 잡아내었다. 턱 숨이 막힌 나는 슬며시 고개를 돌려 그의 어깨를 바라보았다. 그가 사대부들에게 꼿꼿이 맞서며 수많은 붓질로 단련한 어깨였다. 오기가 배어 나왔다. 백두산을 내 앞으로 끌어내는 어깨는 살집은 별로 없고 단단한 뼈로 이루어진 화통畫桶이었다. 그는 어깨로 숨을 쉬고 있었다. 스스로 붓끝으로 먹고사는 사람 호생관이라 이름 지었던 이유가 어깨에 뭉쳐 있었다.

─자네가 그리는 이 그림은 사대부집 사랑방을 치장하는 그림이 아니라 대대로 전해지는 그림이 될 것일세. 백두산 유산기와 그 속에 담긴 최북의 그림 그리고 최고 문장가들에게 받은 찬讚이 첩帖으로 만들어져 후손들에게 전해질 것이란 말일세.

대꾸 한 마디 없이 한동안 화폭을 응시하던 그가 탁주 잔으로 바닥을 두드렸다.

─이 까칠한 양반네야. 술이나 더 가져오게. 옆에서 입만 부산스럽고 방정맞으니 붓 신이 어찌 술술 움직이시겠는가?

탁주가 채워지는 술병을 바라보는 최북의 입 안에 달구지가 글그렁거리며 지나갔다. 최북의 목울대에 소리꾼이 자리를 틀고 있어, 주광酒狂답게 탁주 넘기는 소리가 구성지다. 약주 한 잔씩 걸치며 소리 내 글 읽는 아버지의 목소리에 최북이 술병째 탁주 넘기는 소리가 겹쳐졌다.

아버지에 대한 기억으로 나도 탁주를 잔 가득 따라 자작했다. 약주만큼은 꼭 왼손으로 드시던 내 아버지와 닮았다. 왼손을 쥐었다 폈다 하면서 손바닥을 펴보았다. 운명선에 두뇌선이 만나고 그 위로 감정선이 산맥처럼 길게 뻗어 있다. 백두산에 오른 상팔자가 운명선 어딘가 숨겨져 있겠지.

최북은 내가 보았던 백두산 궤적을 따라 기슭과 기슭의 선을 그어나갔다. 백두산 봉우리 윤곽으로 내 운명선이 움직여 자리를 바꿔 않는 것 같았다.

최북을 보고 아버지의 글 읽는 목소리를 떠올린 것도 신기하고, 아버지처럼 왼손으로 술잔을 잡는 것도 신기하고, 내가 보았던 백두산이 통째로 화폭 속으로 옮겨지고 있는 것도 신기했다. 최북의 붓끝이 내 눈동자 위를 지나갈 때마다 물컹한 현상들이 쏟아져 나왔다. 빠져나가는 감촉이 상쾌했다. 최북의 붓놀림이 경쾌할수록 현상의 들고 나감이 빨라졌다. 홀리고 있었다.

과연 백두산을 직접 보지도 않고 그려낼 수 있을까! 내가 백두산에서 느꼈던 신령함과 감동을 어찌 잘 전달할 수 있을까! 천지를 보지 않은 그와 물색을 논할 수 있을까! 걱정하던 잡념이 일순 화폭의 천지, 수면 아래로 퍼져나갔다.

―지금까지 그린 그림이 재주였다면 자네의 눈 속에 담긴 백두산 천지는 오묘하고 간절했네. 양반들의 입맛에 맞추는 속된 그림 속에는 욕심과 허영만 담겨 있지만, 자네 눈동자에 담긴 진정성은 오로지 참다운 선경을 그려낼 수 있게 해주는군.

―나 역시 자네가 존경스러우이. 자네가 그림 그리는 모습을 보며 내 부친이 환상처럼 보였다네. 자네라면 이해되겠지? 이번에 고향에 가면 아버지 산소를 다녀와야겠네.

그림 신이 최북의 어깨에 있는 것 같다고 말하자 그는 손가락 끝이 달아오른다고 말했다.

―백두산 영봉들을 하나하나 종이 위에 앉힐 때는 붓이 아니라 손가락 끝으로도 그리고 싶은 욕망이 차오르더군.

―지두화를 생각했다는 말인가?

―그렇지. 내 비록 연객 허필에 미치지는 못하지만 한번 그려보겠네. 손가락 끝에 전해지는 감흥이 어떤지 나도 알고 싶어서 그러네.

밖에서 인기척이 들려왔다. 진택 신광하였다.

―진택! 잘 왔네. 백두산 천지를 지두화로 그려보려던 참이었네. 그리고 이분은 내가 존경하는 지기인 창해일사라네.

―진택 신광하라 합니다. 조선 팔도를 제 집처럼 드나드신다는 말씀 듣고 한 번만이라도 만날 수 있기를 간절히 바라고 있었습니다.

―나 또한 자네를 꼭 만나고 싶었네.

이가환에게서 한양 광통교에 가면 그를 만나볼 수 있다는 이야기를 들은 지 벌써 이십 년이 되었다. 혜환은 그를 일컬어 산수병에 걸린 기이한 문장가라고 평했다. 과거 시험에서 시험관의 입맛에 맞는 답안보다는 기이한 문장을 써내 낙방을 밥 먹듯이 한다고 했다. 답안은 장원인데 시험관조차 그 본뜻을 이해하지 못하니 부득이 낙방했을 거라며 안타까워했다. 그렇게 번번이 과거 시험에 낙방한 지 삼십 년이 지나고 있었다.

—내세울 게 없는 만년 서생일 뿐입니다.

진택은 충청도 서천 바닷가에서 방풍나물을 캐고 도토리를 주워 끼니를 연명하고 있었다. 자연을 동경해 남해에서 동해까지 바다를 주유하다가, 기분 내키면 충청도 단양, 제천, 영춘, 청풍을 섭렵하기도 했다. 눈빛이 예사롭지 않은 야인의 기질이 몸에 배어 있었다.

최북은 백두산 천지를 손가락 만지듯이 그려나가기 시작했다. 엄지와 검지로 백두산 대각봉을 그려내고 장군봉을 종횡무진하는 모양새가 화폭 조물주나 다름없어 보였다. 그의 화폭을 응시하다가 마른침을 삼켰다.

—최북의 붓질은 최고입니다.

당연하다는 듯 최북은 턱수염을 쓸어내렸다. 최북과 진택은 서로의 내면을 잘 이해하고 있었다.

—진택! 자네가 왔으니 좋은 일이 생길 모양일세. 올해도 과거를 볼 요량인가?

—하하~ 오랜만에 만나서도 나를 놀릴 셈인가?

그는 웃어젖히며 나를 바라보았다.

—만날 인연이라면 언젠가 인사 나눌 수 있겠다 여기고 있었습니다.

—이리 만났으니 인연 아닌가? 그건 그렇고 자네는 가장 가고 싶은 곳이 어딘가?

—제 나이 쉰셋입니다만. 영산 백두산만은 꼭 가보고 싶습니다.

―나 또한 학수고대하던 백두산을 쉰다섯이 되어서야 오를 수 있었네. 그만큼 기회는 적고 위험이 따르기 때문이지.

　'진택의 문장은 언젠가 빛을 보게 될 것이다.'

　그를 만나고 확신이 생겼다.

　혜환까지도 인정하는 조선 최고의 문장력을 지닌 그를 위해 아낌없이 백두산 등정의 비기를 통째로 넘겨주었다. 지리적 정보와 등반 준비에 필요한 사항들이었다.

　―난 문장과 그림에는 그리 소질이 없어서 최북을 통해 간접으로나마 명산의 여흥을 그림으로 남기려 하고 있다네. 하지만 자네는 나와 다르지. 백두산에 오르게 되면 부디 최고의 찬시를 남겨주게나. 그 문장을 볼 날을 기다리고 있겠네.

◀ 최북, 〈풍설야귀인도(風雪夜歸人圖)〉. 종이에 수묵담채, 42.9×66.3cm, 간송미술관. 눈보라 치는 늦은 밤 동자를 앞세워 집으로 돌아가는 나그네를 그린 것으로, 갈필을 섞어 그린 지두화(指頭畵)다.

▼ 최북, 〈공산무인도(空山無人圖)〉 부분. 종이에 수묵담채, 36.1×31cm, 개인 소장. 아무도 없는 계곡의 풍경에 소동파의 시 "빈산에는 사람이 없는데 물 흐르고 꽃이 피네(空山無人 水流花開)"가 초서체로 적혀 있다.

큰 산을 품고 왔네

잘그랑잘그랑 울리는 청풍의 방울 소리에 마을 입구에 서 있는 천하대장군 돌장승이 귀를 내어준다. 이십 년 넘게 혜환을 찾을 때마다 가까이 들어왔던 방울 소리이니 그럴 법도 하다. 투박하면서도 정감이 가는 돌장승의 부라린 눈망울에서 온기가 전해졌다.

마을 안으로 들어서니 마음이 더욱 급해졌다. 백두산 그림이 완성되자마자 서둘러 최북과 함께 길을 나선 것인데, 벌써 찬 이슬이 맺힌다는 한로寒露에 접어들었다. 얼른 가슴속 승경을 내보이고 싶었다. 혜환은 내게 가슴을 내어주었던 어른 아닌가?

떠날 때는 감나무 새순이 돋아나지도 않았었는데 어느새 손자 주먹만 한 홍시가 가지마다 욕심 없이 매달려 있었다. 주인을 닮아 한가롭다.

―정공! 기다리고 있었네. 난 앉아서 조선 팔도 산천을 주유하고 있으니 나야말로 복 받은 늙은이 아닌가?

정공이라니 잘못 들었나? 스스로 늙은이라 이르고 날 정공이라 부른 건 처음이었다. 머쓱하게 뒤돌아보았다. 이마 주름이 더 깊어지고 머리카락이 유난히 희끗희끗했다. 혜환의 나이가 벌써 일흔둘이었다. 예를 드리자 가까이 오라며 내 손을 잡았다.

─큰 산을 품고 왔구먼. 결코 용기로만 가질 수 있는 산이 아니지. 태산보다 더 큰 흉중을 가지고 있어야 담을 수 있는 법, 겁내지 않는 배포와 기개가 높은 자네였기에 그 믿음으로 기다렸다네.

청풍의 방울 소리에 정작 조급해한 건 혜환이 아니었을까. 뒷짐 지고 마당 안을 서성거리기도 하고, 마을 입구 돌장승에 비치는 석양이 아름답다며 환하게 웃고는 백두산 등정에 성공했다면 지금쯤 도착해야 하는데, 하면서 내가 돌아올 날을 기다렸던 것이다. 다가올 천수天壽를 본 것일까…….

서탁 위 바구니에는 잘 익은 붉고 속이 투명한 홍시가 놓여 있었다. 반으로 쪼개자 빛깔 고운 말간 속살이 드러났다. 혜환은 홍시 반쪽을 나와 최북에게 나눠주었다.

─내가 보기엔 두 사람 다 자기가 원하는 분야에 홍시처럼 무르익은 대인들이네. 한 사람은 조선 팔도 등반 여행가로, 한 사람은 이름난 화사로 자존심을 지키고 있으니 말일세.

속을 드러낸 홍시는 붉은 노을처럼 맑고 촉감은 계란 속껍질보다 얇았다. 떨어진 것이 더 달고 맛이 좋다고 하며 손에 쥐여주던 어머니의 홍시 같았다. 입에 물자 꿀보다 달았다. 겨우내 새 먹이로 나무에 매달려 있기에는 너무 익어 있었다.

─대인이란 말은 성치 않습니다. 아직도 산수벽山水癖에서 벗어나지 못하고 한라산과 청나라 오악 타령만 늘어놓고 있지 않습니까?

─저 또한 제 분을 참지 못해 붓으로 눈을 찌른 성질 고약하게 늙어가는 환쟁이일 뿐입니다. 대인은 당치 않은 말입니다.

─묘향산, 두류산, 금강산을 이야기할 때 정공 콧바람에서 산 냄새가 나는 것을 자네는 아는가? 그 누구도 모를 걸세.

조선의 바람 백두산을 뒤덮다

─어르신을 찾아뵐 때마다 제 목표는 분명해지고 어르신께서 그 후일 담까지 들어주고 계시니 기쁨이 배가 됩니다. 이런 위안을 통과의례처럼 당연하게 여기고 있으니 송구할 따름입니다.

혜환은 손에 들고 있는 홍시를 지그시 내려다보았다.

─어릴 적에 할머니가 감나무를 가리키면서 가을 햇살 얘기를 해주셨지. 만물의 생장生長 곡점曲點을 찍어주는 가을 햇살은 귀하고 도무지 버릴 것이 없다면서, 땡감의 떫은맛은 따가운 가을 햇살을 받아야 비로소 단맛으로 변한다고 일러주셨는데……. 어린 마음에 가을 햇살이 얼마나 신기했던지, 나도 단맛이 나는 사람이 되고 싶어 솜옷 둘둘 말고 뜨거운 가을 햇살을 참고 견디다 혼절한 적이 있었지. 그 떫은 기억은 아직도 가을 햇살을 기다리고 있다네.

─어르신이 그런 경험을 하셨다니요? 믿기지 않습니다.

─허허, 나도 그때가 그립네. 그리고 홍시를 볼 때마다 또 생각나는 사람이 내 마음속에 있네.

─마음속 사람이라 하시면?

─자네들이 잘 아는 분이지. 김홍도의 스승 표암일세. 선친께서 유배를 가 사사를 당하는 집안을 바라보며 모든 꿈을 가슴에 묻고 살아왔던 답답함을 내게 토로한 적이 있었지. 머릿속과 손목 속에 있는 먹물을 다 지워내고 홍시 물이 들었으면 좋겠다 했었다네.

그와 오랫동안 교류하며 아회도 함께해온 최북이 말을 이었다.

─다행히 환갑이 넘어 임금의 배려로 참봉에서 한성 판윤•에 올랐지 않았습니까? 사람들 입과 귀에 칭송이 가득합니다.

─어찌 임금의 배려뿐이겠는가? 평생 닦아온 학문과 예술 바탕에 어진 임금의 가을 햇살이 더해졌으니 오늘날 기쁨이 아니겠는가?

─가을 햇살과 임금의 성은聖恩이라…….

─인고의 세월을 견디어낸 성심이 눈부신 가을 햇살을 받아 무르익은 것이지. 자신의 길을 묵묵히 걸어온 자네들도 성은 가득한 가을 햇살은 아닐지라도 뭇사람들의 인정을 받을 날이 있을 것이네.

목젖을 타고 넘어가지 못하는 홍시의 달착지근한 맛이 혀끝에 머물렀고, 머릿속에서는 가을 햇살, 성은이란 두 단어가 모든 언어의 활동을 중지시켰다.

백두산 천지 그림이 펼쳐졌다. 일전에는 최북이 그렸던 〈금강산전도〉를 감상한 혜환이 "은칠칠은 때도 아닌데 두견화를 피워내고, 최칠칠은 흙도 아닌 곳에 금강산을 일으켰다. 이 모두 눈 깜짝할 사이에 일어난 기이하고 기이한 일이로다"라고 강평하며 찬讚을 내린 적이 있었다.

칠칠七七은 당나라 신선 은천상●의 호다. 그는 돌림병이 돌자 백주사白朱砂로 약을 지어 사람들의 병을 고쳐주고 약을 판 돈은 가난한 사람들에게 나누어주었다. 광채가 나는 풍모를 지닌 은천상이 어디서 왔는지 나이가 어떻게 되는지 아무도 몰랐다. 그는 눈 깜짝할 사이에 술을 빚어 매일 취하게 마시는가 하면 제철 아닌 꽃을 피우며 노래를 불렀다.

술을 만들어 마시고 흥을 돋우고자 꽃을 피우는 은칠칠에는 미치지 못하겠지만 현실에 구애받지 않고 술 앞에서 가슴을 풀어헤치고 화폭을 적시는 예인 최북은 그와 충분히 견줄 만했다. 그래서일까 최북은 스스로 호를 칠칠이라 지었다. 붓끝으로 먹고살기 위해 그린 그림이기에 호생관이라 토를 달기도 하지만 낙관만은 칠칠이라고 새겨 그림 한가운데 고집스럽게 찍었다.

〈금강산전도〉와 달리 이번엔 직접 보지도 않은 백두산 천지를 단지 내 설명만 듣고 그렸다. 최북의 붓질에 대해서 혜환은 어떤 강평을 내릴까! 수염을 만지작거리던 최북이 긴장한 듯 헛기침했다. 나는 두 사람의 표정을 번갈아 살폈다. 기다리는 시간이 해찰을 부리며 지나갔다.

—기이하도다. 최칠칠과 맺은 인연이 기이함밖에 없단 말인가! 최칠칠 그림이 없었다면 내가 아는 백두산은 실체가 없는 허망한 형상에 사로잡혀 있었을 것이네. 이제부터 새벽이면 백두산에 해 뜨는 광경을 그려볼 수 있고 천지에 비친 보름달도 품어볼 수 있을 것 같네.

다행이었다. 오른쪽 애꾸 안대를 고쳐 만지작거리던 최북이 강평을 제대로 들었느냐는 은연한 물음을 담아 눈을 찡긋거렸다.

백두산 천지 크기가 얼마나 되느냐? 그림 속 많은 봉우리 중 장군봉이 어디냐? 백두산에 산다는 해동 매는 보았느냐? 혹 백호의 발자국이라도 본 적이 있느냐? 혜환의 질문이 하나씩 늘어날 때마다 흉중에 있던 백두산 풍경들이 하나둘씩 튀어나왔다. 차라리 천지가 툭 터져 내가 본 승경들이 혜환의 품속으로 한 번에 쭉 빨려 들어가면 좋겠다는 생각이 든 건 그의 숨소리가 고르지 못했기 때문이다.

—이제 천하에 아무리 볼거리가 많다 해도 부럽지 않네. 큰 산을 품고 온 창해나 백두산 천지를 화폭으로 옮겨준 최북이 있어 마음으로나마 백두영산을 그려볼 수 있다니 내 말년 운수에 홍복이 가득하네그려.

—다 어르신의 격려 덕분이었습니다.

밖에서 방울 소리가 요란하게 들려왔다. 순둥이가 늘 그러고 놀았듯 청풍의 귓바퀴를 핥고 있나 보다.

—그런데 창해! 백두산 천지를 바라본 느낌이 여느 호澥와는 많이 다르던가?

—천지를 마주한 첫 느낌은 갓 태어난 아이의 숨구멍처럼 신비롭고 태초 이 땅의 울음이 터지던 날, 용을 움켜쥔 삼족오가 떠올라 태양 속으로 날아가는 환영이 투영되어 있었습니다.

최북이 날 바라보았다.

―자네도 그러했는가? 나도 까마귀들이 날아오르는 묘한 환상을 보았지. 솟구치는 까마귀 떼가 내 시야를 가렸네.

백두산 천지를 보고, 그리며 삼족오와 까마귀가 동시에 떠올랐다는 우리의 이야기에 혜환은 지그시 눈을 감았다.

―두 사람 이야기를 듣자면 명산도 기이한 사람은 알아보는 듯하네. 나도 그런 기이함을 경험해보고 싶지만 이미 늙고 쇠했으니 안타까울 뿐일세. 사람들은 대부분 헛되고 황당한 생각을 가지고 이리저리 궁리만 하다가 늙어가지. 미덥지 않아 한 걸음도 실천에 옮기지 못하는 사람이 태반인데 두 사람은 망설임 없이 산하가 주는 명운을 알고 그 속에서 의미를 찾아가고 있으니 기인들이야.

―궁리만 하는 사람들 입에 오를수록 망령된 독이 될 뿐입니다.

말 끝나기 무섭게 최북이 불같이 얼굴을 붉히며 언성을 높였다.

―망령된 독이라 했소? 이는 사람들이 날 비꼴 때 쓰는 말인 것을, 오만하다고, 고집스럽다고, 타협하지 않는다고, 성급해서 화를 잘 낸다 해 내게 망령된 독을 들먹거리며 손가락질하는 것을 창해도 보아왔지 않았소이까? 한데 어찌 그런 말을 다른 사람도 아닌 창해가 함부로 내뱉는단 말이오? 나는 말 많고 망령이 든 늙은이가 아니라 단지 성미가 급해 참지 못할 뿐이라는 것을 누구보다 잘 알고 있지 않소?

―하하, 내가 말을 잘못했소. 그러니 오해 마시게나. 누가 뭐래도 자네는 내 최고의 벗 최북 아닌가?

혜환은 언성을 높이는 최북을 바라보며 망령은 구덩이 속 지렁이나 장독을 벗어나지 못한 등에 같은 늙다리들을 업신여길 때 쓰는 말이라며 다독거렸다. 그러자 최북이 왼쪽 눈을 찡긋해 보였다. 성미가 풀렸다는 것이다.

―조선 팔도 어디 소중하지 않은 곳이 없었을 터이지마는 묘향산을 거

쳐 백두산을 올라 그 기운까지 받았으니 이제 자네는 뛰어난 선비, 진정한 일사逸士가 되었네. 흉중에 있는 말이나 털어놓으시게.

─과찬이십니다. 창해란 호에 일사를 손수 붙여주시지 않았습니까? 이것은 백두산 천지에서 시흥을 주체하지 못하고 지은 미숙한 시문입니다.

"어느 누가 천만리 황무지를 개척해 나 같은 일개 서생에게 세상을 용납했을꼬."

혜환은 마지막 시구를 읽으며 고개를 끄덕였다.

─속된 기운마저 걷어냈구나.

─산에 미친 서생에게 내어준 세상이 고마울 뿐입니다.

─내어준 세상이라……. 조선이 비좁지 않았는가? 자네, 산수운만큼은 타고났네. 전쟁이나 흉흉한 반란 없는 인심이 후한 시대에 태어났고, 의기양양 제 세상처럼 활개 치며 걸어간 두 팔과 두 발, 풀이 죽지 않는 배짱, 무엇보다 조롱과 멸시를 당해도 저항하지 않고 무관심하게 참아준 인내심은 최고였네.

─청나라와 왜나라에도 가보고 싶지만 시운時運을 만나지 못했습니다.

화를 냈던 것이 미안했던지 최북이 슬며시 내 손을 잡았다.

─자네 말을 들으면서 정신이 확연해졌네. 내 마음을 뜨겁게 만드는 자네는 역시 조선 최고 등반 여행가일세.

─최북의 말에 나도 동감하네. 일찍이 호기 있는 사람들이 백두산을 올라 유람기를 남겼지만, 평생을 조선 팔도 주유에 바친 사람은 자네뿐이지 않은가? 역외域外의 명산에 오를 기회는 반드시 올 걸세.

아쉬워하는 혜환의 목소리에 애정이 묻어났다.

─나도 통신사 일행으로 왜나라에 다녀온 적이 있지만, 호기심만 발동해 많은 것을 놓친 것이 후회되네. 기회가 된다면 창해 자네와 함께 가고 싶네.

─그리될 수만 있다면 마부나 짐꾼 같은 하찮은 일이라도 나는 마다하지 않겠네.

서로 밀고 당기는 두 사람의 대화에 혜환은 흐뭇한 표정을 지었다.

─이제 한라산만 남았습니다. 여암 신경준께서 써준 간찰과 산행도가 있어 내일이라도 당장 떠나고 싶습니다.

─하여간 자네 기개는 언제 보아도 힘이 넘치네. 천천히 시간을 가지게나. 한라산은 바다 건너에 있고 험한 풍랑을 만날 수도 있으니 여유를 가지고 추진하란 말일세. 나라면 조금 더 기다려보겠네.

혜환이 그렇게 가정하는 말을 쓰는 일은 처음이었다.

─애틋하게 그리워하는 절세미인이 있다면 오래도록 마음에 두고서 기다리는 것이 더 애절하지 않겠는가? 정작 미인을 만나고 나면 심드렁해질 수 있기 때문이지. 한라산도 그러하지 않겠는가? 그리움이 절정일 때 더 감흥이 크지 않겠나 해서 하는 말일세.

조급해하는 나를 걱정하는 마음에 미더움이 더해진 걸까! 혜환은 유람기 뒤에 찬을 달아주었다.

'절세미인도 보고 나면 시들해지는 것이니 한라산과 그 밖에 다른 명산을 보지 못한 것을 한으로 여기지 말고 시간을 갖고 기다리자.'

제4부

발자국에 고인 빗물

진솔회가 열리다

한양으로 향하는 발걸음이 가볍다. 주위의 권유에 김홍도에게 백두산 천지 모습을 부탁하기 위해서다.

'창해 자네가 이룬 여정에 조선 최고 화원 김홍도의 붓질이 더해진다면 더 바랄 것이 없을 듯하네.'

그러나 육조거리, 예조를 기웃거려봐도 김홍도는 보이지 않았다. 퇴청 후 중부동 담졸 강희언●의 집에 모여 주문된 그림을 그리기도 한다는 말에 담졸을 찾았다. 알고 보니 김홍도는 어진을 그린 공로로 말미를 얻어 마포 성산에서 쉬고 있었다.

담졸이 김홍도 집까지 동행해주었다. 두 사람은 도화서 화원이라 궁에 갇혀 그림만 그리고 타지로 출타할 기회가 드물다 보니 조선 팔도에 궁금한 것이 많았다. 특히 백두산에 대한 이야기는 처음부터 사뭇 진지했다. 나는 최북이 그린 백두산 천지 그림을 펼쳐 보였다.

─이 그림이 없었다면 내 감흥이 여전할까! 혼자서만 보기엔 아까운 그림일세.

─상서로운 기운이 장군봉을 휘감고 천지 위에 감도는 느낌입니다. 이에 맞는 통소 한 곡조를 들려드리고 싶습니다. 두 분 뜻은 어떠신지?

김홍도가 맑은 음을 한 단계 띄워야 한다며 퉁소 구멍에 갈대 속껍질을 붙이는 동안 담졸은 최북의 백두산 천지 그림에 빠져 있었다. 나는 백두산으로 떠나기 전 혜환의 격려 문장과 두 사냥꾼과 함께 정상에 오르는 여정을 이야기했다.

─백두산 오르는 여정은 하나의 역사입니다. 다른 양반들은 가마를 타고서 산중의 기흥奇興을 돋운다는 핑계로 기생과 거문고와 아쟁 켜는 여종까지 대동하고 산에 오르는데, 어르신은 오로지 두 발로 백두산 정상까지 오르셨으니 대단합니다. 게다가 연지봉에서 읽으셨다는 축문은 콧잔등이 시큰합니다.

퉁소 소리가 울려 퍼지자 낮고 짧은 탄성이 터져 나왔다. 처마 지푸라기 끝에 매달린 높은 음계들이 백두산 승경을 마당으로 서서히 이끌어오고 있었다.

담졸이 술병을 들어 잔을 가득 채웠다.

─창해 어르신을 만나 눈과 귀가 호강하는 날인데, 오늘은 신선이 마신다는 유하주流霞酒로 천 일을 취해보는 것이 어떠한가?

─대금 부는 모습이 그림 속에서 보았던 신선이나 다름없네. 게다가 담졸이 일취천일一醉千日로 축하해주니 여한이 없네. 오늘 취하는 것을 우리 세 사람의 진한 우정이라 말하고 싶네.

─표암 스승께서는 소신 있게 뜻한 바를 밀고 나가는 어르신을 부러워하시며 훗날 이름이 남게 될 거라 하셨습니다.

─허허, 묵묵하기로 이름난 대감께서 그리 말씀해주시던가?

퉁소 소리에 빠져 있던 나는 장쾌한 물보라를 쏟아내는 묘향산 천태폭포의 승경과 계절마다 다른 물소리 음을 내는 사계절 음봉音峰인 단군대를 설명해주었다. 담졸과 김홍도는 고개를 끄덕이면서도 정말 그런 곳이 있을까, 의아한 표정을 지어 보였다.

―내가 가장 염려했던 것이 무엇인 줄 아는가? 묘향산을 뒤돌아보면 그곳을 떠나지 못하게 되는 주문에 걸리게 될까 걱정했다는 것일세.

―음봉인 단군대에 올라 자진모리, 휘모리로 여흥을 몰아 즐기다 시나위 산조로 스스로를 위로해주고 싶습니다.

듣기로 임금의 총애를 한 몸에 받는 도화서 화원인데……. 스스로 위로하고 싶다는 김홍도의 말이 무겁게 들렸다.

―어진을 그리는 게 보통 일인가? 기가 쇠해져 그런 것이네. 어진은 선택받은 자만이 누릴 수 있는 영광 아니겠는가? 어진 작업에 한 번도 부름을 받지 못한 나도 있지 않은가? 빨리 기력이나 회복하시게. 이제 어진도 그렸으니 곧 조정에서 녹을 내려주지 않겠는가? 그런 의미를 담아 하늘에서 녹을 내려준다는 천지미록天之美祿으로 김홍도 화원의 앞날을 축원하고 싶네.

담졸의 제안에 다시 술잔이 채워졌다. 술이 맑고 투명했다. 흥이 오른 김홍도가 이번에는 거문고를 조율하더니 현을 뜯었다. 진양을 거치지 않고 바로 중모리장단을 넘어 자진모리장단으로 넘어가자 담졸의 부채질도 거문고 산조에 맞추어 빨라졌다.

마당을 서성이던 두 마리 학은 흥겨운 날갯짓에 서로 부리를 부딪치며 주인의 흥에 박자를 더했다. 대문 밖 청풍은 이빨을 드러내 주둥이로 애써 흥을 털어냈다. 더벅머리 동자만 버들 이파리를 하나둘 무심히 떼어내며 주인이 나오기를 기다리고 있었다. 새로운 술독을 열자 달콤한 누룩 향이 코를 자극했고 입 안에 침이 고였다.

―담졸께서 일취천일로, 창해 어르신이 천지미록으로 잔을 드셨으니 저는 잘 익은 술독을 열어 맛난 술로 얼굴이 붉어질 때까지 마시자는 의미를 담아 옹두춘甕頭春 홍우紅友로 하겠습니다.

―옹두춘이라! 처음으로 개봉하는 술에 춘정春情이 더해졌으니 꽃다운

술이지 않은가?

—홍우, 붉은 얼굴빛 벗이라…… 정말 마음에 듭니다.

—아니면 이 홍우紅雨는 어떻소. 붉은 꽃잎이 비 오듯 떨어지는 우리들
의 붉은 우정이야말로 먼 훗날을 기약해야 할 것 같소.

일취一醉, 한 잔 술이 천일千日이 되어가고 홍우紅友, 두 잔 술로 술동이
바닥을 드러내고 있었다.

—오늘 우리 만남이 훗날에도 기억되었으면 합니다.

—우리가 가고 있는 길은 배나 불리는 생업의 길이 아닐진데, 예인의
길을 이어갈 수 있도록 서로의 정신을 지켜주는 데 가치를 두어야 하지
않을지…….

김홍도의 제안에 담졸이 화답하며 내 의사를 물어왔다.

—천하를 떠도는 방랑객을 이리 반겨 기억해주니 벅차기만 하네.

—그런데 홍우 모임이라 하면 누룩이 먼저 떠오를 것 같으니 그것보다
는 변하지 말고 서로 본받자는 의미가 담긴 진솔眞率 모임으로 하면 어떠
하신지요? 재차 담졸의 제안에 김홍도는 고개를 끄덕였다.

—세상을 달관한 백거이●가 즐겼던 진솔회眞率會, 마음에 듭니다. 창해
어르신 생각은 어떠십니까?

—얽매이지 않는 자유로운 여흥이 넘치고도 남았으니 두 사람 뜻에 따
르겠네.

진솔, 진지하고 솔직해지자. 마음에 들었다. 사람을 대하든 사물을 대
하든 이보다 귀한 말이 어디 있을까?

뭇사람들에게 조롱당하고 하찮게 여겨지는 수모를 당하면서까지 많은
문장가와 화원과의 교우를 지속할 수 있었던 것은 자신을 알아봐주고 지
켜주고 존중해주는 지기들을 만났기 때문이다. 이들의 인정과 격려가 없
었다면 오늘의 나도 없었을 것이다. 당나라 왕발●도 세상에 알아주는 벗

이 있다면, 아득히 멀리 떨어진 낯선 곳에 있어도 이웃 같다^{海內存知己 天涯}

若此隣 하지 않았는가? 담졸과 김홍도는 마음의 지기답게 정이 가득한 사람들이다.

—다음은 진솔회 두 번째 모임이 되겠군.

—창해 어르신! 이번 백두산 기행을 화폭에 담는다면 그 뜻이 크지 않겠습니까? 단원, 아니 그런가?

나와 담졸은 김홍도가 백두산 그림을 그려주기를 은근히 바라는 눈치를 보냈다.

—저도 마음으로는 백 번도 더 그리고 싶습니다. 하나 어진을 그린 화가로서 가보지도 않은 백두산 천지를 이야기만 듣고 상상으로 그린다면 임금께 누가 될 것이고 이후 다른 사람의 부탁을 거절할 명분이 사라지게 됩니다.

—아니네. 같은 화원으로서 앞뒤 헤아리지 못한 내 불찰이네.

—최북 어르신이 그린 백두산 천지에 서린 감흥을 주체하지 못한 제가 그만 대금을 불지 않았습니까? 행여 제 붓질이 더해져 훗날 비교 대상이 된다면 도리가 아닐 것입니다.

—듣고 보니 면목 없군. 내 욕심이 컸네.

—하지만 어르신이 내딛는 발걸음엔 저도 함께할 것입니다. 꼭 나중을 기약하겠습니다.

—오늘 진솔회 모임은 결코 허허롭지 않았네. 마음이 지척^{咫尺}이면 천리 길도 지척이니, 서로 소원하더라도 그리워하며 지냈으면 하네.

내친김에 그림을 말아 쥐고는 표암이 사는 남촌으로 향했다. 기꺼이 백두산 천지 그림을 그려준 최북을 위해서 할 수 있는 일은 최고의 상찬^{賞讚}을 달아주는 것이다.

표암은 회갑 나이에 이르러 영조의 배려로 영릉 참봉(종9품)에서 사포서 별제직(종6품)으로 발탁되었다. 이후 표암의 학문과 예술적 깊이를 이해하고 김홍도를 도화서에 천거한 일을 익히 알고 있던 정조는 과거 별시로 표암을 장원급제하게 했다. 당상관을 거쳐 한성부 판윤까지 초고속 승진하게 되는데 이는 불과 사 년 만에 이루어진 일이었다. 조선 역사에 이렇게 극적으로 벼슬에 입문한 인물이 있었을까?

그렇지만 세간의 관심과는 달리 갑작스러운 발탁으로 주위의 축하 인사를 받는 것조차 거북하게 여겼던 표암은 우울증과 불면증을 앓았다. 급격한 신분 변화와 어려웠던 젊은 시절이 교차되며 혼자 있고 싶을 때가 많아졌고, 혼잣말로 스스로를 위안했다.

'내가 만약 붓을 잡지 않았다면 어떻게 살아왔을까? 장담할 수 없으니 다시 붓을 잡을 수밖에…….'

흉중에 남아 있는 우울증은 자신이 키운 것이라기보다 세상이 만들어 놓은 것이었다. 그는 예인이었으나 안으로 다져진 성품 때문이었을까! 자기 안의 것들이 자기 것이 아니라며 모든 것을 귀찮아했고, 감정의 기복이 심해 사소한 일에도 얼굴을 붉혔다. 그동안 참고 누르며 살아왔던 감정들이 한꺼번에 고개 든 것일지도 모른다.

─자네도 알다시피 나는 오랫동안 처가 신세를 졌네. 처남(유경종)은 자신의 자식들보다 내 아들들을 과거 급제시키느라 모든 것을 다 양보했고, 부덕하기만 한 이 매형이 뭐라고 평생 글과 그림에 빠져 즐기며 살 수 있게 헌신하지 않았는가? 덕분에 나는 수많은 문사와 예인과 교유하며 안목과 학식을 키워나갈 수 있었지만, 돌아보니 모두 내 욕심이었네. 게다가 고생만 한 어진 아내가 죽고 새 아내까지 얻었으니 처남에게 죄를 지은 듯하고 내 살아온 지난날이 부질없는 인간사 아닌가 싶어 한숨만 늘어가고 있다네.

―탓할 것이 있다면 나라의 부름을 늦게 받은 탓 아니겠습니까?

―내가 왜 자네를 좋아하는지 아는가? 그것은 자네의 순수하고 뜨거운 열정 때문이네. 열정이라고 다 같은 열정인 줄 아는가? 쓰러졌을 때 누구든 다시 일어날 수 있겠지만, 다시 쓰러지고 엎어졌을 때 이루지 못한 것들을 쫓아가 다시 잡으려 하는 오기가 있는 것이 진정한 열정일세. 벌충하려는 의지를 나는 오기라 본다네. 자네야말로 오기가 바탕에 깔린 사람이네.

―뭇사람들 손가락질에 내색하지 않으려 애쓰며 살았습니다.

―외길 인생은 외로워야 제맛이지. 오래전 나는 중국 서하객의 이야기를 전해 들으면서 조선에도 이런 사람이 있었으면 좋겠다 싶었다네.

처음 표암을 찾아뵈었을 때 그는 가정을 등지고 홀로 산을 찾아 팔도를 누비는 나를 못마땅하게 여겼다. 자신은 명문가의 자손으로 태어났음에도 과거조차 볼 기회가 없어 뜻과 벼슬을 땅에 묻고 울분을 안으로 삭이고 있었다. 그런데 양반가인 나는 산하에 미쳐 과거마저 포기하고 허송세월 보내고, 태몽 때문에 산하를 누비지 않으면 죽게 될 운명이라 했으니 내 꼴이 한심스러웠을 것이다.

사랑방에는 표암이 직접 그린 자화상이 걸려 있었다. 오사모*를 쓰고 옅은 남색 옷을 입은 지금 그대로의 모습이었다. 완성된 지 얼마 되지 않아 색감이 선명했다. 세간 없이 빈방에 걸려 있는 초상화에는 꼿꼿한 성품이 그대로 묻어나 있어 자신도 모르게 예를 갖출 정도로 생생했다. 단정한 필치로 쓰인 화제에 눈길이 갔다.

―제 눈에는 당당한 자부심이 우러나 보입니다.

―그리 보이는가? 도저히 일으킬 수 없을 것 같던 가문을 포기하지 않고 다시 일으킨 나를 바라보며 그린 것이네.

―세상을 일갈하는 화제가 마음에 듭니다.

강세황, 〈자화상〉. 견본 채색, 51×88.7cm, 1782, 국립중앙박물관. 서로 어긋난 복장과 "마음
은 산림에 있지만 이름이 조정에 있다"는 글로 심사를 표현한 자화상이다.

—내 나이 칠십에 이르렀으니 세상을 주유하기 비좁다 한들 누가 뭐라 하겠는가? 화찬을 달아보았지. 아직도 볼 때마다 마음 뭉클하다네. 오악을 흔들어도 세상 사람들이 어찌 알아보겠는가? 이 문장은 창해 자네에게 맞는 말일 듯하네. 백두산을 오른 일이 어디 쉬운 일인가? 어서 무용담이나 들어보세.

인연의 칼끝이 마주 닿은 것일까! 화찬 내용을 빗대어 인용해 비교하며 서로 걸어온 길이 그리 다르지 않다는 것을 설명해주는 표암이었다. 나는 최북에게서 그려온 그림 백두산 천지를 조심스럽게 펼쳤다.

—호생관 그림이로군.

표암은 한동안 응시하더니 가까이 다가서다 물러서길 반복했다.

—이곳이 백두산이란 말인가? 나도 이곳에 서보고 싶어지는군.

—내내 붓질을 이어가던 최북도 직접 보지 못한 백두산이라 감흥이 잘 일지 않는다며 적잖이 짜증을 부렸지요. 광활한 승경을 몇 마디 말로 설명하려는 저나 화폭에 담으려는 최북이나 답답하기는 마찬가지였나 봅니다. 몇 번을 포기하고 한나절 술잔이 돌고 나서야 겨우 그림을 완성할 수 있었습니다.

—최북의 심정이 이해되네. 이곳이 장군봉인가? 비껴 선 장군봉과 물색의 깊이를 잘 살려낸 속기 빠진 붓질이네. 흰 눈이 쌓여 있는 공간을 종이의 여백으로 남겨두었군.

—붓질을 생략한 부분은 표암 어르신이 보시면 금방 아실 거라며 애꾸눈을 찡긋거렸습니다.

—아니, 이 사람! 화제 쓸 공간을 절묘하게 남겨놓았군.

나는 명산을 유람하고 돌아오면 화원을 찾아가 화폭에 옮겨 달라는 주문을 했다. 그려낼 수만 있다면 그곳에 다녀온 것과 매한가지라며 회유하기도 하고 그 승경을 제대로 그려내지 못하면 어찌 화원이 이 정도밖에 그릴 수 없냐며 핀잔을 주며 자존심을 긁었다. 그 긁히는 자존심에 잘 걸려드는 사람은 최북이었다. 아니 걸고 걸리길 원하는 두 사람처럼 만나기만 하면 아웅다웅 금세 허허실실 막역하다. 최북은 그랬다. 이번에 그린 백두산 천지 그림도 표암이 강평하리라는 걸 그는 알고 있었다.

단원, 묵은 약속을 지키다

안기역은 경상도 군위에서 그리 멀지 않은 곳에 있다. 길고 지루했던 겨울을 보내고 봄바람이 불어오자 나는 단원 김홍도를 찾았다.

천지미록주天之美祿酒 술기운이 궁궐에 미쳤던 것일까? 어진 작업에 동참화사로 참여했던 김홍도가 안기찰방安奇察訪에 제수되었다. 중인이자 화원의 신분으로 지방 관리에 제수된 화원은 그가 유일했다. 그것도 천거에 의하지 않고 임금이 직접 내린 벼슬이었다. 이 일로 거리마다 조선 최고의 국화國畵는 김홍도라는 말까지 나돌아 내 귀도 덩달아 즐겁기만 하다. 스승 강세황과 제자의 성은聖恩 인연이 대물림되어 싱그러운 봄 햇살로 이어지고 있었다.

역참에는 역졸들이 부산하게 움직이고 있었고 준수한 말들이 한가로이 저마다 자태를 뽐내고 있었다. 그 옆을 지나려는데 청풍이 고개를 땅바닥을 향해 떨군 채 앞발로 괜히 땅만 찼다. 그만 기가 죽은 것이다.

─청풍아! 연통이나 전달하는 저 말들과 너는 비교할 바 아니다. 너는 백두산, 묘향산, 지리산, 금강산 무수히 많은 명산을 주유한 청노새이니 절대 기죽지 말거라.

청풍의 갈기를 쓰다듬어주었다. 말을 알아들은 걸까? 청풍의 걸음새가 금방 달라졌다.

　—단원! 오랜만일세. 부임 축하가 늦었네,

　—창해 어르신 아니십니까? 어서 오십시오. 한 번쯤 들르실 것이라 여겨 기다리고 있었습니다.

　반갑고 고마웠다. 어떠한 관리가 흰머리 늙은이를 저리 반색하며 손님으로 맞아주겠는가? 의관 정제한 단원의 풍채는 당당했고 의연한 자태는 주위를 압도했다. 생김새도 훤칠했다. 부임하고 일 년쯤 되니 주변 승경을 찾아 사생하는 여유가 생기는 등 그의 관아 생활은 안정되고 있었다.

　오랜만의 해후에 단원이 술자리를 마련해주었는데, 우리는 금세 적적함을 느꼈다.

　—한잔 술에 천 일을 취하자며 호탕하게 술을 따르던 그의 모습이 아직도 생생하네.

　지금 담졸은 우리 곁에 없다. 진솔회 모임 다음 해에 그만 세상을 등졌다. 그리 멀지 않은 날에 자기 집에서 진솔 모임을 이어가자 제안하고, 금강산 기행을 함께 가자 호기롭게 말하며 술자리를 이끌던 담졸이었는데…….

　죽음은 곧 이별이다. 죽음은 일방적이다. 다시 만나자 약속까지 해놓고, 아무리 기다려도 오지 못하게 되었다는 황망한 비보를 듣게 된다면 슬픔에 그리움이 섞이게 마련이다. 여러 날 지나고 나면 슬픔은 가라앉겠지만 그리움은 더 깊어질 수밖에 없다.

　마주하고 있는 탁주도 마찬가지다. 말간 물이 그리움이라면 술지게미는 슬픔이다. 내버려두면 술지게미 슬픔은 가라앉지만 말간 그리움은 뜨게 된다. 그러다 다시 흔들면 그리움과 슬픔이 교차되며 다시 뒤섞여버린다. 단원과 나는 슬픔도 마시고 그리움도 마셨다. 남겨진 우리는 더 취할 수밖에 없었다. 그의 빈자리가 컸다.

—일취천일주一醉千日酒로 호기롭게 지내던 지난날이 자주 생각나 가슴 먹먹합니다. 어르신! 죽은 사람도 되살아나게 한다는 환혼주還魂酒로 담졸을 초대해 지난날을 회상하면 어떻겠습니까?

애써 감추던 비통함이 터진 건 단원이었다. 담졸은 단원이 도화서에 처음 발을 들였을 때 가장 먼저 손을 내밀어주었고 집으로 초대해 문방사우를 선물했으며 자신이 가진 재능까지 아낌없이 전수하며 이끌어준 도화서 사형이었다.

—나는 이 한잔 술에 취하고 취해 꿈에서나마 담졸을 보고 싶네.

입춘이지만 바람은 아직 쌀쌀했다. 술잔을 두 손바닥으로 감싸고 심호흡을 했다.

—어르신과 함께 허물없는 진솔회 모임을 할 수 있게 된 것이 다행이라 누누이 자랑스럽게 얘기했던 담졸이었습니다.

아까운 사람이다. 어찌 작별 인사도 하지 못하고 서둘러 떠났는지…….술 따라주며 이별하고, 시를 지어 이별하고, 문장으로 이별을 고한다면 그것은 시가 되고 이야기가 되고 노래가 되겠지만 미처 이별할 준비가 되어 있지 않으면 가는 자도 남는 자도 슬프다.

—제가 진혼곡 한 곡조 불어도 되겠습니까?

—죽은 사람의 넋을 달래주는 것이 진혼곡인데 내 어찌 마다할쏜가! 하지만 나는 담졸을 이리 빨리 보낼 수 없네. 아쉬워 그리 못할 것 같네.

—하하……. 제가 술이 과했나 봅니다. 담졸 또한 흥이 나 있을 터이니 천천히 보내주는 것이 좋겠습니다. 어르신 여정만 괜찮으시다면 이곳에 머물며 진솔회를 이끌어주시지요.

늘 그림만 그리던 단원에게 찰방이란 관직은 커다란 변화를 가져왔다. 삼십 리마다 설치된 열한 개의 역참에 속한 구실아치• 천삼백 명 이상을 관리해야 하는 데다, 수많은 역마를 총괄해야 하니 생소할 수밖에 없었다. 평소 만나는 대상도 다르고 자신의 언동까지도 남의 눈과 귀를 의식해야만 하는 호락호락한 자리가 아니었다. 이런 차에 날 만났고 더구나 사형처럼 따르던 담졸의 혼까지 불러 진솔회를 이어가고 있으니 해방구를 만난 것이나 다름없어 보였다.

─화원과는 달리 지방 관리로서 보람된 일이 많을 듯싶네.

─매년 사월 팔일이면 안기역 축제인 오토안마제五土安馬祭가 열립니다. 관찰사를 비롯해 지방 군수들이 참여하는 축제이온데 제가 주관하면서 지방관으로서의 위상도 실감하고 있습니다.

─그대에게는 천하를 담을 수 있는 붓이 있는데 두려워할 것이 무엇이겠나? 더구나 자네는 조선 최고의 신필 아닌가?

─과찬이십니다. 지난여름 경상도 관찰사 이병모 대감과 관할 관리들이 모여 청량산을 오르고 그 후 대구 감영인 징청각에 모여 아회를 연 적이 있습니다.

─자네의 품새와 태도라면 어디를 가더라도 뒤지지 않을 걸세. 더욱이 아회를 그림으로 남겨 그 뜻을 기억하려는 게 요즘 추세 아닌가? 최고 화원 단원과 문장가 성대중, 영남 신필로 이름난 홍신유가 어울려 아회를 즐겼다면 그보다 큰 복이 또 어디 있겠는가?

─어르신 말씀처럼 청량산에서 즐긴 그날의 여흥과 정취를 그림으로 남겨보았습니다.

─하하, 나도 오래전에 청량산을 유람하듯 등반한 적이 있었다네. 혹 여흥을 즐긴 곳이 금탑봉 어풍대 아닌가?

─어찌 아셨습니까?

─청량산에서 최고 절승을 자랑하는 곳 아닌가? 나 또한 그곳에서 귀한 인연을 만나 사십 년을 이어오고 있네.

—사십 년을요? 어느 분과 어떤 인연이기에…….

—젊은 날 호형호제로 만나 사돈까지 맺은 인연이지. 만곡 조술도라는 사람이네. 아까운 사람이지. 지금은 영양 조실리에서 형과 함께 월록서당月麓書堂을 짓고 후학들을 가르치고 있네.

나는 실타래 풀듯 조술도와의 인연을 이야기했다.

—그런 귀한 인연도 있군요.

—생각해보면 반이 빚일세. 그나저나 이야기가 많이 벗어났군. 그래 징청각 모임도 그림으로 남기었는가?

—관찰사의 청이 얼마나 간곡한지 아니 그릴 수가 없었습니다. 늦여름 징청각에 모여 시문을 나누는 장면을 그렸습니다.

—당연히 〈징각아집도澄閣雅集圖〉라 불려야겠군.

그림 이야기가 나오자 단원의 눈가에 웃음이 피어났다.

—그 〈징각아집도〉는 지금까지 그렸던 아집도들과는 다른 구도로 세밀하고 정밀하게 그날의 풍경을 잡아냈습니다. 화원으로서 가장 마음 편하게 그림을 그릴 수 있는 시간이었기에 제 붓질에 신기가 들었던 모양입니다. 제가 생각해도 이런 그림을 다시 그려낼 수 있을까 의문이 들 정도입니다.

—자네가 그리 말하니 어떤 그림인지 몹시 궁금해지네.

—성근 오동나무 아래 의관 정제한 사대부 양반들이 부들방석에 앉아 있습니다. 곰방대를 물고 서책을 읽으며 더러는 그림 그리는 이의 주변에서 그림을 감상하는 모습을 화폭에 그대로 옮겨 담았지요.

—이야기만 들어도 그때의 풍경이 연상되네.

궁궐 도화서에서는 주제가 정해진 그림을 주어진 시일 안에 쫓기다시피 그려야만 했다. 그림이 완성된 후에는 화원 간에 서로 비교하고 평가되어 등급이 정해지는 등 자존심에 흠을 입는 경우도 있었다. 그런 압박

전(傳) 김홍도, 〈징각아집도〉. 지본담채, 27.3×37.6cm, 개인 소장. 곰방대를 물고 서책을 넘기는 이병모 경상도 관찰사와 성대중, 홍신유, 김홍도를 비롯한 문사 네 명이 시문을 짓고 그림 그리는 장면으로, 그림 속 실제 인물들이다. 죽필과 서수필의 가는 필선으로 의관과 얼굴 모습을 정밀하게 그려 현장감이 전해진다. 서탁과 문방사우까지 갖춘 품격 있는 아회를 즐기고 있다.

　　―자네의 품새와 태도라면 어디를 가더라도 뒤지지 않을 걸세. 더욱이 아회를 그림으로 남겨 그 뜻을 기억하려는 게 요즘 추세 아닌가? 최고 화원 단원과 문장가 성대중, 영남 신필로 이름난 홍신유가 어울려 아회를 즐겼다면 그보다 큰 복이 또 어디 있겠는가?

감에서 벗어나 화폭 속에 절대 관용을 베풀며 자신만의 붓질로 그려낸 아집도이니 얼마나 무르익어 있을까?

그와 같은 아집도는 다시 그릴 수 없을 거라 손사래 치는 단원의 입꼬리에 신명이 걸려 있었다.

―그 득의작을 직접 보고 싶네.

―경상도 관찰사가 지니고 계십니다. 시문과 함께 첩으로 만들 거라고 하셨습니다.

단원 스스로가 만족해하는 그림이라면 최고 명작일 것이다. 감상할 수 없는 것이 안타까웠다. 사람들이 홍신유의 글씨와 단원이 그린 그림을 합쳐 영남 지방의 신물이라 부른다고 할 정도이니 미련이 마음속에서 떠나지 않았다.

―〈징각아집도〉 이야기를 하다 보니 붓을 잡고 싶습니다. 이전에 저와 어르신과 담졸 세 사람이 나누었던 진솔회 장면을 화폭에 담아 그날의 여흥과 감흥을 기억해야겠습니다.

―진솔회를?

―네, 그리고 진솔회 그림을 완성한 뒤에는 진혼곡으로 담졸 사형을 떠나보내드려도 되는지요?

―그리한다면 담졸도 기뻐할 걸세. 우리들의 모임이 오랫동안 노래와 이야기 그림으로 남겨지지 않겠는가?

단원이 그림 그리는 모습을 직접 볼 수 있다니 마음이 설렜다. 코끝에 묵향이 짙게 밀려왔다. 먹을 찍어낼수록 짙어지는 건 추억이었고 농도를 조절하기 위해 섞이는 물은 진실이었다. 지난 추억이 진실이란 물을 만나 화폭 속으로 빨려 들어갔다. 능숙한 손놀림으로 획을 그어나가고 점을 찍어내는 단원의 모습은 한 마리 학이었다.

그림 배경은 마포 성산 동쪽에 자리 잡은 김홍도의 집이다. 거문고 운

율에 맞춰 학이 춤을 추고 돌담 사립문 밖 동자와 청노새가 안의 풍경이 궁금한 듯 귀를 쫑긋 세우고 마당에는 벽오동 나무가 성글게 드리워진 풍경이다. 초가로 이은 사랑방 들마루에 세 사람이 어울려 있다. 거문고 줄을 퉁기는 단원의 모습과 부채질하며 풍류를 바라보는 담졸, 거문고 소리에 귀를 내어주고 흥얼거리는 내가 있다. 필선 하나로 사람의 표정까지 잡아내는 붓끝은 신의 조화였다.

담졸의 형상에 눈을 찍어냈다. 지그시 웃고 있는 것이 사 년 전 그 모습이다. 화폭을 채워나가는 예리한 붓끝은 지난 봄날의 우정을 기어코 찾아내고 있었다. 거역할 수 없는 시간의 흐름을 되돌리고 있었다. 화선지 한 장에 우리들 진솔회 만남이 스며들었다. 게다가 그림 그리는 현장을 같이할 수 있는 나는 천 가지 복을 가진 사람이었다.

─바로 그 모습이야. 역시 단원일세.

─과찬이십니다.

─자네가 가는 붓으로 우리들의 모습을 담아낼 때에는 숨조차 쉴 수 없었네.

─이 가는 붓은 쥐 수염으로 만든 서수필鼠鬚筆입니다. 가는 선을 끊어지지 않게 그릴 수 있는 장점이 있지요. 하여 초상화 수염을 세밀하게 표현할 때 많이 사용하고 있는데 얼마 전 〈징각아집도〉를 그렸던 붓이기도 합니다.

─말로만 듣던 서수필의 운용을 직접 보다니 믿어지질 않네. 이번 여행길에는 단원이 들려주는 거문고 한 곡조 듣기만 해도 여한이 없을 것 같았는데 이 늙은이를 박대하지 않고 옛정을 담은 그림까지 그려 내어주니 앞으로 가야 할 내 인생이 허허롭지 않을 걸세.

─이 그림에 어르신께서 한 문장 달아주시면 저는 이 그림의 내력을 서문으로 남기겠습니다. 그래야 진솔회의 멋에 흥을 더할 것 같습니다.

〈단원도〉 중 인물 부분. 거문고를 타는 김홍도와 부채질하는 강희언, 구부정하게 앉은 정란의 모습이 그려졌다.

화폭을 채워나가는 예리한 붓끝은 지난 봄날의 우정을 기어코 찾아내고 있었다. 거역할 수 없는 시간의 흐름을 되돌리고 있었다. 화선지 한 장에 우리들 진솔회 만남이 스며들었다. 게다가 그림 그리는 현장을 같이할 수 있는 나는 천 가지 복을 가진 사람이었다.

〈단원도〉 중 동자와 청노새 부분. 사립문 밖 어린 종과 청노새가 기다리고 있다.

나는 단원이 그림을 완성하는 동안 칠언 시조 두 편을 지었다. 하지만 막상 화폭 위에 옮기려 하니 자칫 잘못 쓰면 그림을 망칠 수도 있을 것 같아 손이 떨렸다. 풍채 번듯한 단원과 담졸이 볼품없는 늙은이를 환대해 주어 고맙다는 감회를 정성껏 적어 내려갔다.

단원은 좌측 상단에 진솔회 모임을 서문으로 풀어나갔다.

창해 선생은 백두산에 올라 압록강 변까지 이르고 금강산을 섭렵하고 나를 찾아왔다. 안기찰방에서 홀연히 만나게 되니 수염과 눈썹 머리칼 사이에는 구름 같은 흰 기운이 모였으되 그 정력은 늙어서도 쇠하지 않았고, 올봄에 한라산을 향하리라 하니 장하신 일이다. 우리 두 사람은 옛사람으로 돌아가 즐기듯 하였으나 담졸만 이 자리에 없어 슬픈 마음을 감출 수 없노라 안타까워하면서 〈단원도〉 한 폭을 창해 선생께 드린다.

가슴이 벅찼다. 쉬이 흥분이 가라앉지 않았다. 약속을 지켜야 한다며 세 사람의 우정을 담은 〈단원도〉를 그려서 내게 선물하다니…….

—단원, 묵은 약속을 지켜주어 정말 고맙네.

현실이 용인하지 않아 바로 지키지 못했던 약속을 간직하고 있다가 어느 날 그 뜻을 잊지 않고 지켜주었을 때 그것은 미더운 약속이 된다. 묵은 약속을 지키는 사람이라면 하늘이 낸 사람이다. 단원 김홍도가 그랬다.

발자국에 고인 빗물

제주 거상 김만덕

이제 뱃길 건너 한라산만 남았다.

백두산을 다녀온 후 감흥에 들떠, 바로 행동으로 옮기려 했던 한라산 등반이 삼 년째 미뤄졌다. 변함없는 믿음으로 한라산 등정을 격려해준 혜환의 문장을 꺼냈다.

창해일사 대장부가 조선 팔도 산수를 다 유람하고 드디어 바다 건너 제주에 들어가 한라산을 등정하려 한다. 비웃고 비아냥거리는 이들은 속된 망상이 골수까지 파고든 사람들이다. 과연 수백 년이 흐른 뒤에 조롱하던 그들의 이름이 남게 될지, 아니면 조롱받던 사람의 이름이 남게 될지 두고 볼 일이지만 나는 이미 알고 있다.

제주는 한양에서 가장 멀리 떨어진 유배의 섬, 절해고도 깊숙이 숨겨진 땅이다. 정치 문제로 소용돌이칠 때마다 제주로 유배된 사대부의 숫자는 늘었다. 살아 나오지 못하면 곧 죽음을 의미하던 무섭고 두려운 변방이다. 유배지에서 사약을 받고 죽어간 사람, 유배가 풀리기도 전에 병사한 사람, 바닷길에 폭풍을 만나 익사한 사람, 무사히 살아서 돌아간 사람,

아예 제주에 눌러앉은 사람도 있다.

제주도 유배는 다시 돌아갈 수 없다는 의미였다. 선조의 둘째 아들이며 왕이었던 광해군부터 소현세자의 세 아들과 우암 송시열宋時烈 등 절망의 유배지 제주는 정치적 패배 역사를 지닌 곳이기도 했다. 죄인의 자손까지 그 출신 성분조차 다양했다.

그러나 나는 제주도 바다 뱃길에 오르는 생각만으로도 가슴이 설렜다. 내가 미처 가보지 못한 미지의 땅이 아닌가! 무엇보다 제주 땅을 디딜 준비를 하던 나를 달뜨게 만든 것은 사 년 전 여암 신경준이 써준 간찰이다. 그는 조선 팔도에 대한 지식은 물론 백두산, 한라산 탐방에 필요한 지도와 정보를 내게 주었다. 그가 없었다면 백두산도 한라산도, 미지의 땅으로 남겨졌을지 모른다. 그는 내게 크나큰 은인이다.

몸을 돌려 그가 있을 법한 곳으로 고개를 들었다. 파란 바다와 닮은 하늘, 그를 만났던 때를 떠올렸다.

―제주 제일 객주 김만덕• 앞으로 서신 한 장 써줄 터이니 도움을 받을 수 있을 것이네.

―생소한 땅에서 추천장이나 서신은 생명줄과도 같다는 것을 잘 알고 있습니다. 겉으론 세상을 주유한다고 보란 듯이 이야기하고 있지만, 속내는 떠돌이나 다름없는 제게 너무나 과분한 선물입니다.

―그런 말 마시게. 내가 제주 부사 시절 교류했던 만덕과의 인연은 각별했었네. 아녀자의 몸으로 베푼 선행이 얼마나 대단한지, 제주 사람이면 누구나 칭송을 아끼지 않는다네.

―아녀자라 하심은?

―말 그대로 만덕은 여인일세. 가난한 집안 딸로 태어나 전염병으로 일찍 부모를 잃고 갈 곳이 없게 되자 기방에 얹혀살았지. 그러다가 행수의 수양딸로 들어가 기생이 되었다가, 수차례 제주 부사를 찾아가 눈물로

읍소한 끝에 기적妓籍에서 간신히 빠져나와 포구에 물건을 사고파는 점포를 마련하고는 악착같이 돈을 모았네. 제주의 특산물인 미역, 전복, 말총, 우황을 육지에 보내 비싼 값에 내다 팔았지. 또 부녀자들의 옷감이나 화장품, 장신구 조달과 관청에서 필요한 물품을 도맡아 처리하면서 교역을 확장해가더니 마침내 제주 제일의 객주가 되었다네.

—여인네의 몸으로 상거래에 손을 대고 제일 객주가 되었다니 대단한 사업 수완입니다.

—어찌 그뿐이겠는가? 오랜 가뭄으로 백성들이 기근에 허덕이고 굶주려 있을 때 자신의 전 재산인 곳간을 열어 배고픈 이를 구원했고 병든 사람에게 돈을 풀어 치료해주었지. 만덕은 어려움이 닥칠 때마다 선행을 베푸는 것을 낙으로 여기던 여장부라네.

—하늘이 낸 사람이 아니고서는 어려운 일을…….

—제주 백성들이 모두 그리 칭송하고 있지. 그녀는 항상 수익을 올리고 나면 일정 이문을 헐어 어려운 사람들에게 베풀었네. 그러니 고을마다 칭찬이 자자할 수밖에……. 고을의 안위를 책임지는 목민관으로서 재앙과도 같은 굶주림을 외면하지 않는 객주에 대한 고마움을 어떤 말로 다할 수 있었겠나?

봄비가 내려 온갖 곡식을 기름지게 한다는 곡우穀雨가 지났다. 머릿속에는 객주 김만덕 생각으로 꽉 찼다. 명산보다 사람을 먼저 만나보고 싶은 경우는 손꼽을 만큼 드물었는데 이번이 그랬다.

전라도 목포에 머문 지 하루 만에 배에 오른 것은 운때가 맞아떨어진 행운이었다. 항구에는 날이 맞지 않아 열흘 이상 묶여 있는 사람들이 부지기수였다. 이미 갑판에는 섬으로 들어갈 물건들이 켜켜이 쌓였고 그 사이사이에 사람들이 비집고 앉아 있었다.

출항을 알리는 소리에 돛이 올라가고 불어오는 순풍에 배가 바다 가운데로 미끄러지듯 나아갔다. 워낙 험한 뱃길이라 조수에 맞추어 물길을 잡고 풍랑을 피해 배를 띄웠다고는 하나 언제 바다 날씨가 변덕을 부릴지 모를 일이었다. 그만큼 출항 결정은 신중했다. 하지만 일단 결정이 내려지자 뱃사람들의 행동은 민첩했다.

배의 흐름이 빨라질수록 크고 작은 섬들이 아름답게 다가왔다가 뒤로 점점이 사라져갔다. '대부분의 섬이 왜구의 침략으로 비어 있다'며 혀 차는 소리가 들려왔다.

제주 땅은 어떤 곳일까! 과거 스승께서는 통신사 사행길 경험담을 들려주며 미지에 대한 탐험 여행은 남자로서 가치 있는 것이라 강조했다.

'일본으로 떠나는 통신사 사행길이 열리면 어떤 수단을 써서라도 다녀오라!'

그렇게 당부하던 스승이었다. 그래야 세상을 바라보는 통通이 트인다고 열변하시지 않았던가! 그러나 그동안 통신사 사행길이 열리지 않았다. 기회조차 얻지 못한 미련이 배를 놀리는 키잡이의 능숙한 손놀림에 맞추어 흔들렸다. 배 앞잡이가 가리키는 곳을 보니 엄지손톱만 한 섬이 까마득하게 보였다.

—저 섬이 흑산도입니다. 이곳을 벗어나면 이제부터는 섬 하나 없이 바다와 하늘뿐입니다. 물길을 제대로 타면 하루 만에 섬에 닿을 수도 있지만, 뱃길을 잘못 잡으면 망망대해로 빠져 물고기 밥이 되거나 백골 귀신이 되니 마음 단단히 잡아야 합니다.

엄포를 놓는 뱃사람 목소리에는 장난스러움이 묻어났지만, 어느 한 사람도 웃지 않았다.

그 와중에 어떤 사람이 호기롭게 목소리를 높였다. 흑산도에는 어마어

마한 크기의 고래가 사는데, 간혹 죽어서 해안에 밀려올 때가 있다. 그 고래를 삶아 기름을 내면 열 동이는 족히 얻을 수 있고, 눈깔로 술잔을 만들고, 수염은 자(尺)로 사용하고, 척추를 잘라 절구통으로 쓴다. 그런 내용이었다. 자신이 겪은 듯 자랑스럽게 떠벌렸으나 진의는 알 수 없었다.

일렁이는 파도에 배가 출렁거렸다. 사람들은 당황하며 배 가운데에 모로 누웠다. 정처 없이 물길을 따라 흘러가는 배에서 보이는 것은 수평선뿐이었다.

얼마나 지났을까! 멀리 한라산 정상이 구름에 가려 깃봉처럼 솟아 있다. 환호성 소리와 더불어 이곳저곳에서 안도의 숨소리가 들려왔다. 선착장에 부려진 짐 중에는 김만덕 객주 앞으로 보내지는 물품도 있겠다 싶었으나 물어보지는 않았다.

김만덕은 소문대로 이익에 눈먼 장사치가 아니라 여유가 넘치고 두둑한 배포가 느껴지는 여장부였다. 세상을 주유하고 있는 창해 정란이라 내 소개를 하고, 신경준의 간찰을 건넸다. 그녀는 크게 놀란 표정으로 나를 보았다. 눈은 움푹 들어가고 코 높은 이방인의 모습을 한 누추한 선비가 육지에서 제주 섬까지 찾아왔으니 놀랄 만도 하다.

간찰을 다 읽었는지 그녀는 따듯한 눈빛으로 반갑게 인사를 건넸다.

─김만덕 인사 올립니다. 먼 길 오시느라 노고가 크셨습니다. 다른 이도 아닌 신경준 부사의 소개로 오셨으니 예를 다해 모시도록 하겠습니다. 신 부사께서 이곳을 관장하셨을 적에 올바른 호민관으로 고을을 다스리셨고 읍성을 보강해 왜구 침입을 막아 민생 안정을 꾀하셨습니다. 지금도 제주 사람들은 그분의 곧은 성품과 처신에 존경심을 가지고 있습지요.

─나도 신경준 대감에게서 그대가 그간 곤란에 처한 백성들을 위해 베풀었던 선업이 무언지 이야기를 많이 들었네. 더구나 여인이라 하기에 더

욱 놀라웠지.

─과찬입니다. 나랏법으로 이 섬에 사는 여인네는 육지로 나갈 수가 없도록 금지되어 있지요. 그리 평생 섬에서 살다 죽어야 할 팔자인 제가 어느 해 육지에 대한 치기 어린 궁금증으로 남장을 한 채 몰래 배를 탄 적이 있었습니다. 그때 제가 느꼈던 긴장감과 흥미로움은 가슴 깊이 숨겨 두고 무덤까지 가지고 갈 즐거움이온대 평생 전국을 주유하는 나리 감흥은 어떠하신지 짐작하고도 남습니다.

─자네 배포가 남정네 여럿 몫이었네그려. 나는 세상에 대한 호기심에 객기가 더해져서 조선 팔도 많은 산을 오르고 강을 건너고는 하지만 그럴 때마다 느끼는 감흥들을 어떻게 표현하는 것이 마땅한가, 늘 고민거리라네. 이번에 한라산을 오르고 나서 그간의 감흥을 정리할 생각이네. 그리고 식솔들에게 용서도 구할 참이고…….

─식솔에게 미안한 마음이 크셨을 테지요. 저는 소싯적 기적에 이름을 올렸을 때 집안 망신이다, 남 보기 창피하다 친척들이 구박을 주고 눈도 마주치지 않아 속을 많이도 태웠지요. 그러다 제주 목사를 찾아가 수차례 눈물로 호소한 끝에 어렵사리 기적에서 빠져나올 수 있었습니다.

내 안타까운 시선을 느꼈는지 그녀는 괜찮다는 듯 고개를 저었다.

─이제는 다 내려놓았습니다. 나리께서는 오래도록 제집에 머물며 전국 방방곡곡 이야기를 들려주셨으면 합니다.

객주 만덕은 제주 관아 관리에게 부탁해 한라산을 자유로이 탐방하고 섬 전체를 통행할 수 있는 허가증을 만들어주었다. 읍성을 기웃거리다가 첩자로 오인받을까 염려한 세심한 배려였다. 또한 내게 광준이라는 건장한 사내를 붙여주었다. 눈치가 빠른 그는 많은 장사치를 상대해온 터라 웬만한 사람은 다 알고 있을 정도로 인맥은 족히 제주 최고라 했다. 게다가 육지에 대한 호기심으로 가득 차 있었고 이곳 지리에 밝았다.

그것뿐만이 아니었다. 저녁상에 성게미역국과 자리젓, 옥돔구이가 올라왔다. 이 섬에서 가장 귀한 손님이 왔을 때 올리는 상찬이라고 했다. 이런 대접이 내게 가당키나 한 것인가! 전 제주 부사 신경준과 객주 만덕의 인연의 끝자락에 혹여 내가 빌붙어 있는 건 아닌지 자괴감도 들었다. 귀한 생선인 옥돔구이가 아니라 푸성귀 국밥이었다면 오히려 편한 식사가 될 텐데, 한 끼를 걱정하던 때가 허다했는데, 이런 호사라니……. 오늘도 또 다른 빚을 지고 있구나 싶은 마음에 나는 쉬이 숟가락을 들지 못했다.

제주도의 인심과 질서는 당굿과 영등굿으로 귀결되어 있었다. 두 굿을 이해하지 못하면 한 걸음도 나아갈 수 없는 곳이 제주였다.

당굿은 각 마을에 있는 신께 올리는 여인들만의 굿판이다. 고을마다 본향당本鄕堂을 두고 할망, 하르방 산신을 모신다. 바다를 머리에 이고 살아가는 여인들은 메 세 그릇을 떠놓고 제를 올리거나 굿을 하면, 그 어떤 고민이나 고통을 털어놓아도 다 들어주고, 마음속 응어리까지 다 풀어준다고 믿었다. 바다를 터전으로 살아가는 그네들의 삶이 모질지 않으며 끝없는 신의 보살핌을 받고 있다는 믿음이 있었다. 마음을 잡아주는 안식처 같은 역할이었다.

영등굿의 유래는 이렇다. 고기잡이 나간 어부들이 길을 잃고 외눈박이 거인들에게 잡힐 위험에 처하자 어디선가 영등할망이 나타나 어부들을 숨겨 구해주고 집에 도착할 때까지 관세음보살을 외우며 돌아가라 주문했지만 섬이 가까이 보이자 어부들은 이제 살았다는 안도감에 관세음보살 부르는 것을 잊었다. 그때 강한 비바람과 함께 외눈박이 거인들이 나타나 그들을 섬으로 끌고 갔다. 이들을 도왔던 영등할망도 거인들에게 붙들려 온몸이 찢기는 죽음을 맞았다. 그렇게 만신창이가 된 영등할망의 몸과 머리와 팔다리가 해안으로 떠밀려오자, 어부들은 시신을 거둬 제를 지

내주었다.

매년 음력 이월 초하루, 한림읍 귀덕리 복덕개 해안으로 들어온 영등할망은 한라산 영실에 올라 오백나한 장군을 만나고, 어승생악^{御乘生岳}에 오르고, 산방산과 교래 곶자왈을 돌아 해안가에 핀 꽃들을 구경하고, 보름 동안 섬 곳곳을 돌며 농사와 전복과 소라, 미역 등 온갖 해산물 씨를 뿌려주고 우도 해안을 통해 떠나간다. 신이 섬마을 삶의 흥망을 주관하고 있었다.

영등할망에 얽힌 전설을 전해주는 광준의 눈빛에 생기가 돌았다.

—생명을 구해준 은혜에 대한 보답으로 시작되어 이어져 내려오는 영등굿은 슬프고도 감동적이네. 그런데 영등할망이 보름 동안만 머물다 가시는가?

—네, 그렇습니다. 해녀와 어부들은 그 보름 중에 길일을 정해 정성스레 영등굿을 치르는데 조금이라도 부정이 탈까 몹시 두려워합니다.

—부정을 타면 신이 노하기라도 한단 말인가?

—그러합니다. 그래서 그 보름 동안은 바다에 나가 고기를 잡거나 집안일을 하는 것을 금기하고 있습니다. 금기를 어기면 씨를 뿌려도 흉년이 들고 장을 담가도 구더기가 슬고, 지붕을 고쳐도 비가 새고, 아무리 빨래를 잘해도 이불에 벌레가 생기고 옷이 좀 슬게 됩니다.

—그럼 손 놓고 가만히 있으란 말 아닌가?

—몸과 마음을 정갈하게 가질 수 있도록 서로 경계하는 것이지요. 이때 내리는 비를 영등할망 눈물이라 여깁니다. 모질고 차가운 바람이 불면 영등할망이 가까이 있구나, 생각할 정도입니다. 영등할망은 딸이나 며느리를 데리고 섬으로 들어오는데, 날씨가 좋으면 딸을 데리고 들어온 것으로 여겨 풍년이 온다고 좋아했고, 날씨가 나쁘면 며느리를 데리고 들어온 것으로 생각해 한 해 농사를 걱정해야 했습니다.

광준은 뭍사람들의 풍습을 궁금해했다. 그에게 마을의 안녕을 기원하는 안동 지역 하회탈 놀이와 양반들의 흥과 멋을 자극하는 운검무에 대해 이야기하면서 영실기암 오백나한을 찾았다. 이번에도 광준은 오백나한에 얽힌 슬픈 이야기를 들려주었다.

오백 명의 아들을 위해 큰 가마솥에 죽을 끓이던 어머니가 실수로 솥에 빠져 죽었다. 밖에서 돌아온 아들들은 아무것도 모른 채 그 어느 때보다 죽이 맛있다며 배불리 떠먹었다. 마지막으로 돌아온 막내는 죽 속에 들어 있는 뼈다귀를 발견하고는 그것이 어머니라 직감했다. 슬픔에 찬 막내는 '어머니 고기를 먹은 형들과는 한시도 같이 살 수 없다' 하고 울면서 차귀도로 가서 바위가 되었다. 이런 사실을 알게 된 나머지 아들들도 괴로워하며 한라산에 올라가 오백나한 형상의 돌이 되었다. 참회하고 있는 형상으로 굳어진 차귀도 바위에서 울음소리가 들리는 듯했다.

영등할망이 지나간 섬 곳곳을 둘러보았다. 경거망동하지 말라는 경고였을까? 바다를 끼고 살아가는 섬이라는 특성 때문인지 가는 곳마다 전설과 설화가 많았다. 이곳에 무지했던 내가 이런 호강을 누리며 섬 전체를 탐방하리라고는 생각지도 못했다. 곳곳의 숨겨진 비경을 만나고, 이야기를 듣는 순간순간이 모두 즐거움이었다.

객주 만덕에게 감사를 표했더니 그녀는 웃음으로 답했다.

—그럼 이제 한라산을 오르셔야지요. 저도 따르고 싶지만 여인의 몸이라 아쉽기만 합니다.

한라산 백록담 산행 준비를 꼼꼼하게 챙겨 나갔다. 어떻게 주어진 기회인데, 무작정 덤비다가 혹은 준비가 소홀해서 낭패를 본다면 스스로를 용서할 수 없다. 오뉴월이지만 한라산 머리에는 눈이 쌓여 있고 바람도 많이 분다. 어느 산길로 길을 잡아야 할지, 먹을 식량을 어느 정도 최소로 할지 고심했다.

산길에 능통한 사냥꾼 두 명을 더 모았다. 그들에게 불 지피는 솜과 부 싯돌이 젖지 않도록 보관하는 요령, 움막을 치는 방법, 눈길에 대비해 밧 줄을 꼬고 매듭짓는 법, 예기치 않은 사고에 대비한 생존법 등을 가르쳐 주었다. 틈틈이 백두산과 설악산, 두류산과 금강산, 묘향산과 백두대간을 잇는 여러 산이 주는 감흥과 경험담도 들려주었다.

두 차례에 걸쳐 중복되지 않게 교차해서 한라산을 등정했다. 어리목에 서 출발해 백록담까지 오른 뒤 남벽을 끼고 돈내코로 하산한 뒤, 이차적 으로 관음사에서 개미목을 지나 백록담을 한 바퀴 돌아 성판악 능선을 탔다. 웅장하게 펼쳐진 백록담 절경을 언제 다시 볼 수 있을까! 기약할 수 없는 광활한 경치 하나하나 새롭다. 밤새 쏟아지는 별 무리가 마음속 담을 넘어오는 것을 허락하고, 단단히 가두었다.

—나리께서 왜 산을 고집하시는지 조금 알 것 같습니다. 산 정상에서 굽어보는 산하는 가슴을 벅차게 만들고 산중에서 전해지는 평온한 이 맛 을 어떻게 받아들여야 할지 고민해보겠습니다.

—허허, 맛이라 했는가? 그 말은 산쟁이들이나 쓰는 말인데, 이것은 경 험하지 않으면 알 수가 없고 직접 발로 딛지 않으면 느낄 수 없는 산 사 람들의 경지라 하지.

우리는 마지막 일정으로 잡은 성산 일출봉 탐방을 마치고 객사로 돌아 왔다. 객주 만덕은 자기 일처럼 기뻐하며 한라산 등반을 축하해주었다.

—한라산과 교감은 잘 하셨습니까?

—조선의 산하는 버릴 것이 하나도 없네. 생명을 잉태하고 길러내는 자연을 임자任子라고 부르지. 결국 임자를 알아보지 못하면 이 세상에 난 보람이 없고, 임자를 배반하면 차라리 이 세상에 아니 난 것만 못하네. 한 라산에서 평생 이어온 등반의 정점을 찍을 수 있어 감회가 깊소. 참으로

고맙소이다.

그녀는 나이를 아무리 먹어도 줄지 않는 것이 세상에 대한 호기심이라고 말했다. 한양에는 어떤 사람들이 살고 있는지, 육의전 모습은 어떠한지, 임금이 계시는 대궐은 어떤 모습인지, 금강산은 어떤 선경이기에 많은 사람이 오르고 싶어 하는지, 그녀는 궁금한 것이 많았다. 가보지 않은 길에 대한 동경심은 산쟁이인 나와 견주어도 넘쳐났다. 그녀는 청나라와 왜와의 교역까지도 넘볼 정도로 배포 큰 여장부였다.

썩어 없어지지 않는 존재

미지의 땅으로 동경해오던 백두산과 한라산 등정까지 끝마쳤다. 그러나 험하기로 유명한 함경도 땅과 남해의 섬들을 가보지 못한 것이 아직 미련으로 남았고 일본과 중국 땅을 밟아보지 못한 아쉬움이 크다.

그동안 묶은 첩을 뒤적여보았다. 아쉬움과 부족했음이 묻어나는 지난 일정을 편년체식 문장으로 세세하게 기록해두지 못한 것이 마음에 걸렸다. 내 기억 속에서 희미해져가는 것들이 늘고 있었기 때문이다. 게다가 조선 팔도에 미처 발자국을 남기지 못한 곳이 얼마나 많던가? 또한 봄·여름·가을·겨울 그 풍치가 다 다르니 말로 다 할 수 없는 것들도 부지기수다.

이 첩이 후세로 이어지기 위해서는 대학자에게서 찬문을 받아야 한다. 이유는 분명하다. 유명인의 서문이나 찬문이 달리지 않으면 후대에 가치를 인정받지 못한 채 불쏘시개로 쓰일지도 모른다.

그 대상을 누구로 정해야 할까! 누구보다 날 이해해주고 격려해주던 대문장가 성대중과 이용휴 그리고 남인의 수장 격인 채제공˙을 떠올렸다.

찾아뵙기로 마음 정한 까닭일까? 아침나절, 까치가 부산하게 울어댔다. 영양에서 평생지기인 만곡 조술도의 간찰이 도착했다.

노형! 그렇게 노래 부르던 백두 한라산까지 올랐으니 더 바랄 것이 무엇이겠소. 자신의 큰 포부를 세상이 받아주질 못하자 주위 사람들과 심한 논쟁과 다툼으로 하옥되기를 반복했던 동보同甫의 호탕함도 노형 보다는 한 수 아랠 것이오. 백두에서 한라까지 세상을 폭넓게 두루 주유한 등반 여행가는 노형뿐일 것이니 감축드리오.

만곡 조술도 경배

한라산을 오르고 집으로 돌아왔다는 소식에 만곡이 축하 서한을 보내 온 것이다. 심부름꾼을 기다리게 하고 붓을 들었다.

만곡! 축하 인사는 고맙지만 면목이 없소이다. 각설하고, 채제공 대 감을 찾아가 찬문을 받아 내 첩에 실으려 하오. 벗도 알다시피 정사에 서 물러나 있는 그 어른은 충신으로서 훗날 조정에 복귀하게 될 것이 외다. 차제에 그대 조부(조덕린)의 신원 회복에 대한 청도 함께 넣을 생 각이라오.

나와 같이 한양에 올라가 성대중과 채제공 대감을 뵙지 않으시겠 소? 그리고 내친김에 최북과 이인문 등 화원들도 만나볼 참인데 만곡 은 백두산, 한라산 이야기가 궁금하지 않소? 아울러 단원 김홍도가 그 려준 진술회 장면도 그대에게 보여주고 싶다오.

창해일사 정란 경배

그 후 만곡 조술도와 영양과 군위의 중간 지점인 안동에서 만나 동행 했다. 그는 연신 백두산과 한라산에 대해 질문해왔다. 어려움은 없었는지 정상에 오른 감회가 어떠했는지…… 백두산과 한라산을 오르겠다던 자 신과의 약속도 지켰으니 이제는 사람들 입에 오르내리는 비난의 대상에서 벗어나 억세게 운 좋은 부러운 사람이 되었다며 나를 추켜세웠다. 오랜만에 그림자를 길게 드리우고 한길을 걸어가는 우리 두 사람의 어깨에 흥이 걸렸다.

채제공은 한양 근교 명덕산에 은일했다. 벼슬이 높으면 높을수록 그만큼 문턱이 높기 마련인데 정1품 대감이었던 채제공의 거처는 여느 대궐 같은 집이 아니라 소박한 기와집이었다. 진즉에 성은을 받은 몸이지만 집 넓히는 것을 오히려 부덕의 소치로 여겼다.

집 안 곳곳에 절제와 청빈함이 배어났다. 오랫동안 이어온 사노비^{私奴婢}의 폐단을 바로잡고자 노력했던 자신의 치적과도 어긋나는 일이라 여기며 검소하게 살았다.

—창해 자네는 여전히 명산대천이 자기 집 마당이고 만곡은 영양에서 후학들을 가르치느라 짬이 없을 터인데, 어떻게 두 사람이 함께 날 보러 온 겐가?

격의 없이 대해주는 그의 인상은 단단하면서도 빈틈이 없었다. 처음 만났을 때 그의 두 눈동자가 밖으로 쏠린 사팔뜨기여서 놀랐고, 아무리 어렵게 꼬인 정사도 꿰뚫어 현답을 내는 박식함과 처세술에 또 놀랐었다. 이런 내면 때문에 선왕 영조가 그렇게 가까이 두려 했구나!

나는 임시로 만든 첩을 펼쳐 보였다.

—제 허물입니다. 산에 미친 허당이기도 합니다.

채제공은 글과 그림뿐 아니라 찬문까지 꼼꼼하게 살피며 첩을 읽었다. 중간중간 고개를 끄덕이기도 했는데, 특히 김홍도가 그려준 진솔회 〈단원도〉와 백두산과 한라산 기행문을 눈여겨보았다.

—험지인 백두산과 섬나라 제주는 쉽지 않은 여정이었던 것 같군.

—혼자의 힘만으로는 어림없는 길이었습니다. 여암 신경준 어른께서

발자국에 고인 빗물

백두산과 한라산에 대해 지도해주시고 필요한 사람까지 소개해주어 가능한 등정이었습니다. 두 사냥꾼의 도움을 받아 백두산 천지에 올랐고 거상巨商 김만덕이라는 여걸의 도움을 받아 무사히 백록담을 바라볼 수 있었습니다.

—거상 김만덕 여장부라……

—그녀는 기녀 출신으로 제주와 육지 간 물품 거래의 맥을 잘 파악해 많은 재물을 얻었지요. 하지만 그 재물도 가뭄이나 전염병이 돌 때면 어려운 백성들을 구휼하는 일에 내어놓으니 덕을 베풀 줄 아는 여장부이옵니다.

—조선에 그런 여인이 있다니 나라의 복 아니겠는가?

잠시 첩에서 눈을 뗀 채제공이 내 눈을 유심히 들여다보았다.

—자네가 허물이라 말한 것 같네.

—네, 그러합니다.

—내 허물을 들어볼 텐가? 내가 스물두 살(1743)에 문과 정시에 급제한 후 예문관* 사관으로 있을 때, 길한 터를 가진 무덤이 있던 산을 욕심부렸던 죄로 강원도 삼척 땅에 유배를 간 적이 있었지. 남의 재산을 탐했으니 생각만 해도 부끄럽고 창피스러운 내 젊은 날의 허물이었어. 어디 그뿐인 줄 아는가? 평안도 감찰사 시절, 서류통청*은 국법의 문제가 아니라 풍속에 맡겨야 한다고 주장했다가 서얼들에게 길거리에서 구타당하는 수모도 겪었지.

세상에 허물이 없는 사람은 없다며 지난 과오를 내비치는 채제공의 얼굴은 담담하면서도 평온했다. 오히려 그의 입가에는 옅은 미소가 스쳤다. 상대의 허물은 아무것도 아니라며 오히려 자신의 지난 흠들을 털어놓는 그는 대인이었다.

—나의 객기였지. 평생 잊을 수 없고 잊어서도 안 되는 것들이지. 이제

삼십 년 넘게 산천을 누빈 창해일사의 경험담이나 들려주게나.

—다행스럽게도 왜란이나 호란을 겪지 않는 시대에 태어난 복을 가지고도 가장의 본분을 잊고 가족을 등졌고, 온당치 못한 시류에 저항하지도 못했습니다. 그것이 마음에 걸립니다.

공감한 듯 고개를 끄덕이던 채제공은 붓을 들어 창해자족불후滄海自足不朽 여섯 글자를 썼다.

—남이 가지 않는 길을 평생 걸어온 사람에게 달리 어떤 찬사가 필요하겠는가? 창해 자네야말로 썩어 없어지지 않는 존재라네.

불후不朽, 사라지지 않는…… 목이 메어왔다. 자세를 고치고 채제공 앞에 큰절을 올렸다.

—어르신 제게는 갚아야 할 빚이 또 하나 있습니다. 제 평생지기인 만곡과 저는 서로 사돈을 맺을 정도로 오랜 친분을 이어왔습니다. 저는 산수병으로 걱정만 끼쳤는데도, 만곡이 힘을 북돋아준 덕분에 오늘에 이를 수 있었습니다. 제가 어찌 이 신세를 말로 다 할 수 있겠습니까? 이 사람 만곡의 조부이신 옥천 조덕린 대감의 신원 회복에 힘써주십시오.

채제공은 만곡을 지그시 바라보았다.

—지나온 역사를 다 펼쳐놓고 보면 당연한 것을 그 당시에는 시류에 편승해 빠트리는 경우가 많았네. 끊임없이 이어지는 당파 싸움에 올바름이 사라지는 경우가 일쑤였지.

잠시 생각에 잠기는가 싶던 채제공은 시 한 편을 적어 내려갔다.

금강 기이한 봉우리를 다 둘러보고
만폭동 물길을 따라 걸음 옮겨도
속세의 마음 여전해
정양사 헐성루에 다시 오르네.

看盡千峰秀 踏來萬瀑流

塵心猶未化 更上正陽樓

—이 시문은 자네 조부이신 조덕린 어른이 금강산을 유람하고 지은 시문이네. 속세에 물든 마음이 여전히 남아 있어 다시 온 길을 되짚어 헐성루에 오를 사람이 세상에 몇이겠는가? 자네 할아버지는 성품이 푸르고 맑은 분이셨네.

만곡은 눈시울을 적셨다.

—빛이 어둠을 밝히듯 바른 뜻은 반드시 제자리를 찾아갈 걸세. 다소 세월이 걸릴지라도 기다려보세나. 뜻이 있으면 길이 열린다는 것은 창해 일사가 이리 증명해 보이지 않았는가?

—대감께 어려운 청을 드리는 것 같아 뵙기를 많이 망설였습니다.

—조정에서 물러나 야인으로 있은 지 벌써 육 년이나 되어 자네에게 별 도움이 되지 못할 것이네. 내 지금도 아쉬운 것은, 자네 형인 조진도가 문과에 급제한 후 시대를 잘 만나 뜻을 펼치었다면 만사가 해결되었을 텐데⋯⋯. 전시에서 전강에 뽑히는 영예까지 얻고도, 조부가 올렸던 상소 때문에 노론의 중상모략을 받아 과거 급제가 취소되는 황망한 일을 당했으니 안타깝고 애석한 일이었지.

—벌써 이십오 년 전의 일이옵니다. 무례하오나 대감께서 약조 하나 해주십시오. 훗날 성은을 입어 제 조부의 신원이 회복된다면 그때 월록서당 현판을 써주시길 청합니다. 그러면 조부께서도 크게 기뻐하실 것이고 제 가문에도 또한 크나큰 영광일 것입니다.

—자네 조부 신원이 반드시 회복되어 현판 글씨를 쓰게 되는 기쁜 날을 우리 함께 기다려보기로 하세나.

이별 여행을 떠나다

흰색 앞발에 까만 눈동자로 날 바라보던 어린 새끼였는데……. 어느새 삼십 년이 지났다. 재갈도 없이 조선 팔도 명산대천을 찾아다녔으니 얼마나 많은 곳을 유람하고 유숙했는지 가늠이 되지 않는다. 쫑긋하던 귀는 늘어졌고 연신 씰룩거리던 입맵시는 물에 빠진 숯을 말린 것처럼 변해 꺼뭇하고 생기가 없다. 통통하던 엉덩이도 살집 없이 홀쭉하게 말라 엉치뼈만 튀어나왔다. 사람으로 치면 칠순 넘은 노인이다.

그런 청노새 청풍과 이별을 앞두고 있다. 그동안 청풍에게 받기만 했으니 나도 무언가 해주고 싶다. 그래. 유난히 바다를 좋아하던 청풍을 위해 동해안 바다로 가야겠다. 쉬엄쉬엄 떠나면 단옷날에 맞추어 푸른 경포 바닷가에서 춤을 출 수 있을 것 같다.

청풍이 좋아하는 콩을 물에 불리고, 발굽도 깎아주고 구리 방울도 닦아 광내고 갈기도 정갈히 손질해주었다. 이번 원행은 원주 횡성으로 난 편평한 길을 따라 천천히, 유유히 갈 생각이다. 급할 것 없다. 마릉 농가를 나섰다. 앞서가는 청풍의 뒤태가 여느 때보다 야위어 마음 저리고 아프다. 익숙한 길이었지만 걱정이 앞서 나직이 말을 건넸다.

—청풍아! 이번 길은 너와 내가 수없이 다니던 길이다. 너의 반쪽은 사

람이나 마찬가지지. 노새들과 어울린 것보다 사람들과 부딪치며 지나온 날들이 더 많으니 말이다. 이번 여정은 널 위한 여행이다. 네가 신기한 듯 바라보았던 강릉 단오절 난장을 구경하고, 네가 뛰어놀던 경포 바닷가에서 불린 콩으로 소풍이나 즐겨보자꾸나! 내 쉬엄쉬엄 갈 것이니 날이 저문다고 전처럼 서둘러 마을에 닿으려 하지 않아도 된다.

말귀를 알아들은 듯 청풍은 누런 이를 드러내고 푸푸 소리를 내며 앞장서 길을 간다. 나는 지나는 곳마다 이곳이 어떤 곳이고, 이곳에서 누구를 만났었고, 무엇이 유명하니 꼭 들러야 한다는 등 무수히 많은 이야기를 청풍에게 들려주었다. 샘물로 목도 축이고 주막에서 쉬어갔다. 독백과도 같았으나 잊고 있던 추억들이었다. 하찮은 기억에 이를 드러내는 너는 천상의 객이었다.

—여기 이곳이 대관령 반정이고 아흔아홉 굽이를 돌고 돌아 저 아랫마을 평평하게 널린 끝에는 바다가 있다. 청풍아! 우리가 얼마나 많은 백두대간 고갯길을 넘었는지 너는 아느냐? 조선 팔도 곳곳 고갯길을 넘을 때마다 짐을 짊어지고 걸어야 하는 너는 얼마나 힘들었느냐? 산적과 호환虎患을 피하려 보부상들과 함께 영과 산마루를 넘으며 그들이 사는 이야길 듣는 재미도 쏠쏠했지. 그들은 정직한 사람들이고 길목에서 마주치는 서낭당은 무사하길 기원하는 그들 나름의 신앙이었다. 우리가 눈보라와 비바람을 피해 어쩔 수 없이 그곳에서 밤을 새울 때 나는 너의 체온에 의지하며 무던히 잠에 빠질 수 있었다.

인제와 양양을 잇는 한계령, 인제에서 고성으로 넘어가는 미시령과 진부령, 한계령과 그 샛길 은비령에서 바라보던 은사시나무 바람 소리가 나는 아직 생생하게 기억난다. 인제 곰배골에서 진동리로 넘어오는 곰배령은 지금 생각해도 참 힘든 고개였다. 모두 청풍과 함께했던 길이다. 청풍에게 진 빚을 어떻게 갚을까? 당장 고통스럽지 않게 보내주는 것이 최상이겠지만 윤회가 이뤄진다면 꼭 알려주고 싶은 것이 있다.

　―내가 너를 가장 잘 알고 있듯이 너 또한 나를 잘 알 것이다. 청풍아!
다음 생은 사람으로 태어나거라. 내 바람이다. 그때도 우리 이렇게 나란
히 길을 걷자꾸나.

　곰방대에 연초를 채우고 부싯돌로 불을 댕겼다. 한 모금 깊게 빨아 마
시고 내뿜었다. 짧은 동안 이루어지는 동작들은 수없이 반복된 정제된 의
식의 간격이었다.

　―이번 여행길에 너와 같이 꼭 다시 한번 보고 싶은 두 가지가 있구나.
나와 삼십 년 지기인 너이기에 내 의중을 이미 알 테지? 그래. 신이 내린
자연과 사람에 대한 믿음이 가장 잘 녹아 있는 강릉 단오제와 시골 서당
이다.

　남대천을 끼고 열리는 강릉 단오제 장터에는 몰려나온 사람들로 인산
인해를 이루고 있었다. 대관령 국사성황을 모시는 단오굿을 지근거리에
서 지켜보고 관노들의 가면극과 씨름장을 들러 응원도 했다. 씨름을 구경
할 때는 청풍의 다리에도 힘이 살짝 들어갔다. 건너편 아낙네들의 그네뛰
기 현장도 훔쳐보고 윷도 던져보았다. 관노가면극 시시딱딱이가 등장하
자 청풍은 코를 벌름거리며 이를 드러내고 웃었다. 여전히 말상이다.

　―단오 명절에는 온갖 시름 다 내려놓고 남녀노소 귀천의 차이 없이
마음껏 웃고 노래하고 떠들며 즐긴다. 이곳 사람들은 성황신에게 허락받
고 축제를 누리지만, 어떤 때 우리는 서낭당에서 함께 잠까지 청하곤 하
지 않았느냐? 그러고 보면 너와 나는 방랑 신이었다.

　오랜 지기와 어깨동무하고 걸으며 이야기하듯 청풍의 콧잔등과 갈기
를 만졌다. 경포호에서 부새우를 잡는 어민들을 지나쳤고, 시인 묵객들이
반드시 들러서 가는 경포대에 올라 배다리 방향을 가늠해보기도 했다. 마

침 이곳에서 아회를 즐기는 양반네들의 시 읽는 소리도 귓전으로 음미하며 우리는 바다를 향해 걸었다.

바다 내음만 맡아도 망아지처럼 흥을 주체하지 못하고 뛰어가던 청풍이 이제는 뚜벅뚜벅 걷는 일조차 힘에 부치는지 속도를 늦춰가며 걸었다. 오리바위, 십리바위에 부딪히는 하얀 파도를 망연히 바라보는 청풍의 모습을 뒤에서 지켜보자니 코끝이 시큰거린다. 애잔하다.

넓은 바다와 파도를 처음으로 바라본 신기함이, 무심히 마셨던 짠 바닷물로 고개를 내젓던 추억이, 한여름 햇볕을 피해 해송 아래 낮잠을 즐기던 여유로움이, 하얀 눈 덮인 백사장에 발자국을 남기던 낭만이, 암노새의 관심을 끌기 위해 푹신한 모래사장을 뒹굴고 이리저리 뛰어다니던 호기가, 청풍의 기억에서 내 기억으로 밀려왔다가 다시 내 기억에서 청풍의 기억으로 파도처럼 밀려갔다. 나는 청풍의 마른 등을 쓰다듬었다. 얼굴을 당겨 뺨을 맞대었다.

봄에서 여름으로 넘어가는 계절의 초입이지만 바닷가에서의 밤 유숙은 청풍에게 무리겠다 싶어 선교장 대문을 두드렸다. 너른 정원 연못에는 연잎이 무성했다. 커다란 연잎에 코를 박고 훙훙거리는 청풍의 애잔한 모습을 바라보던 선교장 마름이 귀한 쌀겨를 내어주었다.

우리는 바다가 보이는 길을 택해 걷고 또 걸었다. 청풍에게 시골 서당을 꼭 보여주고 싶었다. 볏짚으로 지붕을 인 운양서당을 찾았다.

—글 읽는 소리가 들리느냐? 세상 돌아가는 이치와 도리를 알기 위해 글을 깨우치게 하는 곳이 서당이다. 또래들과 동문수학하며 서책 한 권을 마치고 떡을 나눠 먹는 책거리는 서당의 백미였지. 그 떡 맛이 어떠했는지 짐작이나 하겠느냐? 꿀맛이다.

백두산 천지에 묻었던 믿음을 꺼낸 것일까? 이는 아들 기동에 대한 연

민인지도 모른다. 내 마음을 아는지 청풍이 자기 등을 내게 기대왔다. 따뜻함이 전해졌다. 청풍 눈가에 말라붙어 있는 눈곱을 떼어주었다.

—청풍아! 잘 보거라. 저 아이들이 문동文童들이다. 서당에서 함께 글 읽는 이 풍경은 사람들만이 가질 수 있는 최고 풍경이니 기억 속에 반드시 담아두거라.

다시 길을 나섰다. 역시 길고 긴 바닷길을 따라 쉬엄쉬엄 걷고 또 걷다 보니 명주 우계현羽溪縣에 이르렀다. 주막에 들르니 금줄이 그어져 있었다. 산메기를 한 아낙이 수태를 하여 아들을 낳았단다. 그것도 오 대손이니 귀하고 귀한 손이란다. 아들을 낳은 탓인지 주막 인심이 후하다.

—산메기가 뭔가? 산에서 나는 물고기가 있기라도 한 것인가?

—저희 아랫사람들의 풍습이온대 산에 음식을 멕인다고 해서 산메기라 부릅지요. 단옷날 새벽 아낙들이 정성껏 준비한 재물을 함지에 담아 산에 올라갑니다. 산에는 집집마다 대대로 모시는 대주 나무가 있어 그 아래 제물을 차리고 술 따르고 절하며 자손이 번성하기를 빌곤 하지요.

—그럼 나무 신이 아들을 점지한다 이 말이오?

옆 상에서 탁주 잔을 기울이던 노인이 말을 거들었다.

—타지에서 온 양반이라 잘 모르시겠지만 이곳은 바닷가라 남자들이 귀합니다. 그러다 보니 아낙들만의 내밀한 신앙이라 남정네가 보면 부정 탄다고 주위에 얼씬도 못 하게 합지요. 대주 나무에 두른 새끼줄에 고기나 생선을 조금씩 잘라 끼워두고 치성을 드리다가, 양기가 극에 달하는 단오에 맞추어 제를 지내면 재앙이 물러가고 아들을 얻을 수 있다고 믿고 있습니다. 한데 어디서 오신 분인지?

—군위에 사는 창해라 하오. 내 오랜 벗인 청노새 청풍과 이별 여행을 왔다오.

김홍도, 《단원 풍속도첩》 중 〈서당〉. 지본담채, 22.2×26.9cm, 국립중앙박물관 소장. 조선 시대 서당의 풍경을 묘사한 그림으로, 서당은 주로 일반 백성의 자녀들이 다니던 학교다.

글 읽는 소리가 들리느냐? 세상 돌아가는 이치와 도리를 알기 위해 글을 깨우치게 하는 곳이 서당이다. 또래들과 동문수학하며 서책 한 권을 마치고 떡을 나눠 먹는 책거리는 서당의 백미였지. 그 떡 맛이 어떠했는지 짐작이나 하겠느냐? 꿀맛이다.

―저 청노새와 말입니까? 그것도 이별 여행이라니…….

노인은 이상한 사람도 있다는 듯 고개를 갸우뚱거리더니 돌아앉았다.

고기 잡으러 배를 타고 나갔다가 풍랑을 만나 화를 당하는 경우가 많은 어촌에는 남자가 귀하고 과부가 유난히 많았다. 그래서인지 어촌 마을에 전해오는 풍습은 대부분 여성 중심이다. 시어머니가 모시던 집안 나무를 며느리에게 물려주고 술과 음식을 나무에 먹이는 풍습은 기이하면서도 엉뚱하다. 그러나 대주 나무는 엄연히 한 집안의 수호신이었다.

이곳에서 멀지 않은 삼척 신남薪南 해랑당海娘堂에는 처녀 애랑의 설화가 전해진다. 덕배라는 총각과 혼인을 앞둔 애랑 처녀가 물질하러 바다에 나갔다가 사나워진 파도에 휩쓸려 혼령이 되고 말았다. 이후 고기는 잡히지 않고 바다로 나간 어부들은 풍랑을 만나 사고를 당하는 일이 계속되었다. 그런데 화가 치민 한 어부가 배 위에서 바다를 향해 오줌을 갈기자, 그때부터 엄청나게 많은 고기가 잡히기 시작했다. 이후 마을 사람들은 정월대보름이나 시월이 되면 애랑 처녀의 원혼을 달래기 위해 나무로 남근男根을 깎아 제사를 지낸다고 한다.

바다는 잔잔하고 파도는 자근거렸다. 삼척에 이르자 청풍의 기력이 눈에 띄게 떨어지더니 시름시름 앓기 시작했다. 발을 디딜 때마다 그렁그렁 힘겨운 목 울림이 느려지고 숨소리가 거칠었다. 북적거리는 장터를 비켜 양지바른 곳에 청풍을 편안히 눕혔다. 배를 쓰다듬자 힘겹게 숨을 내뱉으며 겨우 뜬 청풍의 눈자위로 애랑이 죽었다던 애바위가 헛것처럼 지나갔다. 수염을 쓰다듬고 상투를 바로잡으며 갓을 고쳐 썼다. 여주 마릉의 말 울음소리가 가평 호명산虎鳴山을 돌아 나오는 소리를 들었다. 환청이었다.

청노새 청풍이 죽었다.

손바닥으로 쓰다듬던 목덜미의 따뜻했던 감촉이 생생한데……. 생과

사의 간극이 만들어낸 여백 위로 눈물이 쏟아졌지만 울음을 삼켰다. 입술 깨물고 어금니를 다물수록 몸통 안으로 커다란 동굴이 생겨났다. 목 안이 뻐근해지더니 동굴 위로 떨어지는 뜨거운 물체를 감당하지 못하고 빠져나갔다. 통곡이었다. 그 소리는 높고도 길었다. 그 소리에 놀란 듯 청풍이 잠시 눈을 떴다. 그러곤 배시시 나를 향해 웃더니 다시 눈을 감았다. 영영 이별이었다. 타박타박 네가 가면 나는 어이 하나! 양지바른 야산에 야트막이 단을 쌓고 향을 피웠다.

'아마 전생에 아들이었을지도 모른다.'

'저 양반이 노새의 상주를 하려나 보다.'

'사람이 죽었을 때와 똑같이 제를 지낸다.'

'저 양반이 미치지 않고서는······.'

수군거리는 소리에 개의치 않고 제물을 마련해 잔을 올리고 애통한 마음으로 자리를 지켰다. 이를 지켜보던 사람들에게 그런 맘이 전해졌는지 함께 슬퍼해주었다. 청풍을 위한 제문을 지으며 그렇게 사흘을 보냈다. 이제 보내줄 시간이 되었다.

청풍은 말이니, 오시午時에 맞춰 상喪을 치러주며 제문을 읽었다.

청풍아! 처음으로 나를 대할 때 내 모습이 신기한 듯 이리저리 살피던 눈빛이 여전한데 이제 너를 떠나보내는 마음 애달프구나! 너도 나도 함께 늙어가며 한솥밥 먹은 가족이었다.

백두산, 묘향산, 오대산, 두류산에 오르고 금강산을 세 번이나 올랐으니 너는 숱한 말 중에서도 평생 산을 즐긴 여행가이자 천상의 객이었다. 자부심을 가지거라. 생존을 위협하는 추위와 눈보라 속에서 너는 나에게 체온을 나눠주었고, 금강산 산행 중에 발목을 다쳤을 땐 나를 구해주었지. 한강에서 배가 뒤집힐 때는 예지력으로 내 목숨까지 보전해주지 않았더냐?

평생 내 손과 발이 되느라 힘든 것이 너무나 많았을 너에게 난 많이도 무심했다. 후회되는구나! 내 몸 편하자고 네 몸에 의지한 채 명산대천을 유람하던 일도 마음에 맺힌다. 아무 불평 없이 아무리 험한 곳이라도 마다하지 않고 앞서 길을 여는 것이 너의 숙명이었느냐? 너는 분명 여느 노새와 달랐다.

사람은 추억으로 산다. 우리는 그것을 기억이라 한다. 그 기억 속에 우리는 영원을 꿈꾼다. 나의 기억 속에 영원은 바로 너다. 이제 너를 애써 보내려 한다. 나와 함께 마지막 여행을 하며 함께 보고 이야기하던 것들을 기억해다오. 너의 총명함을 믿으마. 새로운 세상이 널 기다릴 것이다. 그곳은 누구의 종이 되는 것이 아니라 네 마음대로 뜻을 펼칠 수 있는 곳일 것이다.

너를 잊지 못해 오랫동안 마음 먹먹할 것이다. 우리는 조선 천지 어디든 함께했는데 이제 누구와 길동무한단 말이냐? 두렵기도 하다. 마지막 가는 너의 눈빛에 조선 팔도 산하가 서려 있음을 기억하마. 내 산행의 도반, 청풍아! 고마웠다.

제문 읽는 소리가 애절했던지, 이 장면을 지켜보던 사람들도 함께 눈시울을 붉혔다. 주인에게 지극한 청노새였다고 칭송하며 죽음을 애도하고 곡을 따라 하는 사람들이 늘어갔다. 하찮은 미물을 대하는 그런 예禮가 아니었다. 이에 감복한 삼척 유림들이 앞으로 이 고을 이름을 청려동靑驢洞(청노새 동네)이라 부르며 본보기로 삼겠다고 약속했다.

발자국에 고인 빗물

《불후첩》을 남기노니

여름이 지나가고 가을바람이 상큼하다. 엄지발가락을 시작으로 새끼
발가락까지 어루만져보다가 실없이 웃었다. 가장 멋진 발가락은 엄지다.
검게 변한 발톱이 무수히 뽑혀나가는 고통을 묵묵히 감당했던 내 몸의
옹이들이었다.

산의 풍치를 묘사한 그림 위에 산맥과 수맥을 표기한 기록들과 예인들
에게 받은 그림과 문장들 모두를 하나하나 방바닥에 펼쳐놓았다. 이것은
내가 평생 걸어온 길에 대한 흔적들이다. 막상 첩으로 만들려 하니 내 허
물을 벗어놓는 것 같아 고민이 많아졌다. 굳이 무엇을 남기려 하는가? 그
렇게 망설이는 사이 여러 날이 지나갔다.

"중국 서하객 이야기를 들었을 때 조선에도 이런 사람이 있었으면 좋
겠다고 했는데 바로 이 사람 창해가 내가 찾고자 했던 사람이다."

"그대 자체가 썩어 없어지지 않는 존재다."

주저앉으려는 나를 많은 격려가 일으켜주었다. 더도 덜도 아닌 내가
걸어온 길에 대한 일관성이면 족하다.

묵판墨板 위에 버드나무 숯을 붓 삼아 내 생각을 적어 내려갔다.

'내 발자취를 자랑거리로 삼고자 하는 것이 아니다. 더욱이 내 뜻이 옳

았다는 것을 보여주려는 것도 아니다. 유람을 떠나보지 못한 사람들이야말로 좌정이관천坐井而觀天, 우물 속에 앉아서 보는 하늘이 세상 전부인 줄 알고 있다. 용기 있는 자만이 누릴 수 있는 최고의 길은⋯⋯.'

초안으로 삼던 글을 멈췄다. 구차한 변명을 하고 있다는 생각이 들자 쓸데없는 힘이 들어가 그만 버드나무 숯이 부러졌다. 손바닥으로 묵판 바닥을 휘저었다. 두 번 생각할 겨를도 없이 뭉갠 글자들이 묵판 위 먹구름으로 성나게 그려졌다. 신기하게도 그것은 태백산에서 본 적 있던 그 구름의 형상이었다. 옛 기억이 환영처럼 스쳐 갔다.

그해 여름, 태백산 허리에 먹구름이 낮게 드리우고 있었다. 곧 장맛비가 쏟아질 것 같았다. 이런 성난 날씨에 산에 오르는 것은 무리였고 그간의 경험으로 미뤄보아 이삼일은 족히 쉬어가야 할 판이었다. 잠시 주막에 몸을 의탁한 채 비가 빨리 지나가기를 기다렸다. 나와 같은 생각을 하는 사람들로 주막은 북적거렸다.

오래전부터 태백산에서는 호랑이에게 화를 당하는 경우가 잦아 사람들이 모이기를 기다린 후 무리 지어 산을 넘었다. 그런데 한 사내가 안절부절못하더니 주위 만류를 뿌리치고 막무가내로 혼자 산을 넘으려 했다. 산중 오두막에 어린 아들을 혼자 두고 왔다는 것이었다. 그렇다고 혼자 보낼 수는 없는 일! 그의 간절함에 아들 기동이 떠올랐다.

—사정이 딱한 듯하니 내가 함께 가겠소.

—곧 장맛비가 시작되면 계곡물이 불어나 목숨을 잃을 수도 있습니다. 한데 뉘시온지?

사내는 경계의 눈빛을 보냈다.

—비가 퍼붓기 전에 서둘러야 하지 않겠소? 이후 사정은 가면서 이야기하기로 하고 어서 앞장서시게.

발자국에 고인 빗물

주막을 나선 지 얼마 지나지 않아 빗방울이 굵어졌다. 계곡물이 불어 나기 전에 가야 한다며 사내는 무섭게 산 위로 치고 올랐다. 산을 뛰어 올라가고 있다는 것이 옳았다. 등줄기 사이로 땀과 빗물이 흘러내렸지만, 오히려 힘이 솟아났다. 천둥소리는 마치 응원군 같았고 내내 숨도 차지 않는 것이 이상할 정도였다.

얼마나 올랐을까? 계곡에는 이미 불어난 거센 흙탕물로 굽이치고 있었다. 이 계곡을 건너지 못하면 산을 돌아가야만 한다며 사내는 발을 동동 굴렀다. 그의 붉어진 눈가로 빗물 같은 눈물이 흘러내렸다.

—나리, 조금 더 돌아 위쪽으로 올라가면 가파른 협곡이 있는데 그곳에 나무다리를 걸치면 건널 수도 있을 것 같습니다.

사내는 대답도 듣기 전에 계곡을 낀 산등성이 오른편을 타고 올랐다. 그의 이야기대로 그 협곡은 다리만 걸치면 건너기에 큰 무리가 없어 보였다. 우리는 여기저기 쓰러진 고목을 찾았으나 두 사람 힘으로 들어 옮기기에는 어림없는 무게였다. 빗줄기는 더욱 거세지고 있었다.

—만에 하나 계곡물이 휩쓸리게 되면 위험할 수 있네. 차라리 산 위로 올라 돌아가든지 아니면 칡넝쿨로 나무줄기를 엮어 다리를 만들면 되지 않겠는가?

우리는 칡넝쿨을 협곡의 너비보다 길게 해서 나무줄기와 총총 엮었다. 그렇게 한 사람이 간신히 건널 수 있는 다리를 만들었다. 그리고 칡넝쿨로 서로의 몸을 묶어 연결해 혹시 미끄러질 것에 대비했다. 칡 줄을 잡아 당겨 주며 다리를 건너기 시작했을 때는 벌써 발밑까지 흙탕물이 차오르고 있었다. 어렵사리 계곡을 건넌 우리가 서로 몸에 묶었던 칡 줄을 막 풀었을 때, 임시로 엮어 만든 나무다리가 거센 물살을 견디지 못하고 휩쓸려 떠내려갔다. 놀란 가슴을 쓸어내렸다.

나뭇가지로 얼기설기 눈가림해놓은 낮은 움막이 보였다. 기어서야 들어갈 정도로 입구부터 비좁은 움막 안으로 들어서자마자 사내는 웅크리고 있던 어린아이를 부둥켜안았다. 장수란 이름의 아홉 살 난 사내아이였다. 등이 굽어 있었다. 젖은 옷을 말리기 위해 불을 지핀 사내는 내게 머리를 조아렸다.

—고맙습니다. 나리가 아니었으면 전 아마 계곡물에 휩쓸려 불귀의 객이 되고 말았을 것입니다. 어린 아들도 가엾게 홀로 죽어갔을지도 모릅지요. 이 은혜를 어찌 갚아야 할지…….

—예서 아들과 단둘이 사는 것인가?

—애 어미는 힘든 산 생활을 견디지 못하고 그만 병을 얻어 올봄에 세상을 떴습니다. 이제는 사는 것이 두렵습니다. 이 아이 등이 굽은 것도 가난 때문입지요. 하도 배가 고프니 까치밥이라도 먹어보겠다고 어린것이 감나무에 올라갔다가 떨어졌는데 제대로 먹이질 못해 이리 병신을 만들고 말았으니 천추의 한이 아니고 무엇이겠습니까?

사내는 원래 양인 출신이라 했다. 양반인 지주에게 빌린 고리대금을 갚지 못하게 되자 그 집 노비가 될 판이었다. 노비로 사느니 차라리 도망치는 것이 나을 것 같아 돌도 채 지나지 않은 아들을 둘러업고 야밤에 무작정 정선에서 함백산을 넘어 태백산에 숨어들었다. 호환虎患이 두려울 여유조차 없었다.

—자네 처지를 듣고 나니 면목이 없네. 나 또한 사람을 거둘 처지가 아니고……. 하지만 어쩌겠나? 아이를 보아서라도 기운 내고 살아야 않겠는가?

당시 양반들은 흉년이 들면 길거리에 떠도는 어린아이들을 데려다 노비로 삼아 그 수를 늘리는 횡포를 부렸다. 게다가 혹여 노비들이 도망치면 포졸들을 대동해 어떻게든 그들을 잡으려 혈안이 되어 있었다. 그 탓에 사내는 항상 불안해하면서 고통과 절망을 끌어안고 체념하며 살고 있었다. 애초부터 빚지고 태어난 세상도 아닌데 사람이 사람에게 어찌 이리 모질 수 있을까! 먹구름 가득한 비겁한 세상, 할 수만 있다면 비틀어놓고 싶었다.

　―나리! 간곡한 청이 하나 있습니다. 제가 이곳에 운신하면서 배운 것이 있다면 산과 계곡과 나무와 산짐승에서 배우는 것이 서책보다 많다는 것이었습니다. 나리께서는 조선 팔도를 원 없이 누비시는 분이니 눈에만 담지 마시고 부디 참된 스승은 사람이 아니라 위대한 자연이라는 것을 기록으로 남겨주시면 아니 되겠습니까?

　사내는 간절한 목소리로 나를 붙잡았다. 하루 동안 계속된 장맛비가 멈추었으나 발걸음이 쉬 떨어지질 않았다.

　아직도 그곳 태백산 깊은 골에 살고 있을까? 아홉 살 장수는 어찌 되었을까. 굽은 등이 내 머릿속에서 떠나지 않았다. 아무런 도움도 주지 못하고 떠나온 쓸쓸한 미안함에 고개를 저으며 밖으로 나왔다.

　나는 무엇 때문에 그 많은 조롱과 멸시와 모진 비아냥거림을 견뎌내었던가! 나의 평생 행적에 대한 답이 유람기와 《불후첩》 하나에 다 담길 수는 없을 것이다. 하지만 훗날 사람들이 첩에 담긴 산수를 보며 그 풍치를 제대로 이해하고, 찬문을 읽으면서 그 참뜻을 이해해 호연지기와 정신을 넓힐 수만 있으면 더없이 만족한다. 게다가 '이런 사람도 있었구나! 이렇게 살아온 사람도 있었구나! 그럴 만한 가치가 있었던 것일까?' 하는 고민에라도 빠져준다면, 내가 남기는 첩의 생명은 이어지는 것이다.

　먹구름이 가신 묵판이 맑다. 마음을 가다듬고 버드나무 숲으로 문장을 써 내려갔다. 등 굽은 아들 장수를 안은 사내가 환하게 웃고 있었다.

　사람들에게 조롱당하고 멸시받던 사람이 무엇이 진실이고 무엇이

허구인지 혀끝으로만 놀린다면 그 흥허물이 어디로 가겠는가? 내 진정성은 발끝에 있었음을 먼저 밝힌다. 사람을 활기차게 만드는 것은 정신이 있기 때문이고 세상을 바라보는 것은 두 눈이 있기 때문이다. 정신이 막히면 속이 답답해지고, 세상을 좁게 보면 견문이 좁아진다. 산행의 가치는 산에 대한 진정성이다. 거들먹거리거나 속되지 않았을 때 비로소 자연이 베푸는 생명수를 맛볼 수 있다. 그 달콤한 맛을 옮겨 줄 방법이 없기에, 다만 세상과 빗대어 내 생각을 적을 뿐이다. 모든 사람이 안주하는 세상은 너무나 비좁아 늘 다툼이 많다. 하나 눈과 마음을 밖으로 돌리면 확 트이고 활기찬 세상을 만날 수 있다는 것을, 내 조국 팔도가 얼마나 아름답다는 것을, 자연 속 천지 만물이 진정한 스승이라는 것을 알게 될 것이다. 평생 내가 지키고자 했던 뜻이다.

서문이 완성되었으니 찬문과 그림을 지난 순서대로 나열했다. 필선이 거칠게 청풍과 동자 그리고 내 모습이 함께 그려져 있다. 최북의 그림이다. 붓을 쓰지 않고 손가락으로 그린 청풍과 동자의 모습이 정겹다. 그가 얼마나 정밀하게 그려냈는지 허필의 부연 설명이 없었다면 아무도 모를 걸작이다.

─청풍아!

그림 속 청풍을 손가락으로 쓰다듬어보았다. 눈빛은 살아 있고 갈기도 제법이다. 지난 여정 생각에 보관해둔 청풍의 안장을 꺼냈다. 손때 묻어 나이테가 반질반질하게 윤이 났다. 청풍이 보고 싶다.

까치 울음소리가 요란했다. 한 마리가 울면 다른 놈이 응답했다. 짝짓기 철도 아니고 칠월칠석도 진즉 지났는데……. 이상도 하다. 청풍이 전갈을 가져온 걸까?

書滄海逸士畫帖後

滄海翁鄭幼觀嗜觀名山北登白頭南入漢拏頭流

青城集 卷八 題跋 十八

楓岳直尸庭間爾眉顱老尨古奇似羽士異人有時

往來都下好事者多畫其觀海入山狀以相誇示僮

騶弁儓然欲退舉嘗至余所客有博古者遇之面余

而笑曰君見利瑪寶像乎彼翁似之客未嘗知翁而

相之如此翁益欣然自喜瑪寶徧觀天下翁徧觀海

左大小雖異徧觀則同宜其像之似之也翁謬愛余

文索之甚勤余故未有答也遂書此於其畫後

성대중, 『청성집』제발(題跋) 중. 성대중이 창해일사 화첩을 보고 써준 제발문으로, "창해는 백두에서 한라, 두류산과 금강산을 내 집 정원을 드나들듯 하며 노익장을 과시했다. 처음 본 그의 모습은 이국적인 이마두상이라 웃지 않을 수 없었고 그는 시간 날 때마다 자기가 좋아하는 사람들을 만났다"라는 내용이다.

나는 무엇 때문에 그 많은 조롱과 멸시와 모진 비아냥거림을 견뎌내었던가! 나의 평생 행적에 대한 답이 유람기와 《불후첩》하나에 다 담길 수는 없을 것이다. 하지만 훗날 사람들이 첩에 담긴 산수를 보며 그 풍치를 제대로 이해하고, 찬문을 읽으면서 그 참뜻을 이해해 호연지기와 정신을 넓힐 수만 있으면 더없이 만족한다.

남경희*가 잠시 관직을 내려놓고 고향 경주에 내려와 있다는 소식이 들렸다. 그는 산수병에 걸린 나를 누구보다 열심히 응원해준 사람이다. 나와 만나면 평생 주인 곁을 지키는 충성스럽고 정직함이 기특하다며 청풍의 콧잔등을 쓰다듬어주었다. 그래서인지 청풍 또한 그를 잘 따랐다. 특히 남경희의 글 읽는 소리를 좋아했는데……. 머물기 벅찬 기억이었다. 마음 급하게 행장을 꾸렸다.

―아니, 평생 동행자이던 청노새 청풍은 어디 가고 새 녀석을 타고 오셨습니까?

나는 청풍과 떠났던 이별 여행 이야기를 풀어갔다. 강릉 단오제와 시골 서당, 민간신앙인 산메기 풍습을 구경한 일, 청풍을 잃고 삼척에서 제를 지낸 일, 마을 이름을 청려동이라 부르겠다는 그곳 사람들의 약속도 전해주었다.

―어느새 사계절이 한 순배 지나갔지만, 아직도 그 녀석이 내 곁에 있는 것만 같네.

―어떤 인연인데 그리 쉽게 잊히겠습니까? 청풍을 아들처럼 아끼지 않으셨습니까?

―그래서 청을 하나 하겠네. 아들 기동이 죽었을 때 혜환께서 제문을 지어줘 무너져 내린 내 억장을 일으켜 세워주셨지. 청풍을 잃고 상심에 빠진 나를 봐서 제문 한 문장 남겨준다면 결코 잊지 않겠네.

―비록 청풍이 미물이라지만 조선 팔도에 방울 소리 울리며 주인에게 충직했으니 어르신의 슬픔이 얼마나 클까 짐작하고 남음입니다.

글을 써 내려가는 붓놀림이 유려하고 거침이 없었다.

―지금까지 죽은 사람을 조상하는 제문은 지어보았습니다만 미물에 대한 제문은 처음입니다. 조선 팔도를 다 누비고 제문까지 받은 노새는 청풍뿐일 것입니다.

―간절한 내 부탁이 그대를 번거롭게 했다면 용서하시게. 그 누구보다 내 심정을 잘 이해해줄 사람이 그대밖에 없었네.

―평생 종으로 살아가는 사람보다 길운을 타고난 청풍이었으니 무겁고 슬픈 마음을 내려놓으시지요.

세상 기이한 창해 선생을 만난 청노새 청풍아! 너는 안개와 노을을 구분할 줄도 알고 산수의 풍광을 좋아하는 천성을 타고났던 게로구나! 옥안장 얹고 재갈이나 물고 무게 잡는 도화마桃花馬들은 먼지를 일으켜 달릴 줄만 알지 딱히 주유하며 풍류를 즐겼다 할 수 있겠느냐? 그들은 주인 행세를 따라 달렸을 뿐이다.

너는 충직한 천성 따라 창해 선생 외에는 어느 누구에게도 안장을 허락하지 않았다. 편자도 아니 박고 재갈도 없이 조선의 이름난 최고 등반 여행가 창해 선생을 모시고 아름다운 산수를 다 노닐었으니 타박타박 너의 발자국은 길이 남을 것이다. 한 번도 가기 힘든 금강산을 세 번이나 올랐으니 제집 드나들 듯 일만 이천 봉 산수를 아니 즐겼겠느냐? 사시사철 밤낮을 알아 풍상을 이겨내고 창해 선생의 산수벽을 이해해 안위까지 챙기었으니 비록 미물이라 하나 사람 못지않다.

나와 청풍을 잘 알기에 나올 수 있는 제문이었다. 글귀마다 청풍의 죽음을 애도하는 소리가 들리는 것 같았다.

―자네가 글을 읽을 때면 청풍이 항상 귀를 쫑긋 세웠다는 얘기를 꼭 해주고 싶었네. 삼척 청려동에 들러 사람들에게 자네의 제문을 읽어준다면 모두 자기 일같이 감동할 걸세.

내 눈시울이 뜨거워진 것을 알았을까. 남경희는 고개를 저으며 말했다.

―죽음은 모든 것을 앗아가고 모든 것을 체념하게 만들긴 하지만 생전

동고동락했던 시절인연 때문에 애틋한 그리움으로 남는 것 아니겠습니까? 사람과 동물이 교감하는 평생 인연에 제가 함께할 수 있었다는 것에 감사할 뿐입니다.

해후

　박황이란 선비와 금강산 비로봉을 오르기 위해 장안사로 향했다. 도화
서 화원 김홍도와 김응환이 어명으로 금강산과 관동팔경을 사생하러 온
다는 소문이 퍼져 있었다. 봉명 사행단이 경유하게 될 각 고을 수령들에
게 "필요한 물자를 공급하고 특별 대우해 이번 사행길에 불편함이 없도
록 하라"는 어명이 내려져 있었기 때문이다. 운만 맞으면 두 화원을 볼 수
있을 것 같아 길을 재촉했다.

　마침 표암의 큰아들 강인이 회양 부사로 부임해 있었다. 강인과 김홍
도는 표암 문하에서 글과 그림을 배우던 형제 같은 사이로 한 사람은 금
강산을 그려오라는 어명을 받들고, 다른 한 사람은 금강산 봉명 사행 일
행이 어명을 수행하는 데 불편함이 없도록 지극히 돌보라는 또 다른 어
명을 받았다. 봉명奉命 동지로서의 만남이었다. 우연이라 보기에 그 인연
은 지극했다.

　가족들과 함께 회양에 머물던 표암은 두 사람의 해후를 흐뭇하게 바라
보았다. 강인의 극진한 대우 속에 휴식을 취한 김홍도 일행은 금강산 일
대를 사생하기 위해 장안사로 서둘러 향했다. 표암과 강인도 따라나선 것
은 당연한 일이었다.

예견한 대로 내금강 초입에서 봉명 사행 일행과 마주칠 수 있었다. 산이든 사람이든 나는 항상 찾아가는 쪽이었지만, 타지에서 이처럼 기약 없이 만나는 반가움은 이루 말할 수 없이 크다.

—다른 곳이 아무리 산수가 뛰어나다 해도 금강산 예봉銳鋒은 피해 가기 어려운 곳이기에 창해 자네를 혹 만날 수 있겠다 싶었는데 내 예감이 틀리지 않았네그려. 이번 금강산 기행이 벌써 몇 번째인가?

표암은 정이 가득한 목소리로 반겨주었다.

—네 번째입니다. 이번 일정은 조금 늦추고자 했으나 봉명 사행단이 왔다는 소문을 듣고 혹시나 하는 마음에 장안사로 향하던 중이었습니다. 운이 좋게도 예서 어르신을 뵙게 되었습니다.

—그간 강녕하셨습니까? 진솔회 장면을 그리던 흥이 엊그제 같은데 이리 금강산 가는 길에 뵙게 될 줄은 몰랐습니다. 그사이 한라산에 오르셨다는 소문을 들었지요. 한데 청노새는 어디다 두고 호젓이 여행길에 오르셨습니까?

김홍도가 내 주위를 살폈다.

—이 년 전 마지막 이별 여행으로 관동팔경을 유람하다 그만 그 녀석이 삼척 땅에서 죽고 말았네. 내 자식과도 같은 반평생 지기라서 장례도 치러주었지.

—아들처럼 대했으니 주인을 따르는 종의 도리를 다한 것이겠지요. 더욱이 이별 여행까지 챙기는 어르신의 청노새 애정은 알아줄 만합니다.

—고달픈 유랑 길 주인을 잘못 만나 조선 천지를 다니느라 앙상하게 야윈 듯싶어 그게 가장 마음 아프다네. 미안함과 애통함에 곁을 지키면서 제문을 지어주었는데 그 고장 사람들이 고을 이름을 청려동이라 부르겠다고 하더군.

—그런 일이 있으셨군요. 하나 너무 애달파 하지 마십시오. 청노새가

편히 쉴 수 있고 기억될 수 있는 고을이 생기지 않았습니까?

　—고맙네. 하지만 자네 말대로 애달픈 마음이 그리 쉽게 가시겠는가? 하여 내가 남경희에게 제문을 부탁해 읽고서야 내 마음에서 떠나보낼 수 있었네.

　김홍도와 나누는 대화를 듣고 있던 표암이 나섰다.

　—자네는 복이 많은 사람이야. 비록 하찮은 동물이라지만 평생을 교감하며 변함없는 충정을 받았으니 말이야.

　들뜬 마음을 추스르기도 전에 단발령에 이르렀다. 저 멀리 비로봉 아래 기묘한 형상의 봉우리들이 우리를 반겨준다. 언제 보아도 별천지다. 금강산이 잘 보이는 곳에 준비해온 술과 음식으로 자리를 마련한 김홍도와 김응환은 의관을 매만지고 예를 갖추며 잔을 올렸다.

　—나는 도화서 화원 김홍도다. 금강산 승경을 그대로 그려오라는 주상 전하의 명을 받들어 이곳에 왔다. 어명을 받들라.

　느껴보지 못한 전율이 물결처럼 밀려왔다. 한 호흡 길게 숨을 고르는가 싶더니 범이 포효하듯 큰 울림을 뱉어내었다.

　—어명이요!

　낮고 길게 이어지는 목소리는 메아리를 타고 금강산 일만 이천 봉 골골로 퍼져나갔다. 금강산 동쪽 어디선가 봉황의 울음소리가 들려왔다. 이는 천하가 태평할 조짐으로 봉명을 받아들인다는 금강산의 수락이었고, 세상을 향한 경계의 눈초리를 거둔다는 의미였다.

　두 화원은 내금강의 온전한 모습을 담아내기 시작했다. 그들은 금강의 품 안에 안긴 화선畵仙들이었다. 세상을 만든 조물주는 이들의 붓끝에만 그 세상이 옮겨지는 것을 허락하고 있었다.

　—어르신! 제자가 조선 최고의 화원이 되어 봉명 사행길에 올랐으니 감회가 남다르시겠습니다.

─말로 쉬이 표현하기가 어렵네. 그건 그렇고 백두산과 한라산까지 다 등정한 자네는 이제 무슨 낙으로 살아가는가?

─일전 혜환께서 제게 말씀하시길 마음에 품은 절세미인도 한번 보고 나면 마음이 심드렁해지는 법이니 백두산까지만 오르고 한라산 정도는 남겨놓아도 되지 않겠느냐? 하고 만류하셨는데 그 뜻을 지금에야 알 것 같습니다.

─평생 이어온 자네의 성과를 잘 갈무리해야 되지 않겠는가?

─십여 년 전, 어르신께서 그리셨던 송도 산경 산수들이 《송도기행첩》으로 묶어져 귀하게 보관되어 있는 것을 보며 많은 것을 느꼈습니다. 그리고 삼 년 전에 채제공 어른을 찾아뵙고 찬문을 청한 적이 있었지요. "내 찬문은 여섯 글자면 충분하네. 내가 보기엔 창해일사가 썩어서 사라지지 않는 존재, 오래도록 없어지지 않을 기억이 될 것인데, 더 이상의 어떤 그림이나 찬사가 필요하겠는가?" 하시면서 창해자족불후滄海自足不朽라 적어주셨습니다. 그래서 부족한 제가 훗날 후배들에게 도움이 될까 해 첩명帖名을 《불후첩》이라 정했습니다.

─《불후첩》이라! 자네가 남긴 발자취는 영원할 걸세. 첩으로 만들어놓으면 훼손되는 것을 막을 뿐만 아니라 훗날 그 첩만 들춰보아도 여러 사람에게 큰 도움이 되지 않겠는가? 남는 것은 기록뿐이니 말일세.

─한 가지 더 제 능력이 허락된다면 〈산수 방여도〉를 그려볼까 합니다. 제가 전국을 방랑하면서 가장 아쉬웠던 부분은 보부상들이 가지고 다니는 지도가 부정확하게 그려져 있어 애를 먹은 경우를 많이 보아왔기 때문입니다.

─그것참 의미 있는 일이겠구려! 그나저나 혜환 이용휴의 찬문이 보고 싶네.

─이 찬문은 한라산에 오르기 전에 받은 문장입니다.

　　　　　　　　　　　　발자국에 고인 빗물

표암은 음미하듯 천천히 글을 읽어 내려갔다.

……수백 년이 흐른 뒤에 과연 조롱하던 그들의 이름이 남게 될지, 아니면 조롱받던 사람의 이름이 남게 될지 두고 볼 일이지만 나는 이미 알고 있다.

—이 문장 한마디만으로도 자네가 왜 조선 팔도를 지치지 않고 섭렵할 수 있었는지 이해할 것 같네. 이런 문장을 받은 것도 자네 복이겠지만 자네야말로 또 그럴 만한 자격이 있는 사람이네.

—복이라 이르시니 내친김에 어르신의 한 문장도 받고 싶습니다.

—허허, 이 사람! 예전에도 산수화를 그려 달라고 떼쓰더니만 이젠 글까지 써 달라니 아니 될 말이야. 억지도 한 번이면 족하지 두 번 당하고 싶지는 않네.

그리 말하고는 있지만, 친근감이 표암의 얼굴에 가득 묻어났다. 내 요구가 싫어서가 아니라 내 표정이 어떻게 변하는지, 또 어떻게 떼를 쓸지 궁금한 마음에 농을 던지는 것이라는 것을 잘 알고 있는 나는 물러서지 않겠다는 표정을 지어 보였다.

—어르신! 얼마 전 저의 친자식이나 다름없는 청노새 청풍을 잃고 그 슬픔이 아직도 가시지 않았습니다. 유랑 고질병에 걸린 촌부를 가엾게 여기시어 그간의 정으로 한 문장 남겨주시면 많은 위안을 받을 것입니다. 한데 어르신이 이리 각박하시다니요? 미처 몰랐습니다.

표암의 농^弄은 나의 응석 어린 담^談으로 이어졌다.

—하하하, 이 사람 말하는 것 좀 보게나. 그런데 분명한 것은 혜환의 글을 뛰어넘을 사람이 많지 않다는 사실이네.

장안사에서 하루를 머물고 머문 표암은 회양으로 돌아갔고 김홍도 일행은 이른 새벽 금강산 사행을 위해 길을 나섰다.

─앞으로 저희 일행은 명경대, 문탑, 백탑, 표훈사를 그린 후, 정양사에 올라 헐성루에서 금강산 전경을 그리려 합니다. 혹시 빠진 부분이나 세인들이 알지 못하는 명승이 있으면 알려주시지요.

─드디어 금강산 일만 이천 봉을 한꺼번에 바라볼 수 있겠군. 정양사는 고려 태조가 금강산에 올랐을 때 담무갈보살을 친견하고 예를 갖추어 지었다는 사찰답게 금강산 주봉인 비로봉을 바로 응시할 수 있을 것일세. 그곳 헐성루에서 바라보는 금강산 일만 이천 봉의 모습은 선경이지 인간의 세계가 아닐세. 비교하기 좋아하는 사람들이 승경이니 비경이니 하면서 구분을 했을 뿐, 금강산은 승경의 한 덩어리야.

─빨리 보고 싶습니다. 그런데 창해일사께서 최북 어른과 함께 금강산 기행을 하신 적이 있으셨다지요?

─기인 같은 행동과 거침없는 화필로 이름난 최북이 어찌 금강산을 마다하겠는가? 옥류동 계곡 안쪽으로 들어서면 비봉 폭포와 무봉 폭포가 함께 만들어내는 연주담의 비경을 마주하게 되는데, 더 위로 오르면 아홉 마리 용이 산다는 구룡연이 나타나네. 상상조차 못 했던 절경이었지. 그런데 최북이 승경에 취하고 술에 취해 웃다가 울다가 갑자기 "천하 명인 최북은 천하 명산에서 죽어야 마땅하다" 이리 소리치며 구룡연으로 뛰어들었네.

─과연 기인이십니다. 그 후 어떻게 되었습니까?

─하하, 얼마나 놀랐는지 자네는 짐작도 하지 못할 것이네. 겨우 목숨을 구했는데, 그 사람 그 경황에서도 비로봉을 향해 휘파람을 휘익 불어 대더군. 그 소리가 어찌나 높고도 길었는지 온몸에 소름이 돋았지. 깊은 산속 까마귀들까지도 놀라 하늘로 솟구쳤지 뭔가?

발자국에 고인 빗물

—그 어떤 구속도 받지 않고 살아가는 호기가 부럽습니다.

—어쩌면 그 휘파람 소리는 온전치 못한 세상을 향한 포효였는지도 모르겠네.

—최북 어른이 세상을 향해 던진 그 포효의 여운이 가시기 전에 얼른 구룡연에 올라보아야겠습니다.

조덕린의 신원 회복

무신년(1788) 번암 채제공을 우의정에 명한다.

교지가 내려졌다. 은거하고 지낸 지 팔 년 만의 일이었다.

정승에 오른 채제공은 여섯 가지 소신을 정리해 임금께 진언했다. 황극皇極을 우선으로 할 것, 백성의 근심을 바로잡을 것, 권력 기강을 바로잡을 것, 탐관오리를 징벌할 것, 당론을 없앨 것, 의리를 밝힐 것 등이었다. 이듬해 3월에는 사도세자의 묘를 천장한다는 어명이 선포되었다. 경사스러운 날, 나라에 억울한 사람이 있어서는 안 된다는 주청이 뒤따랐다. 이런 사회적 분위기 덕분에 당파 싸움에 휘둘려 삭탈관직을 당하고 유배 도중에 죽은 조덕린의 신원이 동부승지로 회복되었다. 채제공이 신원 회복되어야 할 대표적인 사례로 든 것이 즉효를 보인 것이다.

이 소식을 듣고 밤을 하얗게 지새웠다. 당파 싸움으로 인한 폐해를 바로잡고자 했던 조덕린의 진언은 역화살로 날아와 폐에 깊게 박혔고, 그 피는 후손들의 앞길을 가로막았다. 손자 조진도의 과거 급제를 박탈하는 등 어처구니없는 화살을 대물림으로 맞아야 했다. 이것은 조정에 발 들일 생각을 하지 말라는 노론의 경고였다.

이제 그 가혹하기만 하던 화살이 뽑혀나갔다. 기뻐할 만곡 조술도의 얼굴이 떠올랐다. 그가 사는 영양에도 이미 기별이 갔겠지만 나는 조용히 짐을 꾸렸다.

—만곡! 너무 반가운 소식을 듣고 내 이리 달려왔네.

—노형의 도움이 컸습니다. 삼 년 전 함께 채제공 대감을 찾아가지 않았다면 이런 기쁜 날을 생각이나 했겠습니까?

—아닐세. 너무 늦었지만 자네 조부께서는 이 시대가 두고두고 미안해야 할 큰 어른이셨지. 어서 조부께 이 기쁜 소식을 알리고 잔을 올려야 하지 않겠나?

의관을 정제한 사람들이 앞서 산 위로 올랐다. 신원 회복 교지를 가슴에 품은 장손 조운도가 앞서 길을 내고 상석에 올릴 제물을 짊어진 식솔들이 그 뒤를 따르고 있었다. 일월산 자락 양지바른 곳에 자리한 묘지 위로 투명한 하늘이 눈부시게 내려앉았다.

조덕린을 승정원 동부승지로 명한다.

소리 높여 교지를 읽는 만곡의 음성에는 깊은 회한과 감격이 담겨 있었다. 이제야 후손의 도리를 다한 것 같다며 잠시 하늘을 우러러보던 그는 우의정 채제공 대감의 은공으로 오십이 년 만에 신원이 회복되었다는 것을 고했고, 그 길에 창해일사 정란의 공도 있었다는 말도 더했다.

술잔이 올려졌고 작은 흐느낌이 여기저기서 들려왔다. 그간 참아왔던 설움과 누르고 눌러 말라붙은 울분이 목울대 혈관을 타고 흘러나오는 소리였다. 목 놓아 마음껏 울어도 시원찮을 한들이 목울대를 쉬이 넘어가지 못하고 입 안에 물려 있었다. 슬퍼하는 만큼 할아버지가 느끼는 미안함이 길어질 것이라는 깊은 생각 때문이었다.

'할아버지가 손자들에게 미안해서 해줄 수 있는 말이 무에 있겠나? 미안하고 미안하다……'

환청이 들려왔다. 가장 큰 피해를 본 손자는 만곡의 작은형 조진도였다. 조부의 상소 때문에 과거 급제가 취소되었고 신원이 회복되기 일 년 전(1788) 졸지에 세상을 떠났으니 그 황망함을 어찌 위로할 수 있을까!

─자네 형님이 살아 있었다면 얼마나 좋아했겠는가? 참으로 애석한 일이네.

─저도 안타깝습니다. 분통이 터집니다만 어쩌겠습니까? 명이 거기까지인 것을, 형님께서는 관직을 제수받지 못해 신원 회복 교지가 내려지지 않은 것이 아쉽지만 가장 기뻐하실 분도 형님일 겁니다. 형님께도 잔을 올려야겠습니다.

조진도의 묘를 찾았다. 삼십여 년 전 청량산에서 처음 보았을 때 준수한 용모에 유복儒服이 잘 어울리던 청년이었다. 나를 유심히 바라보던 그가 이런 말을 했었다.

─사람에게는 벼슬아치가 되거나 벼슬길에 오르는 운수인 관운이라는 것이 있네. 그러나 자기 의사와 상관없이 당쟁에 휘말려 유배당하거나 사약을 받는 경우가 부지기수지. 만약 먼 앞날의 운수를 알 수 있게 된다면 벼슬이나 명예를 가볍게 여기고 산천을 두루 유람하는 무관유한無官有閑(벼슬 없이 한가로운 삶을 즐김) 팔자를 택하는 사람들이 많아질 것이네.

그는 어쩌면 앞날을 예견하고 있었던 건 아니었을까?

묘 앞에 선 만곡은 교지를 다시 읽어 조부께서 신원이 회복되었음을 고했다. 술잔을 따르는 그의 손이 떨렸다. 형제를 먼저 떠나보낸 허무함, 형님을 향한 그리움 그리고 신원 회복 소식을 전하는 기쁨이 격렬하게 소용돌이치고 있었다.

　벗의 흐느낌에 나도 따라 눈시울이 붉어졌다. 봇물 터지듯 막혔던 슬픔이 울음 섞인 외마디 미동에 복받쳐 눈물로 터져 나왔다. 서로 부둥켜안고 우리는 한동안 그렇게 통곡했다.

　만곡과는 청량산 산행에서 만나, 가족으로 이어졌고, 간찰을 주고받으며 밀고 당기는 가운데 힘도 실어주면서 둘도 없는 벗이 되었다. 명명백백 가장 오랫동안 날 응원해준 지기였다. 십오 년 전 아들 기동이 세상을 떠났을 때는 내 어깨를 두드리며 위로하다 함께 흐느끼지 않았던가!

　이후 채제공 대감을 뵈러 가기 위해 우리는 한양 도성에 들었다. 저잣거리는 온통 사도세자의 묘를 옮긴 일이 화제였다. 묘소 영우원 잔디가 말라 죽고 뱀이 똬리를 트는 일이 잦아 불길하며 무엇보다 후대를 이어 갈 기운이 약해 왕손이 태어나지 못한다는 것이 천장하는 이유였다.

　―임금께서 천장을 선포한 다음 날 삼정승을 보내 현장 답사를 하게 했다는데 땅 기운이 길한 상서로운 곳이라는 보고를 받았다더군.

　―그 자리가 어떤 자리인 줄 아는가? 그 자리는 명당 중의 명당으로, 윤선도가 효종의 능 자리로 추천했다가 송시열의 반대로 쓰지 못했던 곳이라네. 용이 몸뚱이를 틀고 여의주를 가지고 놀고 있는 길지라네.

　―어디 그뿐인 줄 아는가? 임금께서 화성 김희상 장교에게 사도세자를 입관할 터의 흙을 가져오라 명하셨다더군.

　―그 흙이 뭐 금이라도 된단 말인가?

　―얘기를 들어보게. 임금께서 벅찬 마음으로 흙을 받아 냄새를 맡아보시고는 토질이 극품이라며 기뻐하더니 종4품 만호 자리를 제수하고 후한 상까지 내려주었다지 뭔가! 그러고는 조선 최고 장인들을 선발해 지신의 노여움을 타지 않게 예를 잘 갖춰 모시도록 하명했다지.

　가는 곳마다 화성 화산花山 명당에 대한 이야기들로 넘쳐났다.

운이 좋았다. 천장하는 날이 칠월로 잡혀 수일 후면 천장을 구경할 수 있었다.

한강 노량진에 배다리가 놓이기 시작했다. 한강을 중심으로 활동하는 팔십 척의 상업선을 연결하고, 그 위에 판자를 깔아 만든 넓고 튼튼한 다리였다. 양쪽으로 홍살문을 설치했으며 각 기둥에 깃발이 펄럭였다. 임금 행차에 버금가는 위용이었다.

—한강을 건널 다리에 배편을 이용하다니 기막힌 생각일세. 이 배다리 설치 공법은 초계문신 정약용의 머리에서 나온 방법이라더군.

—노형! 어차 행렬이라면 악대를 앞세운 수많은 말과 사람들이 한꺼번에 건너야 할 텐데……. 과연 무사히 건널지 걱정입니다. 배 한 척이라도 삐끗하면 낭패 아닙니까?

—조정에서 주교사*까지 설치해 방안을 강구했으니 소홀할 턱이 없겠지. 엄한 걱정하지 말고 예까지 온 김에 사육신이나 뵈러 가세.

사육신의 묘비를 어루만지며 김시습과 사육신, 단종과 세조, 세조와 생육신, 낙산과 정순왕후의 애환 등 많은 이야기를 나누었다. 왜 한양을 도읍지로 정하고 도성을 쌓았으며 사대문을 내었는지, 한양을 에워싸고 있는 산세에 대한 설명을 하자 만곡은 두 발로 조선 팔도를 밟지 않고는 나올 수 없는 산지식이자 역사관이라며 귀 기울여주었다.

북소리가 둥둥 힘차게 울려 퍼졌다. 천장이 하늘의 뜻이었음을 알리는 북소리를 필두로 천장 행렬이 시작되었다. 수백 개의 깃발이 바람에 나부끼고 백여 명이 넘는 기마 악대의 연주 소리는 천지를 깨우듯 그야말로 장관이었다. 사도세자의 운구가 흔들림 없이 한강을 건너게 되자 여기저기서 환호성이 터져 나왔다. 그 감동을 주체하지 못하고 눈물까지 보이며 절하는 사람들이 늘어갔다.

―이런 행렬을 만곡과 함께 볼 수 있다니 가슴 벅차네. 누가 뭐래도 가장 감읍한 사람은 임금이겠지. 부친 사도세자의 천장까지 이루게 되었으니 이제 왕으로 추존하는 일만 남지 않았겠는가?

―노형! 추존만큼은 선왕께서 그토록 말리셨다 들었는데 가능하겠습니까?

―선왕께서 사도세자를 역적으로 만들지 않기 위해 얼마나 공을 들였는지 자네도 들었을 것이네. 세자가 역적이면 왕세손도 역적의 자식이니 왕위에 오를 수가 없는 일 아니겠는가? 그런 연유로 세자가 세상을 뜨자마자 바로 사도세자란 시호를 내리고 흉흉한 소문이 잠잠해지기를 기다렸지. 그리고 장례에 문무백관 모두를 참석토록 해 예에 맞게 곡哭하라 어명을 내렸지 않은가. 임금께서 직접 신주神呪도 쓰셨는데 이는 훗날 논의될 수도 있는 후환을 없애려는 의도였다고 생각되네. 생각해보게. 당장 사도세자를 왕으로 추존하게 되면 선왕께서는 당연히 왕위에 오를 멀쩡한 세자를 죄인으로 몰아 죽인 비정한 아버지로 비추어질 수도 있겠지. 자신의 허물이 드러나는 것을 경계하고자 함이었을 것이네.

―그럼 선왕 자신의 허물을 감추기 위해 사도세자를 왕으로 추존할 수 없게 한 것일까요?

―글쎄, 다만 사도세자의 죽음은 종사와 사직을 위해 의리로서 결단한 것이라 하셨지! 내 생각에는 선왕께서 추존을 말리셨던 것은 세손의 손으로 행하지 말고 더 후대에 추존이 이뤄지기를 바라셨던 것 같네. 종사를 지키고 임금의 정통성을 확고히 하면서 부모의 은혜를 저버리지 않는 최상의 선택이라 여기셨던 것 같네. 하지만 왕실의 일을 백성이 어찌 알겠는가?

우의정 채제공은 천장을 빈틈없이 처리하느라 집에 드는 날이 드물었다. 연통이 오기만을 기다리는 동안 우리는 한양 도성을 돌았다. 사대문과 사소문, 성 안팎으로 드나들며 참견하기도 하고 광통교 시전과 저잣거리를 기웃거리기도 했다. 만곡은 내내 신기하고 즐거워했다.

오랜 기다림 끝에서야 연통을 받고 채제공을 대면했다. 여전히 담박하고 격의가 없었다. 다만 예전보다 정승의 풍모가 더해져 있을 뿐이었다.

—두 사람을 볼 때마다 끈끈한 우정이 느껴지네. 각자 다른 길을 가면서도 서로의 인생관을 이해하고 영감으로 교유하는 것이 참 부럽기도 하고…….

—조부의 묘소를 찾아가 신원 회복을 고하면서 우상대감 덕분이었다 그리 고했습니다.

—당치 않네. 마침 사도세자의 능 이전에 대한 논의가 있어서 자네 조부 예를 들어 주청했을 뿐이네.

—한강을 건너는 천장 행렬을 지켜보면서 이 나라 군주의 위상을 다시 보았습니다.

—그랬는가? 나는 양주 배봉산 아래에서 이장 의식을 거행하며 눈물을 감추지 못하던 주군의 용안이 아직도 아련하다네. 효성이 부족해 이십팔 년이란 긴 세월 동안 남루한 무덤에 모신 것에 대해 비통해하시면서도 숙원을 풀었다며 위로받으셨지. 주군께서는 부친에 대한 정이 남달리 사무친 분이시네.

묵은 약속이라며 채제공은 접힌 한지를 탁자 위에 올려놓았다.

—월록서당에는 글 읽는 소리가 가득하겠지. 요즘 힘을 기울이고 있는 학문이 무엇인가?

—예의와 절차를 지키며 술을 마시는 향음주례에 관한 의식을 서책으로 엮고 있습니다. 앞으로 도산서원에서 젊은 유생들에게 가르침을 주는 교재로 사용될 것입니다.

월록서당 전경. 조운도와 조술도 형제가 주위의 뜻을 모아 영양 일월산 삼봉 아래에 세운 서당이다.

월록서당 현판. 번암 채제공이 써준 현판으로, 필력이 부드러우면서도 힘이 있다.

―만곡 자네도 길이 남을 보람 있는 일을 하고 있네. 일일이 말로써 가르치는 것보다 서책을 보며 스스로 깨우치게 하는 것이 효율적인 가르침이라 할 수 있지.

한지를 펼치자 월록서당^{月麓書堂}이란 힘 있고 정갈한 서체가 먹색을 물고 있었다. 일흔여덟 살 노구가 쓴 필체가 아니었다.

―기력이 약한 졸필이나 내 이리 현판을 써주는 것은 결코 필력이 뛰어나서가 아니라 그대 집안의 인품에 반해서일세.

만곡은 서당이 지어진 이래 가장 권위가 세워지고 감격스러운 일이라고 감탄했다. 문필봉^{文筆峰}, 연적봉^{硯滴峰}의 기운이 환하게 이어져 빛나게 될 것이라며 만곡은 절을 올렸다. 어디선가 보랏빛 풀 향기가 불어왔다.

나 이제 가련다

일어나기 무섭게 들창을 들어 하늘을 올려보았다. 길 떠나는 사람의 몸에 밴 습성 때문이다. 문틈으로 들어오는 한기가 스산하다. 담장 아래는 잔설이 쌓여 있고 마당 한 편에 자리한 매화나무 가지에 물이 올랐다. 입춘도 지났으니 매화꽃이 피겠지. 예전 같으면 오악산五岳山을 떠올리며 어느 방향으로 길을 정할 것인지 고민하며 맘속에서부터 짐을 꾸리고 있을 터였지만, 이젠 몸과 마음이 처지고 굳어져가는 것이 하루하루 다르기만 하다. 옛 기억들을 더듬으며 문지방을 나섰다.

내가 태어나기도 전에 심긴 아버지의 매화나무. 이제는 아름드리로 굵어져 용틀임하듯 뒤틀어져 있고 가지마다 꽃봉오리를 매달고 있다. 매화꽃이 피는 것을 보고 나서야 집을 나섰던 기억 때문일까. 발걸음이 기억을 따라 움직였다. 겨울이 아무리 춥다고 한들 매화꽃 의지가 꺾이랴! 내 산행 의지를 매화에 비유하며 기꺼이 떠났던 지난 옹고집들이 매화나무 둥치에 치받쳐 거칠게 비틀려 있었다. 깊게 팬 매화 수피를 만져보았다. 까칠하기가 내 발뒤꿈치다.

매화나무 가지에 보름달이 걸리면 매화꽃 향기를 뿜어낸다. 이름하여 암향이다. 숨죽이며 미세하게 실려 오는 향기에 취해 보름달을 바라보던 지난 시절이 그립다. 올해는 암향을 맡아볼 수나 있으려나? 《불후첩》 3권을 꺼내 표암이 그려준 매화 그림을 찾았다. 하지만 찾을 수 없었다. 오래전 표암 사랑방에 걸려 있는 그림에 대한 환각이었다.

무심으로 《불후첩》을 넘겼다. 표암의 산수화를 본다. 우울증으로 잠을 이루지 못하는 밤에 내가 생각나 그렸다는 산수는 언제 보아도 담백한 풍정, 표암 성품 그대로다.

백두산에서 시선이 멈췄다. 가장 애착이 간다. 무사히 잘 다녀오시라며 며느리가 직접 꿀과 밤 가루를 버무려 환을 만들어준 정성과 산행 준비차 들른 마룽에서 환송받은 일, 찬시를 지어 기를 불어넣어주던 혜환의 곧은 모습도 생각난다. 명산에 들고 싶은 소망을 대신해주고 앉아서 대리만족할 수 있게 해주었다며 후하게 여행 경비를 지원해주던 기녀 홍심, 신경준이 소개해준 휘파와 사냥꾼 박씨와의 산행, 허물없는 나의 벗 최북이 그려준 백두산 천지, 모든 여정마다 대나무 마디마디 같은 인연들이었다.

첩을 넘기는 장마다 그곳의 풍경이 펼쳐지고 만났던 인물들이 생생히 떠올랐다. 이것을 와유臥遊라 했던가! 방구들 짊어지고 그림 속 산수나 구경하다 산수병에 걸린 송도 오언사도 떠올랐다. 나는 발목에 산수병이 걸렸는데 그대는 눈에 산수병이 걸렸다며 얼마나 호탕하게 웃었던지. 이제는 지나간 세월 속 추억이 되었다.

돌이켜보면 나는 행복한 사람이었다. 경상도 제일 천재라 일컫는 신유한을 스승으로 모시며 참된 호연지기가 무엇인지 깨달았고, 호남 삼대 천재인 신경준에게서 지리에 대한 견문을 자문받고 동행인까지 소개받아 산행을 성공리에 마칠 수 있었다. 더욱이 조선 최고 문장가인 이용휴와

강세황, 〈묵매도(墨梅圖)〉. 지본수묵화, 21.7×28.2cm, 개인 소장. 강세황의 연작 네 작품 중 매화를 그린 그림이다.

매화꽃이 피는 것을 보고 나서야 집을 나섰던 기억 때문일까. 발걸음이 기억을 따라 움직였다. 겨울이 아무리 춥다고 한들 매화꽃 의지가 꺾이랴! 내 산행 의지를 매화에 비유하며 기꺼 이 떠났던 지난 옹고집들이 매화나무 둥치에 치받쳐 거칠게 비틀려 있었다.

성대중을 비롯한 많은 지식인에게서 기운을 얻는 문장을 받아 세상을 주유했으니 복이 많았다. 조선 최고 감식가인 강세황, 조선 최고 도화서 화원인 김홍도로부터 〈단원도〉를 선물받고, 절친 최북과 허필, 강희언, 이인문, 김응환 등 예인들과 교유하며 뜻을 이어왔다.

아니다. 무심한 가장이었다. 일평생 가족을 외면하고 겉으론 무쇠처럼 강하게 밀어붙이는 모습을 보였지만 속은 그렇지 않았다. 실토하마. 한번은 가족이야말로 내 발목을 잡는 모진 인연이라 여겨, 마음껏 떠나지 못하는 실의에 빠져 긴 한숨으로 뒤돌아 앉은 적이 있었다. 그러나 내 가족들은 가장의 부재로 인해 이유 없이 쓰러지고 힘들었을 텐데도, 주위 사람의 조롱과 비아냥거림을 어찌 감당하겠냐며 오히려 날 걱정할 뿐 눈물바람을 보인 적도, 항의나 노여움을 표현한 적이 없었다.

그런데 나는 그 흔한 '미안하고 미안하다'란 말도 제대로 하지 못했다. 너무 이기적이었다. 그 이기심이 아들도 앞세웠다. 어금니를 질끈 물었다. 미안함의 덩어리가 터지며 쓰디쓴 액체가 목구멍을 타고 넘어갔다. 두 눈가 주름을 타고 흐르는 불덩이가 뜨겁고 모질다.

들창이 환한 것으로 보아 보름인가 보다. 미세한 향이 들숨에 머물렀다. 암향이다. 아마도 매화나무에 보름달이 걸린 모양인데 몸이 말을 듣지 않는다. 밤새 꽃망울 터지는 소리로 부산하더니 실려 오는 향내가 더 깊어졌다. 이 향기에 취해 다시 길을 떠날 수만 있다면 그것도 썩 괜찮은 복일 터인데 날숨이 짧아지고 들숨이 길어지는 것이 내게 더는 시간이 없다.

암향에 취한 내 몸에서 말 한 마리가 빠져나오고 있었다. 앞발을 들어 올리며 울부짖어보았지만 아무런 소리도 뱉지 못했다. 벙어리였다. 앞으로 나가려 해도 아무것도 보이지 않는다. 눈까지 멀었다.

'암행어사 출두요!'

다급한 아버지의 목소리다.

'내 태몽 속 말은 역마살이 강하게 낀 상이라 세상을 두루 주유하지 않으면 단명할 운명이랍디다. 하나 이름을 떨칠 것이니 내버려두시지요.'

내 등을 어루만지는 어머니의 따뜻한 손길이 전해졌으나 내가 할 수 있는 것은 아무것도 할 수 없었다. 명치끝이 뻐근하게 아려왔다.

어디선가 방울 소리가 들린다. 평생 들어오던 익숙하고 친근한 말방울 소리다. 가까이 들려오는 말발굽 소리에 이어 뜨거운 콧바람이 목덜미를 스쳐 지나고 내 얼굴을 핥는 혓바닥이 뜨겁다. 멀리 삼척 땅에 묻고는 바람결에도 그리워했던 나의 청노새 청풍이다.

—청풍아!

—온몸에 산 향기가 물씬하고 산색과 산물이 들어 거대한 산맥의 도반이신 나의 주인이시여.

청풍의 목소리에 콧날이 시큰거리며 뜨거운 눈물이 흘러내렸다. 소리가 트이고 눈이 맑아졌다.

—평생 조선 팔도를 누빈 창해일사이시여! 주인 오시기만을 기다리던 청풍이 먼 길을 돌아 이리 왔습니다. 백두산 천지 땅 아래 묻어두셨던 삼층탑을 기억 삼아 어서 눈을 뜨고 동쪽 바다로 떠나시지요. 저도 함께 가렵니다.

—네가 날 마중 나와주었구나. 그래 앞장서거라. 내 뒤따르마.

—어서 제 등에 오르시지요. 이 청풍이 없는 세월 동안 홀로 어느 곳을 등정하셨는지, 무엇을 보셨는지 시원스레 들려주셔야지요.

하얗고 가지런한 뻐드렁니를 한껏 드러내며 청풍이 환하게 웃고 있다.

—너는 지금 보아도 말상이구나! 애야, 살아생전 내가 지겹지도 않았느냐? 그래 가자! 너와 인연을 다시 이어갈 수 있다니 또다시 세상을 주

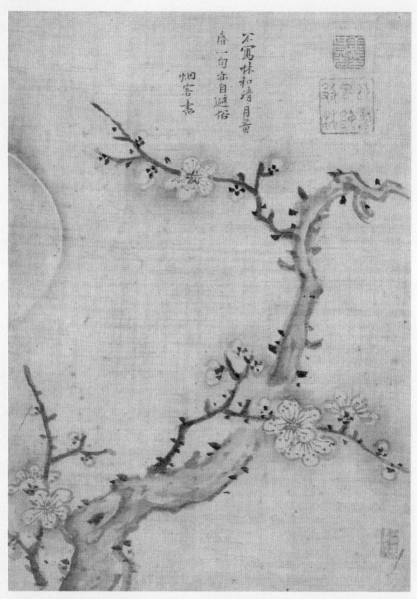

강세황, 〈월매도〉. 견본담채, 26.1×18.3cm, 국립중앙박물관. 중국의 시인 임포가 지은 「산원소매(山園小梅)」에서 비롯된 달과 매화 그림으로, 화제는 강세황의 친우 허필이 달았다.

유할 기운이 솟아나는구나. 자! 저 푸른 바다를 바라보며 명사십리를 원 없이 달려보자꾸나. 어서 가자, 청풍아!

글을 마치며

●

외로운 술잔을 가득 채워준
인연은 또다시 이어진다

JTBC TV 〈싱어게인2〉의 64호 가수가 부른 「길 위에서」를 들으며 나는 창해 정란을 떠올렸다. 평생 외길 인생을 살던 사람, 노을빛 그림자를 길게 드리우며 집으로 돌아갈 때 그는 이런 노래를 부르지 않았을까. 정란에게 이 노래를 들려주고 싶었다.

당시 당파 싸움과 과거 시험에 염증을 느낀 선비들은 유행처럼 현실 도피로 여행을 떠났다. 그러나 정란은 그들과 달랐다.

산에 미친 서생, 창해일사 정란.

미숙하나 세상 이치를 알 만큼 글을 깨우쳤고, 청노새 앞세우고 여행가이자 산악인으로 세상을 주유했다. 산수운山水運만큼은 조선 최고인 정란, 남으로 북두성을 바라보니 전쟁 기운이 없고 장군단에 피리, 북소리가 봄을 맞아 노닐었다. 갓이 낡고 삐뚤어져도 심장이 용인되어 내친 기운으로 백두에서 한라까지 올랐다. 그 배짱이 두둑하다.

많은 사상가와 예인을 만나 평생 뜻을 이어가고자 했던 창해 정란.

유람기와 《불후첩》을 남기는 성과를 이루었으나 그에게도 이루지 못한 꿈이 있었다. 그 아쉬움은 『동국산수보』와 〈방여도〉 제작이었다. 그

340

리고 한 세대를 넘어 창해의 일생이 고산자 김정호에게 그대로 전해져, 그 또한 산하를 누비며 불세출 〈대동여지도〉를 만들게 한 동기는 아닐지……. 뛰는 심장과 끓는 피로 조선 팔도 산야에 발자국을 남긴 두 사람은 같은 DNA의 자유인들이었다.

그가 남긴 유람기가 전해지지 않아 그의 내면과 현장감 있는 실상을 짚어볼 수 있는 기회가 미뤄졌다. 훗날 유람기가 발견되어 잘못된 내용이 수정되고 새로운 내용들이 추가된다면 선각자로서의 진정한 의미가, 그 성과가 확연해질 것이다. 남겨진 《불후첩》 또한 접하지 못한 채 쓴 글이라 못내 아쉬운 마음으로 글을 마친다.

엉성하고 부족함에서 벗어날 수 없었던 원고를 기꺼이 책으로 엮어준 서상미 대표님과 최정원 편집자에게 고마움을 전하고 싶다.

2022년 9월
민천 이재원

여행길에 만난 인연들

· 🈺은 중국인을 뜻함.

강세황(姜世晃, 1713~91)
자는 광지(光之), 호는 표암(豹菴)이다. 시서화에 능하며, 산수화와 사군자에 뛰어났다. 오랜 기간 정란과 문예 관계를 이어갔다. 또한 김홍도, 최북, 허필 등 수많은 예인들과 교유할 수 있는 가교 역할을 했다.

강희언(姜熙彦, 1710~84)
자는 경운(景運), 호는 담졸(澹拙)이다. 도화서에 소속됐던 중인 화가다. 특히 김홍도와 절친한 사이로 화풍에 있어서도 서로 영향을 주고받았다. 정란, 김홍도와 함께 진솔회 모임을 열었다.

관중(管仲, ?~B.C.645) 🈺
이름은 관이오(管夷吳), 자는 중(仲)이며, 보통 성씨와 자를 합쳐 관중으로 불린다. 중국 춘추 시대 제나라의 제상으로, 제나라의 제16대 임금 환공(桓公)을 도와 군사력의 강화, 상공업의 육성을 통해 부국강병을 꾀했으며, 환공을 중원(中原)의 패자(霸者)로 만들었다. 젊었을 때부터 친구였던 포숙아와의 우정으로 유명한데, 환공이 제나라의 임금이 되기 전에 관중은 규(糾)의 보좌관이었고, 포숙아는 규의 이복동생 소백(小白, 환공의 휘)의 보좌관이었다. 그 둘이 제위를 다툴 무렵 소백은 관중이 쏜 화살에 맞아 죽을 뻔한 과거가 있어 복수하려고 했으나 포숙아의 설득으로 관중의 죄를 용서하고 재상의 벼슬까지 내렸다.

김만덕(金萬德, 1739~1812)
제주도 출신으로, 가난한 집안에서 태어나 열두 살에 부모를 잃고 기녀 신분이 되었다가 이후 객주가 되어 거상이 되었다. 1795년 제주도에 극심한 흉년이 계속되자 전 재산을 풀어 제주도 백성들을 구했으며, 이에 대한 상으로 정조는 '한양에서 임금을 알현하고, 금강산을 보고 싶다'라는 그녀의 소원을 들어줬다. 채제공, 정약용, 김정희 등 많은 학자가 김만덕의 선행을 기리는 글과 시를 남겼다.

김상헌(金尙憲, 1570~1652)

자는 숙도(叔度), 호는 청음(淸陰)·석실산인(石室山人)·서간노인(西磵老人)이다. 임진왜란과 정묘호란, 병자호란을 모두 겪는 어려움 속에서 숭명배청(崇明排淸)을 외친 대표적인 척화론자였다.

김수항(金壽恒, 1629~89)

자는 구지(久之), 호는 문곡(文谷)이다. 예조판서, 좌의정, 영의정 등을 지낸 문신이자 학자다. 1689년(숙종 15년) 기사환국으로 남인이 재집권하자 진도에 유배되어 사사되었다.

김시습(金時習, 1435~93)

자는 열경(悅卿), 호는 매월당(梅月堂) 등이다. 생육신의 한 사람으로, 유교와 불교의 정신을 아울러 포섭한 사상과 탁월한 문장으로 일세를 풍미했다. 『금오신화』를 저술했다.

김창흡(金昌翕, 1653~1722)

자는 자익(子益), 호는 삼연(三淵)이다. 김수항의 셋째 아들로 성리학과 문장에 능했고, 형 김창협과 함께 율곡 이후의 대학자로 이름이 높았다.

김홍도(金弘道, 1745~1806?)

자는 사능(士能), 호는 단원(檀園)·단구(丹邱)·서호(西湖)·고면거사(高眠居士)·취화사(醉畫士)·첩취옹(輒醉翁)이다. 정조의 명을 받아 관동팔경, 용주사 탱화를 그렸다. 특히 해학과 익살이 넘치는 풍속화는 '백성들이 살아가는 모습을 고스란히 그려오라'라는 정조의 명에 따른 민생보고서였다. 어진을 그린 공으로 안기찰방, 연풍현감을 지냈다.

남경희(南景羲, 1748~1812)

호는 치암(癡菴)이다. 승문원박사·성균관전적·사헌부감찰·병조좌랑·사간원정언 등을 지내다 1791년에 벼슬을 그만두고 경상도 경주 보문리에 지연계당을 지어 은거하며 후학을 양성했다. 저서로 시문집 『치암문집』이 있다.

백거이(白居易, 772~846) 중

자는 낙천(樂天), 호는 향산거사(香山居士)·취음선생(醉吟先生) 등이다. 중국 당나라의 시인으로 중국 고대문학사 전반에서도 일류로 꼽힌다. 일상적인 언어 구사와 풍자에 뛰어나며 누구든지 쉽게 읽을 수 있는 평이한 표현을 중시했다.

백이(伯夷, ?~?) 图

이름은 윤(允), 자는 공신(公信)이다. 중국 은나라 말에서 주나라 초기의 현인이며, 아우로 숙제와 아빙이 있다. 아버지인 7대 고죽국 군주가 삼남 숙제에게 군주 자리를 물려주려 했으나 숙제는 형제의 의리와 예법에 맞지 않는다고 사양했고, 백이 역시 부친의 뜻에 따라야 한다며 자리를 사양하고 나라 밖으로 피신했다. 그 후 둘은 주나라 문왕 서백(西伯)을 찾아갔으나 이미 세상을 뜨고 그의 아들인 무왕이 부친의 상중에 은나라의 주왕을 치려고 하는 것을 보고 부당한 일이라 만류했다. 그러나 결국 주나라가 천하를 통일하자 주나라 백성이 되는 것이 치욕이라며 수양산으로 들어가 굶어 죽었다.

서하객(徐霞客, 1586~1641) 图

본명은 굉조(宏祖), 자는 진지(振之)로 하객은 호인데 이름보다 유명하다. 중국 명나라의 지리학자로 여행가라 할 정도로 중국 각지를 돌아다니며 지리 조사를 했다. 그가 남긴 기록물은 문장도 아름답고 당시의 지역적 특성을 자세히 기술해 최고의 여행 기록물로 평가된다.

소동파(蘇東坡, 1036~1101) 图

중국 북송의 문인 소식(蘇軾)의 성과 호인 동파(東坡)를 함께 이르는 이름이다. 자는 자첨(子瞻)이다. 당송 팔대가의 한 사람으로, 구법파(舊法派)의 대표자이며, 서화에도 능했다. 작품에 「적벽부」, 저서에 『동파전집(東坡全集)』 등이 있다.

숙제(叔齊, ?~?) 图

이름은 지(智), 자는 공달(公達)이다. 중국 은나라 말기의 현인으로, 고죽국 군주 자리를 사양하고 나라 밖으로 피신한 뒤 형인 백이와 함께 주나라를 찾아갔다. 주나라 무왕이 은나라의 주왕을 치려고 했을 때 형과 함께 간하였으나 받아들여지지 않고 주나라가 천하를 통일하자 수양산으로 들어가 굶어 죽었다.

신경준(申景濬, 1712~81)

자는 순민(舜民), 호는 여암(旅菴)이다. 전라도 순창 출신의 문관이자 지리학자다. 영조의 명을 받아 〈동국여지도(東國興地圖)〉를 완성해 조선 팔도의 산천 도리(道里)를 밝혔다. 18세기 실용 학문 분야에 중요한 업적을 많이 남겼으며, 문자학과 성운학을 연구한 지식을 바탕으로 『훈민정음운해』, 『동음해』 등을 저술해 한글의 과학적 연구·발전에 공헌했다.

신광하(申光河, 1729~96)
자는 문초(文初), 호는 진택(震澤)이다. 저명한 시인으로 전국을 유람하며 많은 시구를
남겼다. 얼마 되지 않는 백두산 등반가 중의 한 사람으로, 친지가 백두산 부근의 지
역 지방관으로 부임하자 그의 도움을 받아 등반대를 이끌고 올랐다고 한다. 그 경험을
『백두록(白頭錄)』으로 남겼다.

신유한(申維翰, 1681~1752)
자는 주백(周伯), 호는 청천(靑泉)이다. 1713년 문과에 급제했고, 1719년 제술관으로
일본에 다녀왔다. 문장에 능했고 특히 시에 걸작품이 많으며 사(詞)에도 능했다. 저서
로『청천집(靑泉集)』, 『분충서난록(奮忠紓難錄)』 외에 일본에 다녀왔을 때의 기행문인
『해유록』이 있다.

안정복(安鼎福, 1712~91)
자는 백순(百順), 호는 순암(順菴)·한산병은(漢山病隱)·우이자(虞夷子)·상헌(橡軒)이다.
성호 이익의 제자로 그의 학문을 계승해 발전시킨 실학자다. 우리 역사의 정통성과 자
주성을 세우기 위해 저술한 『동사강목』이 대표작이다.

왕발(王勃, 650~676) 中
자는 자안(子安)이다. 중국 당나라 초기의 시인으로, 초당 사걸의 한 사람이다. 성당 시
(盛唐 詩)의 선구자로도 평가받으며 특히 오언 절구에 뛰어났다. 좌천된 아버지를 찾아
갔다가 배에서 바다로 떨어져 요절했다.

은천상(殷天祥, ?~?) 中
중국 당나라의 유명한 신선으로, 호는 칠칠(七七)이다. 날마다 술에 취해 노래를 불렀고
제철이 아닌 꽃을 피우는 재주가 있었다고 한다. 최북은 무에서 유를 창조하는 모습을
화가의 삶과 연관 지어 자신의 이름 중 북(北) 자를 쪼개 자를 칠칠이라 붙였다.

이가환(李家煥, 1742~1801)
자는 정조(廷藻), 호는 금대(錦帶)·정헌(貞軒)이다. 부친은 실학자인 이용휴다. 안정복, 정
약용 등과 교유하며 학문 연구에 힘썼으며, 문장과 글씨뿐 아니라 천문·지리·수학·
의학 등 다양한 분야에 해박했다. 가톨릭교를 연구하다 감화되었으나 신해사옥 때는

가톨릭교를 탄압했다. 그 후 벼슬에서 물러난 후에는 과오를 후회하고 가톨릭교 신자가 되었다.

이용휴(李用休, 1708~82)
자는 경명(景命), 호는 혜환재(惠寰齋)다. 실학자로 성호학파의 대표적 문인이다. 진사시에 합격했으나 관직에 뜻을 두지 않고 옛사람의 문장을 익히는 것을 평생의 과업으로 삼았다. 주요 저서로 『탄만집』, 『혜환시초(惠寰詩抄)』와 『혜환잡저(惠寰雜著)』가 있다

자장율사(慈藏律師, 590?~658?)
속명은 김선종랑(金善宗郎), 법명은 자장으로, 자장율사는 그를 율사로서 이르는 말이다. 삼국 시대 신라의 대국통, 황룡사 주지 등을 지낸 승려다. 신라 십성의 한 사람으로, 당나라에 건너가 계율종을 공부하고 우리나라에 전했으며, 통도사를 짓고 전국 각처에 10여 개의 사탑(寺塔)을 세웠다.

장과로(張果老, ?~735?) 중
중국에 전해오는 여덟 명의 선인(仙人) 중 하나로, 중국 당나라 때의 도사다. 흰 당나귀를 거꾸로 타고 박쥐를 데리고 다니는, 백발에 흰 수염이 있는 노인의 모습으로 묘사된다. 그는 흰 당나귀를 타고 하루에 수만 리를 갔는데, 쉴 때는 호리병에 당나귀를 집어넣었다고 한다.

정기동(鄭箕東, 1758~75)
자는 동야(東野), 호는 만취(晚翠)이다. 정란의 아들로 열여덟 살이라는 이른 나이에 세상을 떠났다. 정란은 아들이 죽은 후 1778년 이용휴와 신경준을 찾아가 아들의 묘지명과 묘갈명을 부탁했고, 이용휴는 '포의정군묘지명(布衣鄭君墓誌銘)'을, 신경준은 '정동야묘갈명(鄭東野墓碣銘)'을 지어줬다.

정이(程頤, 1033~1107) 중
자는 정숙(正叔), 호는 이천(伊川)이다. 중국 북송의 유학자로, 최초로 이기(理氣)의 철학을 내세우고 유교 도덕에 철학적 기초를 부여해, 형인 정호(程顥)와 함께 이정자(二程子)라고 불린다. 성리학을 달리 이르는 이름 중 정주학(程朱學)은 기초를 닦은 정호와 정이에서 이를 집대성한 주창자 주희(朱熹)로 이어지는 학통이라는 뜻이다.

정항령(鄭恒齡, 1700~?)

자는 현로(玄老)다. 지리학에 밝은 실학자로 백리척(百里尺)을 사용해 〈동국대지도(東國大地圖)〉를 제작했다. 영조가 지도를 보고 '평생에 처음으로 백리의 땅을 지척에서 본다'고 할 정도로 면밀함과 상세함에 감탄해 홍문관에 한 부를 모사해 보관하게 했다.

조덕린(趙德隣, 1658~1737)

자는 택인(宅仁), 호는 옥천(玉川)이다. 1725년 노론·소론의 당론이 거세지자 당쟁의 폐해를 논하는 소를 올렸다가 종성으로 유배되었고, 소론이 집권하며 유배에서 풀려나 승정원 동부승지에 임용됐다. 그러나 1736년 서원의 남설을 반대하는 소를 올리자 1725년의 소와 연관되어 노론의 탄핵을 받았다. 그 일로 제주로 유배를 가다가 강진에서 죽음을 맞이했다.

조술도(趙述道, 1729~1803)

자는 성소(聖紹), 호는 만곡(晩谷)이다. 문신 옥천 조덕린의 손자이며, 첫째 형은 월하(月下) 조운도(趙運道, 1718~96), 둘째 형은 마암(磨巖) 조진도(趙進道, 1724~88)다. 과거를 준비하다 형 조진도가 조덕린의 손자라는 이유로 삭과(削科)되자 과거를 단념했다. 이후 조부 조덕린의 신원 운동에 힘쓰며 학문을 닦다 1776년 월록서당을 지어 후학을 양성했다. 정란과는 절친이자 사돈 사이다.

채제공(蔡濟恭, 1720~99)

자는 백규(伯規). 호는 번암(樊巖)·번옹(樊翁)이다. 규장각제학·예문관제학·한성판윤·강화유수, 우의정, 영의정 등을 지냈던 문신으로 영조대의 남인, 특히 청남(淸南) 계열의 지도자였다. 정란의《불후첩》에 "당신 자체가 썩어 없어지지 않는 존재다"라는 찬문을 달았다.

최북(崔北, 1712~86?)

자는 성기(聖器)·유용(有用)·칠칠(七七), 호는 호생관(毫生館)·성재(星齋)·기암(箕庵) 등이다. 전라북도 무주 출신의 화가다. 산수화와 인물화에 능했으며 메추라기를 잘 그려 최메추라기라고도 했다. 심한 술버릇과 기행으로 많은 일화를 남겼다. 작품에 〈표훈사〉, 〈금강산전도〉, 〈풍설야귀인도〉, 〈공산무인도〉, 〈수각산수도(水閣山水圖)〉, 〈한강조어도(寒江釣漁圖)〉 등이 있다. 정란과 교유하며 금강산 기행에 동행하기도 하고 백두산 천지 등 많은 그림을 그려줬다.

포숙(鮑叔, B.C.723?~B.C.644?) 중

중국 춘추 시대 제나라의 정치가이자 사상가로, 제나라의 제16대 임금 환공을 섬기던 신하다. 환공이 그를 재상으로 삼으려 하자 사양하고, 투옥되어 사형을 앞둔 관중을 석방해 재상의 자리에 앉히라고 권했다. 이 우정을 관포지교라 하며, 관중이 포숙에 관해 "나를 낳아준 사람은 부모지만, 나를 알아준 사람은 포숙이다"라고 칭찬한 말 역시 유명하다.

하지장(賀知章, 659~744) 중

자는 계진(季眞)·유마(維摩), 호는 사명광객(四明狂客)이다. 중국 당나라의 시인으로 태상박사를 거쳐 비서감 등을 지냈고, 시인 이백의 발견자로 알려졌으며 풍류인으로 유명하다.

한상자(韓湘子, ?~?) 중

중국에 전해오는 여덟 명의 선인(仙人) 중 하나로, 당나라 대문장가 한유의 조카다. 통소나 피리, 어고간자(漁鼓簡子)를 들고 있는 청년의 모습으로 묘사된다. 팔선은 소설·회화·조각·건축·공예 등 여러 예술 장르에서 주제가 되었고 오늘날에도 중국 민중에게 친근감을 주고 있다.

허만(許晩, 1732~1805)

호는 승암(勝菴)이다. 이용휴의 사위로, 장인인 이용휴와는 「승암허군생지명(勝庵許君生誌銘)」이라는 생지명을 받을 정도로 가까운 사이였다. 이용휴는 그 글에서 허만이 산수벽이 있어 일찍이 금강산을 유람했고 삼부연, 백로주, 금수정 등 명승지를 다녔다고 밝혔다.

허필(許佖, 1709~68)

자는 여정(汝正), 호는 연객(烟客) 등이다. 문인이자 화가로, 문장은 물론 서예와 그림에 능했다. 1774년 절친한 친구 강세황이 안산으로 이주하자, 안산의 문예 모임인 '안산 15학사(學士)'에서 여러 예인과 시·서·화를 창작하고 즐기면서 친교를 맺었다. 정란과 교유했던 화가 중의 하나다.

〈용어〉

구실아치
각 관아의 벼슬아치 밑에서 일을 보던 사람으로, 구실바치라고도 한다.

군두(群頭)
관아에서 경영하는 목장에서 일하던 일꾼의 우두머리.

남여(藍輿)
의자와 비슷하고 뚜껑이 없는 작은 가마로, 주로 산길 등 좁은 길을 갈 때 이용했다. 앞뒤에서 각각 가마꾼 두 사람이 어깨에 멜 수 있도록 긴 나무를 이어놓았다. 주로 고위급의 벼슬아치가 탔다.

내사복시(內司僕寺)
궁궐의 마구간과 임금의 말·수레를 관리하던 관청을 사복시(司僕寺)라 한다. 궁궐 안에 있으면 내사복시, 궁궐 밖 도성에 있으면 외사복시라 부르며 지방에는 목장을 두었다.

대사간(大司諫)
조선 시대에 둔, 사간원의 으뜸 벼슬. 품계는 정3품으로, 임금에게 정사의 잘못을 간(諫)하는 일을 맡았다.

동부승지(同副承旨)
승정원에 속한 정3품 당상관직. 고려 시대 5승지에서 1405년(태종 5년) 동부승지를 신설했다. 초기에는 형조 일을 맡았으나 1466년(세조 2년) 관제 개혁 이후 공조를 담당했다.

동한(東漢)
중국에서 25년에 왕망(王莽)에게 빼앗긴 한(漢) 왕조를 유수(劉秀)가 다시 찾아 부흥시킨 나라. 220년에 위(魏)나라의 조비에 의해 멸망했다.

목자(牧子)
조선 시대에 나라의 목장에서 마소를 먹이던 사람을 말한다.

별제(別提)
각 관아에 속한 정6품 · 종6품의 벼슬로 녹봉이 지급되지 않던 무록관(無祿官)의 하나
다. 양반의 신분 유지와 녹봉 지급을 줄이기 위하여 나타난 제도. 호조, 형조, 교서관,
전설사, 장원서 등에 두었다.

병조참지(兵曹參知)
병조에 속한 정3품 벼슬로, 추고속(推考贖)과 유청군액속(有廳軍額贖)을 관장했다.

부사(府使)
고려 · 조선 시대에 둔 으뜸 벼슬. 대도호부사(정3품)와 도호부사(종3품)를 통틀어 이르던
말이다.

사간(司諫)
사간원에 속한 종3품 벼슬이다. 1466년(세조 12년)에 지사간원사를 고친 것이다.

사은사(謝恩使)
조선 시대에 임금이 중국의 황제에게 사은의 뜻을 전하기 위해 보내던 사절.

사포서(司圃署)
궁중의 과실나무 · 채소 밭 따위에 관한 일을 맡아보던 관아.

서류통청(庶類通清)
서자와 얼자가 벼슬길에 오르는 자격을 얻을 수 있도록 허용하는 것. 서얼통청 또는
서류허통이라고도 한다.

성저십리(城底十里)
서울의 도성(都城) 밖 십 리 안에 해당하는 지역. 서울의 행정 구역으로 편입시켜 한성
부(漢城府)에서 통치했다.

오사모(烏紗帽)

고려 말기에서 조선 시대에 걸쳐 벼슬아치들이 관복을 입을 때에 쓰던 검은 사(紗)로 만든 모자.

원찰(願刹)

죽은 사람의 명복을 빌기 위해 건립한 법당으로 원당(願堂)이라고도 한다. 신라, 고려 시대부터 건립되어 귀족들의 원찰도 있었으나 조선 시대에는 대부분 왕이나 왕비의 무덤 가까이에 사찰을 세웠다.

이조(吏曹)

육조(六曹)의 하나로 문관의 선임과 훈봉(勳封), 성적 고사(考査), 포폄(褒貶) 등 문반의 인사를 관장하던 관아. 고려 공양왕 때의 전리사(典理司)를 이조로 개칭한 것을 그대로 계승한 것이다.

전강(殿講)

궐에서 강론을 펼치는 자리. 조선 성종 때부터 경서의 강독을 권장하기 위해 실시하던 시험이다. 성균관의 유생 가운데서 실력 있는 사람을 뽑아 임금이 친히 대궐에 모아놓고, 삼경이나 오경에서 찌를 뽑아서 외게 했다.

제술관(製述官)

승문원에 속한 벼슬로, 통신사 중에서 서도(書道)로 문화 교류를 했던 역할 중의 하나다. 조선의 학문이나 문화 수준을 대표하는 중요한 자리였기 때문에 문장이 뛰어난 사람을 선발했다.

조참(朝參)

매달 네 차례 정전(正殿)에 모여 임금에게 문안을 드리고 정사(政事)를 논한 군신의 조회다. 조참은 이른 아침에 모여 참여한다는 의미인데, 관리들이 해가 뜨기 전에 국왕을 문안하고 나랏일에 정성을 다한다는 의미가 담겨 있다.

전시(殿試)

복시(覆試)에 선발된 사람을 궐내에 모아 임금이 친히 치르게 하던 과거. 문과 서른세 명, 무과 스물여덟 명의 합격자를 재시험하여 등급을 결정했는데, 특별한 사유가 없는 한 떨어뜨리는 법은 없었다.

주교사(舟橋司)
준천사에 속하여 임금이 거둥할 때 한강에 배다리를 놓는 일을 맡아보던 관아.

주문사(奏聞使)
중국에 외교적으로 알려야 할 일이 있을 때 임시로 파견한 비정기적인 사절 또는 그 사신을 말한다. 주청사(奏請使) 및 진주사(陳奏使)와 그 성격이나 기능이 유사하다.

증광별시(增廣別試)
성균관에 입학할 자격을 부여하는 것을 본래의 목적으로 실시한 과거인 생원진사시(生員進士試) 가운데 하나다. 국왕의 즉위와 같은 큰 경사 등을 기념해 실시했다.

진보(鎭堡)
조선 시대에 함경도와 평안도의 북방 변경에 있던 각 진(鎭). 진은 군사상 중요한 지역에 설치한 지방 행정 구역을 말한다.

예문관(藝文館)
고려·조선 시대의 관청으로 임금의 말이나 명령을 기록하고 외교문서 작성, 실록 편찬 등 국가의 공식 시행사 일체를 문서로 남기는 일을 관장했다. 고려 말의 예문춘추관이 전신이며, 조선 건국 직후에도 그대로 이어오다가 태종 때 예문관과 춘추관으로 분리되었다.

예조참판(禮曹參判)
예조에 속하여 판서를 보좌하던 종2품 벼슬이다.

차꼬
죄수를 가둬둘 때 쓰던 형구(刑具). 두 개의 기다란 나무토막을 맞대어 그 사이에 구멍을 파서 죄인의 두 발목을 넣고 자물쇠를 채우게 되어 있다.

참봉(參奉)
여러 관아에 둔 종9품 벼슬. 능(陵), 원(園), 종친부, 돈령부, 봉상시, 사옹원, 내의원, 군기시 따위에 두었다.

참상(參上)

6품 이상 종3품 이하의 벼슬로, 목민관으로서 지방민을 다스릴 수 있었다. 7품 이하의 벼슬은 참하(參下) 또는 참외(參外)라 하는데 조회(朝會)에 참여할 수 없었으므로, 참상에 오르는 것을 본격적인 중앙 정계 입문으로 여겼다.

판윤(判尹)

한성부의 으뜸 벼슬. 정2품 벼슬로 부윤(府尹)을 고친 것이다. 현재의 서울특별시장에 해당한다.

필선(弼善)

세자시강원에 속한 정4품 벼슬. 1392년(태조 1년)에 처음 두었다.

해낭(奚囊)

명승지를 여행하면서 읊은 시나 문장 따위의 초고를 넣는 주머니다.

〈저작물〉

『금오신화』

조선 세조 때에 김시습이 지은 한문 소설로, 우리나라 최초의 소설로 인정되고 있다. 현재는 「남염부주지」, 「만복사저포기」, 「이생규장전」, 「용궁부연록」, 「취유부벽정기」의 다섯 편만이 전한다.

『동국정운(東國正韻)』

1448년(세종 30년)에 신숙주, 최항, 성삼문, 박팽년, 이개 등의 집현전 학자들이 왕명에 따라 편찬한 운서(韻書)다. 중국의 운서인 『홍무정운(洪武正韻)』 등을 참고해 우리나라의 한자음을 새로운 체계로 정리한 최초의 음운서로, 『훈민정음』의 창제 원리 및 배경 연구에 매우 귀중한 자료다.

『동사강목(東史綱目)』

1778년(정조 2년)에 안정복이 지은 역사책이다. 단군 조선에서부터 고려 말에 이르기까지의 역사를 주희의 『통감강목(通鑑綱目)』을 참고로 해 편년체로 기록했다.

「만복사저포기(萬福寺樗蒲記)」

『금오신화』에 실린 이야기 중 하나다. 남원에 사는 늙은 총각 양생이 부처와의 내기에 이겨 아름다운 처녀를 만난다. 그녀는 왜구의 난 중에 부모와 이별하고 외진 곳에 묻혀 지내며 배필을 구하고 있어 둘은 부부의 연을 맺기로 한다. 둘은 다시 만날 것을 약속하고 헤어지는데, 양생은 삼 년 전 죽은 어느 양반집 딸이 그녀였음을 깨닫게 된다. 그 후 양생은 처녀를 그리워하며 두류산으로 들어가 소식을 끊었다는 내용이다.

《송도기행첩(松都紀行帖)》
1757년에 강세황이 당시 개성 유수였던 친구 오수채(嗚遂采)의 초청을 받아 개성과 주변의 오악산, 천마산, 성거산 일대를 여행하고 그린 그림 16점과 글 3건이 실려 있는 화첩이다.

『언행록(言行錄)』
1883년(영조 49년)에 퇴계 이황의 제자들이 기록된 퇴계의 언행을 모아 도산서원에서 간행한 저술이다. 학문·교육·예절관, 생활 태도와 성격, 관직 생활 등 퇴계의 진면목을 밝히는 자료로 꼽힌다.

《연강임술첩(漣江壬戌帖)》
겸재 정선이 임술년인 1742년(영조 18년) 경기도 관찰사 홍경보, 연천 현감 신유한과 함께 연강에서 즐긴 뱃놀이를 그림으로 기록한 것이다. 임술년인 1082년 중국 문인 소동파가 즐겼던 뱃놀이를 흉내낸 것으로, 첩에는 홍경보의 서문과 신유한의 글 「의적벽부(擬赤壁賦)」 일부, 정선의 그림 〈우화등선〉과 〈웅연계람〉이 실려 있다.

『열하일기(熱河日記)』
조선 1780년(정조 4년)에 박지원이 지은 중국 기행문집이다. 청나라에 가는 사신을 따라 러허강(熱河江)까지 갔을 때의 기록을 담았다. 여러 문인·명사와 교유한 일, 청나라의 문물제도, 「허생전」, 「호질」 등 사회를 풍자한 단편소설도 실려 있다.

「적벽부(赤壁賦)」
중국 북송의 무인 소동파가 1082년(신종 5년)에 지은 부(賦)다. 유배지인 황저우(黃州)에서 양쯔강(揚子江)을 유람하며, 예전의 적벽전을 회상하고 자연의 장구함에 비해 인생이 짧음을 한탄한 것이다.

「취유부벽정기(醉遊浮碧亭記)」
『금오신화』에 실린 이야기 중 하나다. 송경(松京)에 사는 홍생이 술에 취해 부벽루에 올라 시를 읊다가 수천 년 전 기자의 후손으로 선녀가 된 기씨녀(箕氏女)를 만난다. 시를 주고받으며 사랑을 나누다가 기씨녀는 천명을 어길 수 없다며 사라졌는데 홍생은 그리움에 병을 앓다 기씨녀의 주선으로 하늘에 올라가게 되는 꿈을 꾸고 죽는다는 내용이다.

『퇴계선생문집(退溪先生文集)』
1600년(선조 33년)경에 도산서원에서 간행된 퇴계 이황의 문집으로, 경자본이라고도 한다. 46권 24책이며 목판본이다. 『주자대전(朱子大全)』의 체재와 편차를 준용했으며, 이 문집을 편집하고 간행하는 과정에서 구축한 문집 편집의 방법과 성과가 본보기가 되었다는 점이 높게 평가받는다.

『해동제국기(海東諸國記)』
1471년(성종 2년)에 신숙주가 왕명에 따라 쓴 일본에 관한 책이다. 해동 제국이란 일본의 혼슈(本州), 규슈(九州), 이키섬[壹岐島], 쓰시마섬[對馬島], 류큐(琉球) 제도 따위를 이르는데, 이들 지역의 지세·국정·국교 따위에 관해 자세히 기록했다.

『해유록(海遊錄)』
신유한이 통신사 제술관으로 1719년(숙종 45년) 4월부터 이듬해 1월까지 일본에 다녀오면서 기록한 견문록이다. 승려들 사이의 필담·풍속 따위가 기록되어 있으며 전3권이다.

「호질(虎叱)」
1780년(정조 4년)에 박지원이 지은 단편소설이다. 호랑이를 통해 도학자의 위선을 신랄하게 꾸짖는 내용으로, 『열하일기』에 실려 있다.

『훈민정음운해(訓民正音韻解)』
1750년(영조 26년)에 신경준이 지은 음운 연구서다. 훈민정음의 음운 원리를 그림을 그려 역학적으로 풀이했다.

『훈민정음해례본(訓民正音解例本)』
1446년(세종 28년)에 훈민정음 28자를 세상에 반포할 때 찍어낸 판각 원본이다. 세종이 훈민정음 창제의 취지를 밝힌 어제 서문(御製序文), 자음자와 모음자의 음가와 운용 방법을 설명한 예의(例義), 훈민정음을 해설한 해례, 정인지 서(序)로 되어 있다.

참고한 책들

〈단행본〉

국립중앙박물관, 『탄신 300주년 기념특별전 시대를 앞서간 예술혼표암 강세황』,
　　　2013, 그라픽아트

김병덕 · 권근호, 『영남택리지(퇴계학파를 이끈 월천 조목의 태생지와 묘소)』, 2012, 대보사

박시백, 『조선왕조실록 1～20』, 2015, 휴머니스트

심경호, 『산문기행, 조선의 선비, 산길을 가다』, 2007, 이가서

안대회, 『벽광나치오』, 2011, 휴머니스트

──── , 『조선의 프로페셔널』, 2007, 휴머니스트

──── , 「청노새타고 산천 누비는 조선의 산악인 정란」, 『월간문화재사랑』, 2008, 문화
　　　재청

오주석, 『단원 김홍도』, 1998, 열화당 미술책방

이가환, 『금대집, 붓으로 세상을 품다』 박동욱 옮김, 2014, 한국고전번역원

이경유, 『창해시안』, 2020, 장유승 · 부유섭 옮김, 성균관대학교출판부

이성무, 『조선왕조실록』, 2015, 살림

이승수, 『문학이 태어나는 자리』, 2002, 산처럼

이용휴, 『혜환 이용휴 산문전집 상 · 하』, 조남권 · 박동욱 옮김, 2007, 소명출판

이이화, 『한국사 이야기』, 2001, 한길사

이재원, 『조선의 아트저널리스트 김홍도』, 2016, 살림

이태호, 『서울산수』, 2017, 월간미술

이현균, 『서울, 성밖을 나서다』, 2011, 청어람미디어

──── , 『옛지도를 들고 서울을 걷다』, 2017, 청어람미디어

이효원, 『조선 문인의 일본견문록-해유록』, 2015, 돌베개

임영태, 『호생관 최북』, 2007, 문이당

최완수, 『명찰순례 1 · 2』, 2000, 대원사

최원석, 『우리 산의 인문학』, 2014, 한길사

한국문원편집실, 『분단 50년 북한을 가다 ④』, 1995, 한국문원

〈논문〉

심경호, 「실학시대의 여행」, 『한국실학연구』 제12권, 2006, 한국실학학회
이종성, 「한국의 풍류정신(風流精神)」

〈영상물〉

KBS2 다큐멘터리 〈영상앨범 산〉
KBS1 다큐멘터리 〈순례〉

연도 나이	창해 정란 연표	조선 시대사 연표
1725년 1세	경상도 군위에서 출생	-
1727년 3세	-	영조, 탕평책을 펼치고자 정미환국
1728년 4세	-	이인좌의 난 일어남
1745년 21세	금오산 등반	-
1746년 22세	도산서원 가는 길에 청량산에서 조술도 만남	-
1750년 26세	-	영조, 균역법 실시
1752년 28세	아버지 삼년상, 스승 신유한 만남. 가야산, 두류산 등반	10월, 정조 출생
1755년 31세	조술도와 함께 월천서당 방문	-
1757년 33세	-	영조, 정순왕후 입궁(영조 66세, 정순왕후 15세)
1758년 34세	이용휴 만나 '창해' 호에 '일사'라는 말을 붙이라며 격려받음 / 아들 정기동 출생	-
1761년 37세	한양에 들어 낙산, 북악산 · 인왕산 · 목멱산 · 관악산 도성 길 완주	-
1762년 38세	두물머리, 수종사 방문. 운길산 등반	5월 영조, 나경언의 고언, 세자를 뒤주 속에 가두어 굶어 죽게 하고 이후 '사도세자'라는 시호를 내림
1763년 39세	조술도의 도움을 받아 여주 마릉에 거점 마련. 청노새 청풍, 동자 수돌 만남	-
1765년 41세	두타산 등반	-
1768년 44세	남촌 방문해 기생 홍심 만남. 설악산 등반하다 실족하지만 김창흡의 손자 우공의 도움을 받아 회복함	-
1770년 46세	최북과 함께 금강산 등반	-
1771년 47세	-	영조, 신문고 부활

연도 나이	창해 정란 연표	조선 시대사 연표
1772년 48세	-	영조, 탕평책의 일환으로 과거 시험에 탕평과 실시
1774년 50세	허만과 함께 묘향산 등반	-
1775년 51세	아들 정기동 18세 나이로 사망	-
1776년 52세	등반 여행의 뜻을 접지만 가족의 응원을 받아 다시 길을 떠남	영조 사망. 3월 정조, 조선 제22대 임금으로 즉위 / 정조, 규장각 창설
1777년 53세	최북 〈금강산전도〉에 강세황의 화평을 받음. 송도 방문	-
1779년 55세	신경준 만나 〈강화이북해역도〉, 〈북방강역도〉를 보며 백두산 등반에 필요한 정보를 받음	정조, 홍국영의 사직을 수리하고 명예직 봉조하를 내림
1780년 56세	백두산 등반. 최북에게 백두산 천지 그림을 그려 달라 요청	홍국영, 왕비 효의왕후를 살해하려는 음모가 발각돼 축출됨
1781년 57세	김홍도의 집에서 김홍도, 강희언과 함께 진솔회 모임	규장각 내 초계문신, 자비대령화원 선발
1785년 61세	안기찰방이 된 김홍도 방문. 신경준의 소개로 김만덕 만남. 한라산 등반	정조, 국왕 친위 부대인 장용위 창설. 문효세자 왕세자 책봉
1786년 62세	청노새 청풍을 위해 강원도로 이별 여행. 청풍 사망	사도세자를 능멸했던 반역자 구선복 능지처사, 그의 조카 구명겸 등 효시. 문효세자 사망
1787년 63세	《불후첩》 서문을 지음. 남경희 만나 청풍을 위한 제문 받음	
1788년 64세	박황과 함께 금강산 등반. 봉명사행단 김홍도, 김응환, 강세황 등 금강산에서 조우	정조, 장용위를 장용영으로 확대 개편
1789년 65세	조술도의 조부 조덕린의 신원이 회복됨. 월록서당 방문	-
1790년 66세	-	정조, 『무예도보통지』 완성
1791년 67세	사망	신해박해 일어남

· 역사적 사실에 기반해 구성한 연표로, 작중의 흐름과 일치하지 않는 부분이 일부 있다.

조선 최초의 전문 산악인

창해 정란

조선의 산야를 누비다

초판 1쇄 펴낸날 2022년 10월 5일

지은이 이재원
펴낸이 서상미
펴낸곳 책이라는신화

기획이사 배경진 권해진
책임편집 최정원 이근일
표지 디자인 정인호 본문 디자인 노승우
홍보 문수정 오수란
관리 이연희

출판등록 2021년 12월 22일(제2021-000188호)
주소 경기도 파주시 문발로 119, 306호(문발동)
전화 031-955-2024   팩스 031-955-2025
블로그 blog.naver.com/chaegira_22
포스트 post.naver.com/chaegira_22
인스타그램 @chaegira_22
유튜브 책이라는신화 채널
전자우편 chaegira_22@naver.com

ⓒ 이재원, 2022
ISBN 979-11-977499-5-7 03910